体育与健康

主　编　谭晓兰

副主编　蒋佳莲

参　编　李　俊　邹　昆　宋金超
　　　　陈　洁　陈　岚　焦许可

北京理工大学出版社
BEIJING INSTITUTE OF TECHNOLOGY PRESS

图书在版编目（CIP）数据

体育与健康/谭晓兰主编. —北京：北京理工大学出版社，2017.8（2020.8重印）
ISBN 978 - 7 - 5682 - 4409 - 1

Ⅰ.①体…　Ⅱ.①谭…　Ⅲ.①体育 – 高等职业教育 – 教材②健康教育 – 高等职业教育 – 教材　Ⅳ.①G807.4②G647.9

中国版本图书馆 CIP 数据核字（2017）第 176484 号

出版发行 / 北京理工大学出版社有限责任公司
社　　址 / 北京市海淀区中关村南大街 5 号
邮　　编 / 100081
电　　话 / (010)68914775(总编室)
　　　　　 (010)82562903(教材售后服务热线)
　　　　　 (010)68948351(其他图书服务热线)
网　　址 / http://www.bitpress.com.cn
经　　销 / 全国各地新华书店
印　　刷 / 河北盛世彩捷印刷有限公司
开　　本 / 787 毫米 ×1092 毫米　1/16
印　　张 / 18　　　　　　　　　　　　　　　　责任编辑 / 李慧智
字　　数 / 426 千字　　　　　　　　　　　　　文案编辑 / 李慧智
版　　次 / 2017 年 8 月第 1 版　2020 年 8 月第 5 次印刷　责任校对 / 周瑞红
定　　价 / 42.00 元　　　　　　　　　　　　　责任印制 / 施胜娟

前　言

学校体育工作的重点是增进学生身心健康，提高学生综合素质，促进学生全面发展。大学体育的目标是贯彻执行"学校教育要树立健康第一"的指导思想，让学生掌握体育的基础知识、基本技术和基本技能，切实地把体育理论和体育实践结合起来，把学生培养成21世纪富有竞争力的合格人才。

本书依据科学发展观的要求，紧密结合当前高校体育教学的需要和大学体育改革的现状，以学生为本，从实际出发，确立以终身体育理念和技能为内容、以学生身心健康为目标的新型体育教学体系，改变单一课堂的狭隘课程教学模式，拓展课外、社会和自然体育资源，引进大量学生喜爱的新颖项目。

本书针对大学生的特点，在知识点选择和内容编排方面力求内容丰富、生动易懂。与目前市场上其他同类教材相比，本书具有以下特点：

（1）注重基础性。大学体育是高等院校一门重要的公共课程，因此，本书注重基本概念的介绍和基本技能的训练，为指导大学生体育活动和运动健身提供了理论方法与实践手段，力求养成终身体育意识。

（2）强调趣味性。全书配有丰富的插图和阅读文献，内容更加生动形象，所覆盖的知识面也更为广泛，可以更好地启发学生的学习兴趣。

（3）突出实用性。一方面，从学生身心特点出发，在内容选择上具有针对性，深入浅出地阐述了大学生较为关注的问题；另一方面，对运动项目的介绍充分、清晰，易教、易学、易操作，既可作为大学公共体育课的教学用书，又可作为大学生自我锻炼的参考用书，将课程建设与学生发展紧密结合起来。

（4）讲求创新性。针对学科知识的无限性和教材内容有限性的问题，在简要概述基本知识的基础上，增添了新的内容（如基础理论中的阅读文献等），力求立足体育的前沿，指引大学体育的教学。

本书是高等职业院校"公共体育"课程教材，主要适用于体育专业以外的高校学生，也可作为体育爱好者自我锻炼的指导用书。

由于编者水平有限，书中难免有疏漏之处，恳请广大读者不吝赐教。

编　者
2017 年 6 月

目　　录

第一章
体育与健康

本章概述了中国体育的发展历程，指出了体育强健身心、完善品质、追求完美的真谛。探讨了健康的内涵，分析了环境、心理、生活方式、体育锻炼等因素对健康的影响，阐述了体育对健康的作用——奠定了人体的生理基础，铸就了人体的心理健康，推进了个体的社会适应，强化了个体的道德建设。

第一节　体　育　演　义

本节介绍了体育发展的历史轨迹：从萌芽到演进再到曲折发展直至崛起。从人文视角探寻体育的真谛：对完美永无止境的追求。

一、历史回顾——追溯体育的轨迹

1. 原始体育的萌芽

原始人的生存环境极为严峻，他们只能依靠自己的体力，凭借自己的智慧，同恶劣的自然环境进行较量，通过打猎、采集、捕鱼等方式获取生活所必需的食物（见图1–1）。在悠悠岁月的历史长河中，在血和泪的教训下，我们的祖先深深地懂得，强壮的身体是生活的前提。

死亡的阴影经常在头顶盘旋，为了生存，更为了发展，原始人不得不学会了奔跑、投掷、攀登、爬越、泅水……这些行为既是劳动手段，又是基本生活技能，其中蕴含了体育活动的萌芽。

由于生产力的局限，原始社会无法形成专门的体育，也没有专门的体育活动者。当时的体育往往与军事活动、祭祀、生产、游戏等融合在一起，其所特有的运动手段和形式尚未完全"独立"。原始社会的体育萌芽，从本质上讲，是由经济状况、生产状况和实践方式决定的，是在生存过程中简单模仿所形成的。但毋庸置疑，体育自此萌芽，在原始的星光下和初绽的黎明中扎根、发芽，不断成长。

图1-1　原始人狩猎

古书中的原始体育

《山海经·海外北经》记载："夸父与日逐走。入日，渴，欲得饮。饮于河、渭，河、渭不足，北饮大泽。未至，道渴而死。"这描绘了一组长跑画面。

《高士传》记载："帝尧之世，天下太和，百姓无事。壤父年八十余而击壤于道中。"《逸士传》记有："壤父五十人，击壤于康衢。"据《艺经》介绍，壤由木块做成，前宽后窄，形状像一只鞋子。把一块壤放在地上，人在三四十步远的地方，以壤投掷，击中为胜。

2. 古代体育的演进

奴隶社会的体育，是在继承原始体育萌芽状态的前提下，在奴隶制基础上发展起来的体育的初级形态。随着生产力的进步，它已经和劳动初步分离，而与军事、教育、宗教、礼仪以及统治阶级的享乐生活紧密结合，并向着多样化、复杂化和独立化的方向发展。

这一时期，频繁的军事战争成为体育演进的重要动力。有文字记载的体育运动包括射、御、角力（见图1-2）、兵器武艺、奔跑、跳跃、举鼎、拓关、游水、弄丸（见图1-3）、投壶以及棋类活动等。

图1-2　角力图

图1-3　弄丸图

封建社会前期，从战国到南北朝，体育蓬勃发展。就种类而言，体育运动的项目不断增多，内容日益丰富，游戏、导引术（见图1-4）等普遍开展，其中以华佗所创的五禽戏（见图1-5）最负盛名。就范围而言，从皇宫到民间，从军队到学校，从城市到乡村都有体育活动开展。就技术而言，角抵、蹴鞠等项目发展较快，逐渐向竞技方向靠拢，出现了不少技艺高超的体育人才。就理论而言，体育专著在这一时期也开始涌现。

图1-4 导引术

图1-5 五禽戏

至隋唐五代，体育空前繁荣。体育项目呈现多样化和规范化的特点，许多运动项目明确了规格型制，拥有了专职机构和专业人员，如蹴鞠（见图1-6）、武术、角抵等；体育竞技状况空前兴盛，规模宏大，运动技艺水平有了很大提高；体育运动蔚然成风，有踏球、抛球等，其中以马球（见图1-7）和蹴鞠最为盛行；国际体育交流增多，一方面，唐代的技击术在朝鲜半岛的新罗广泛流行，养生术、蹴鞠也传入日本；另一方面，印度人、罗马人的杂技和幻术从汉代起就不断传入中国，自唐代开始日本倭刀也为中国武林所重视。

图 1-6 蹴鞠

图 1-7 打马球图

封建社会后期，宋、元、明、清到鸦片战争之前，一方面民间体育组织的出现，极大地推动了民间体育的普及和提高；大量的体育资料被汇集成书，尤其是武艺、球类、养生导引方面的著述较多。另一方面，宋初的民族歧视压迫政策和程朱理学的主静思想在一定程度上阻碍了体育的进一步发展。

3. 近代体育的曲折发展

鸦片战争后，政局动荡，战争频繁，经济薄弱。随着帝国主义的入侵，西方文明涌入，欧美体育也大规模地传入，中国传统体育逐渐没落。传入我国的西方近代体育项目主要有体操、田径、游泳、足球、篮球、排球、棒球、垒球、网球、乒乓球等。中国体育在战火纷飞的社会夹缝中艰难生存，运动技术水平缺乏必要的提高基础。

4. 现代体育的崛起

新中国成立以来，体育事业突飞猛进。群众性体育运动广泛开展，如火如荼，群众体育组织体系逐渐健全，自 1995 年起实施了全民健身计划。竞技体育硕果累累，1959 年，乒乓球运动员容国团获得了中国体育史上的第一个世界冠军。2008 年，我国更是成功举办了第 29 届北京奥运会。学校体育稳步成长，从体育院系的建设到校园体育运动的推广，从健康第一的倡导到终身体育的理念，体育正在成为当代人的重要生活方式。

二、人文视野——探寻体育的真谛

体育在不同历史阶段和文化背景下被人为地赋予了不同的含义，但人本思想贯穿了体育发展的始终。在体育运动中，人的身体既是手段，也是直接的目的，体现着工具性和目的性的完美统一。人居于运动中心的、首要的位置，人的发展和完善是直接的、最重要的目的，而由体育所带来的名声、荣誉、财富、地位以及产业的发展、经济的增长等，都是人在实现自我发展和追求自我完善的过程中所带来的"副产品"。体育真正的伟大之处在于对完美永无止境的追求，它让人类在强健身心、探索真理、开拓世界的过程中获得了无限的发展空间。

在遥远的古希腊时代，人们通过体育追求躯体之美、力量之美和精神之美，以体育的形式表达对神的敬意，并在肉体上和精神上无限地去接近正确、光明和真理。在古希腊神话中，神灵的移动瞬时完成，不需要时间，而人则无法达到，那么使用时间最少的人就是最为接近于神的人，成为神"在这大地苍穹之中"的"荣耀的见证"。就这样，人在体育锻炼中，充分发展并不断挖掘着自身的潜能，诠释着体育的完美真谛。

从保守的维多利亚时代，体育便明确地承担起道德的重任。运动员出现的道德过失，会被认为是整个体育界乃至社会的灾难。英国公立学校中，通过体育教给男孩们生活所需要的"男子汉"的品德：正直诚实，团队合作精神，忠于伟大的事业。

体育不仅是要强身健体，也要塑造美好的品性。这也正是体育运动经久不衰的魅力之所在。体育是一种虔诚的追求——拼搏不息，永不满足；体育是一种积极的态度——锐意进取，百折不挠；体育是一种文化的积淀——以人为本，重在参与。体育让人类实现自我超越，走向"臻于至善"的完美境界。

第二节　健康准则

本节介绍了健康的内涵，其范畴不断更新，涵盖了躯体健康、心理健康、社会适应健康和道德健康等领域。分析了影响健康的部分因素：环境、心理、生活方式、体育锻炼等。从生理、心理、社会适应和道德建设的角度详细阐述了体育锻炼对维护健康具有的重要作用。

一、健康的内涵

"健康（Health）"是当今使用频率最高的词汇之一，互联网的中文搜索引擎下，"健康"的相关条目数以千万计。可见人们对健康的关注程度极高。

有健康的人，便有了希望；有希望的人，便有了一切。古希腊哲学家赫拉克利特呼吁："如果没有健康，智慧就不能表现出来，文化无从施展，力量不能战斗，财富变成废物，知识也无法利用。"思想家苏格拉底曾说："健康是人生最为可贵的。"培根指出："健康的身体是灵魂的客厅，病弱的身体是灵魂的监狱。"马克思认为"健康是人的第一权利"，我国著名经济学家于光远指出："健康的生存是人生的第一需要。"世界卫生组织（World Health Organization，WHO）始终围绕健康主题，提出"健康就是金子"（1953 年），"健康的青年——我们最好的资源"（1985年），"良好的健康是社会、经济和个人发展的主要资源，也是生活质量的重要部分"（1986年），"健康地生活——皆可成为强者"（1988年），"健康是基本人权之一，是社会和经济发展的基础"（1997年）。健康的重要性由此可见。

在一定的历史范畴内，健康与特定的社会、环境、经济、文化、伦理道德等密切相关。人们对健康内涵的认识随着历史的发展而不断演进和深化。

古代，人们对生命活动的认识极为肤浅，加之宗教信仰的桎梏，对健康的认识仅仅局限于没有疾病。随着社会的发展和医学的进步，人们能够使用各种仪器检测、发现身体的生理变化，健康被视为"器官发育良好，体质健壮，体能充沛"。毋庸置疑，这种建立在生理基础上的生物医学模式是一种巨大的进步，但它忽视了人的心理因素和社会属性。20世纪30年代，美国健康教育学者指出："健康是人们身体、心情和精神方面都自觉良好，活力充沛的状态。"由于不良情绪、精神创伤、恶劣环境等导致的"现代病"愈演愈烈，1948年世界卫生组织提出了新的健康概念：健康不单是没有疾病和不虚弱，而是躯体的、精神的健康和社会幸福的完善状态（Health is a state of complete physical, mental, and social well-being and not merely the absence of disease or infirmity.）。20世纪末，世界卫生组织又把道德修养纳入了健康的范畴。

世界卫生组织提出了健康的10个标志：

- 精力充沛，能从容不迫地应付日常生活和工作的压力而不感到过分紧张。
- 处事乐观，态度积极，乐于承担责任，事无巨细不挑剔。
- 善于休息，睡眠良好。
- 应变能力强，能适应环境的各种变化。
- 能抵抗一般性感冒和传染病。
- 体重得当，身材均匀，站立时头、肩、臂的位置协调。
- 眼睛明亮，反应敏锐，眼睑不发炎。
- 牙齿清洁、无空洞、无痛感，龋齿颜色正常，不出血。
- 头发有光泽，无头屑。
- 肌肉、皮肤富有弹性，走路轻松有力。

随着科技的发展、环境的改变，健康观也会被赋予新的内涵。正如杜波斯所言："寻求健康是一个不断进行和适应的过程，而不是一个总能达到或总能保持的静止状态，即健康意味着不断适应变化不定的生物和社会环境。"

二、影响健康的因素

1. 环境与健康

自然环境是人类赖以生存的基础，为人类提供了生活的必需物质。良好的自然环境可以陶冶情操、放松精神、愉悦心情，有利于人的身心健康。恶劣乃至被污染的自然则会损害身心健康，如酷暑、严寒、飓风、雪灾、空气中的有害气体，河流中的有毒微生物等，会引起人体的种种不适，甚至引发疾病。

社会环境是人类在自然环境基础上，有目的、有计划创造而成的人工环境，是人类物质文明和精神文明发展的标志。现代社会中，高节奏的生活、大强度的工作、激烈的竞争、巨大的压力，无一不侵蚀着人类的健康。疲劳综合征、伏案综合征、空调综合征、静电综合征等，社会的快速发展也在一定程度上牺牲了人类的健康。

2. 心理与健康

《黄帝内经》中提到"怒伤肝""喜伤心""悲伤脾""恐伤肾"。现代医学证实，心理因素的异变可能诱致心身症，又称精神生理反应。最初表现为植物神经和内脏系统的功能性改变，继而发展为躯体的功能失调，甚至发生组织结构的损害，如溃疡、偏头痛、心悸等。而积极的心理状态则能保持和增进健康，对疾病的治疗、痊愈也有显著作用。

3. 生活方式与健康

生活方式是在遗传提供的可能性前提下，在所处客观环境中养成的一种行为模式，这种行为模式表现为日常生活中习以为常的行为。

吸烟是目前影响人类健康的一个重要危险因素，全世界每年因吸烟而导致死亡的达250万人之多。烟草的烟雾中至少含有3种危险的化学物质：焦油、尼古丁和一氧化碳。焦油沉积在肺中浓缩成一种黏性物质。尼古丁是一种会使人成瘾的药物，主要对神经系统产生影响。一氧化碳则会降低红细胞将氧输送到全身的能力。长期吸烟者的肺癌发病率比不吸烟者高 10 ~ 20 倍，喉癌发病率高 6 ~ 10 倍，冠心病发病率高 2 ~ 3 倍。循环系统发病率高 3 倍，气管炎发病率高 2 ~ 8 倍，吸烟者的死亡率比非吸烟者高 1.7 倍。

酗酒就是过量饮酒。酗酒会引起黏膜充血、肿胀和糜烂，导致食管炎、胃炎、溃疡病。酒精主要在肝脏内代谢，肝癌的发病与长期酗酒有直接关系。酒精还会影响脂肪代谢，可致使血胆固醇和甘油三酯升高。当血液中的酒精浓度达到 0.1% 时，会使人感情冲动；达到 0.2% ~ 0.3% 时，会使人行为失常；长期酗酒，会导致酒精中毒性精神病。

一般把不在医生指导下，随意不适当地使用一些心理激动（致幻）剂直至产生成瘾趋势的行为称为吸毒。目前吸食的毒品绝大多数是海洛因，它对人体神经系统产生高度的毒性和生理破坏。吸毒上瘾后，不仅心理变态、人格解体、尊严尽丧、不知廉耻，而且会导致和传染各种疾病甚至死亡。据联合国禁毒署统计，全世界每年因吸食毒品而死亡的高达 10 万人，因此而丧失劳动能力的每年约有 1 000 万人。

4. 体育锻炼与健康

科技的进步和社会的发展提高了人类整体健康水平，但是新的健康问题（涉及人的机体功能状态、人与自然的关系和人与社会的关系等领域）不断涌现出来，严重威胁着人类的未来生存。体育的真谛和健康的内涵使两者在现代社会紧密地联系在一起，体育成为健康发展的核心主题之一，其对健康的特殊意义越来越得到肯定和重视。

体育锻炼是健康的需要。经常运动能预防并减少许多疾病，如心脏病、癌症、糖尿病等，也有利于维持健康的体重、增加抗压能力、改善睡眠质量等。美国卫生部的研究表明，身体缺乏运动的人容易超重、肥胖、患慢性疾病和出现心理不健康等问题。据世界卫生组织统计，全球每年有 200 多万人因缺乏运动而导致死亡。对此，专家建议，坚持每天活动半小时是保持健康的最低要求。

生命在于运动

从小就关在笼子里的家禽，如果常年不运动，从外表看，生长发育正常。可是，当人们打开笼子，驱赶它们快速奔跑跳跃时，小动物们就会突然死亡。解剖表明：小动物死于心脏破裂，这是由于它们长期缺乏运动，心壁和主动脉坚固性不足，承受不住突然升高的血压而导致猝死。

人要是不运动又会怎样呢？一个身体健壮的青年，静卧在床，20天后下床，站起来后他两腿发软，头晕目眩，心跳缓慢，动脉压下降，甚至出现昏厥，心脏功能降低70%，体内组织缺氧，肌力极度衰弱。原本健壮的年轻人变得衰弱不堪。

事实证明，运动使生命增强了活力、身体得到了锻炼，能够提高人体对环境的适应能力和对疾病的抵抗能力。

三、体育锻炼与健康维护

1. 体育锻炼奠定人体生理基础

（1）体育锻炼有利于提高神经系统的机能

神经系统包括大脑、脊髓、神经和神经细胞。长时间的脑力劳动，会由于供血不足和缺氧而头晕脑涨。进行体育锻炼，尤其是在新鲜的空气中开展运动，可以改善大脑的供血情况，使大脑消除疲劳，恢复活力。从事体育锻炼还可以延缓脑细胞的衰亡过程，延长大脑的"年轻态"。

体育锻炼还可以改善神经系统的调节功能，提高其对复杂变化的判断和反应能力，并及时做出协调、准确、迅速的应对。经常参加体育锻炼能够加强神经系统兴奋和抑制的交替转移过程，从而改善大脑皮层神经系统的均衡性和准确性，提高脑细胞工作的灵活性、协调性、反应速度、耐受能力等。如果缺乏必要的体育活动，大脑皮层的兴奋性将会下降，导致平衡失调，甚至引发某些疾病。

（2）体育锻炼有利于促进循环系统的机能

循环系统由静脉、动脉和毛细血管组成，它在心脏的驱动下，为人体各个部位提供氧气和各种养料。

① 经常从事体育锻炼能使心肌细胞内的蛋白质合成增加、心肌纤维增粗、心壁增厚、心肌力量增强、每搏输出量加大，使血液的数量增加并提高其质量。研究表明，在安静状态下，健康成人心脏的每搏输出量为70毫升，而经常运动者的可达90毫升。

② 体育锻炼可以增加血管壁的弹性，并促使大量毛细血管开放，大大加快能量供应，提高新陈代谢。

③ 体育锻炼可以显著降低血脂含量（胆固醇、b－蛋白质、三酰甘油等）、改变血脂质量，在遏制肥胖、健美形体的同时，能有效地防治冠心病、高血压和动脉粥样硬化等疾病。

④ 体育锻炼可以降低血压、舒缓心搏、预防心血管疾病。病理学家通过解剖发现，经常运动的人患动脉硬化的比率要远远低于不常运动的人。

（3）体育锻炼有利于增强运动系统的机能

运动系统由骨、骨连接和骨骼肌组成，它支撑起身体，并保护各器官的系统运作。体育锻炼能够增强运动系统的准确性和协调性，保持较好的灵活性，使人有条不紊、准确敏捷地完成各种复杂的动作。

体育运动可使骨密质增厚，骨小梁排列更加规则整齐，促使青少年骨的长径生长速度加快，直径增大，极大地提高骨的坚固性和抗弯、抗断、抗压能力。同时，可促进骨骼中钙的储存，预防骨质疏松。

体育运动可使肌肉的效能增强，肌肉更加粗壮、结实、发达而有力。具体表现为肌红蛋白和肌糖原的数量增加、肌纤维增粗、肌肉体积增大、肌肉的收缩力量加强、速度增快、弹性提高、耐力持久。

经常性的体育锻炼还可以增强关节周围肌肉的力量和韧带的柔韧性，从而扩大关节活动的幅度和牢固程度，减少各种外伤和关节损伤。

（4）体育锻炼有利于完善呼吸系统的机能

呼吸系统由呼吸道（鼻、喉、气管和支气管）和肺组成。

体育运动可以增加肺活量（人体尽全力吸气后再尽力呼出的气体总量）和肺通气量（每分钟尽力呼出或吸入肺内的气体总量）。经常参加体育锻炼，特别是做一些伸展扩胸运动，可使呼吸肌力量增强，胸廓扩大，有利于肺组织的生长发育和肺的扩张，使肺活量增加。同时，体育锻炼时需要大量地吸入氧气和排出二氧化碳，这就要求呼吸肌加强收缩，使肺泡得到充分张开，加大呼吸的深度，从而有效地增加了肺的通气效率，使人体能够承受更大强度的运动量。实验证实，经常参加体育锻炼的人，肺活量可增加 1 000 毫升左右，肺通气量可达 100 升/分钟以上，均高于一般人。

（5）体育锻炼有利于优化免疫系统的机能

体育运动本身是一种运动负荷的刺激，反复刺激，身体的各个系统就会产生形态及功能的适应性变化。在这种应激与适应的生理反应过程中，免疫机能也会相应提高。

（6）体育锻炼有利于强健消化系统的功能

经常进行体育锻炼能促进胃肠蠕动，增加消化液分泌。运动中肌肉的收缩和舒张能对胃肠起到按摩作用，在提高食欲的同时增强吸收能力。

但应注意，不宜在饭后即刻进行体育活动或剧烈运动后马上就餐，运动和吃饭之间要有一定的间隔休息。一般认为，运动后至少休息 30～40 分钟再进食，或饭后间隔约 1.5 小时再进行运动较为科学。

运动时，在中枢神经系统的调节下，对全身的血液进行重新分配，以保证对肌肉骨骼营养物质和氧气的供应。此时管理消化的神经尚处于抑制状态，消化腺的分泌减少，胃肠蠕动减弱。运动越剧烈、持续时间越长，消化器官就越需要更长的时间来进行恢复。

同样，如果饭后立即参加剧烈运动，就会致使正在参与胃肠消化和吸收的血液又重新分配，流向肌肉和骨骼，从而会影响胃肠机能。甚至可能因为胃肠的震动和肠系膜的牵扯而引起腹痛及不适感，进而影响人体的健康。

2．体育锻炼铸就人体心理健康

心理健康又称精神健康（Mental Health），指的是人能积极调节自己的心理状态，顺应环境（包括自身环境、自然环境与社会环境），有效地、富有建设性地发展和完善个人生活。其包括5个方面：① 智力发育正常；② 情绪稳定、乐观进取；③ 意志坚定、行为协调；④ 人格健全、自我悦纳；⑤ 良好的社会适应性。心理健康的人能够随外部环境变化而不断调整自身的心理结构以维持内外的平衡。

(1) 体育锻炼能够舒缓情绪

情绪是心理健康的重要指标。现代社会中，各方面的综合压力使人产生的焦虑、烦恼、紧张、压抑、暴躁、忧郁等都属于不良情绪范畴。医学研究发现，从事慢跑、游泳、骑自行车等体育活动对于抑郁症、焦虑症、化学药品依赖者的治疗具有显著疗效。这充分说明体育运动能够转移并宣泄不愉快的情绪，使人恢复精神愉快。

(2) 体育锻炼可以强韧意志

意志品质包括自觉性、果断性、坚韧性、自制力以及勇敢顽强精神。体育活动充满了失败和挫折，积极主动、持之以恒地坚持体育运动，要克服各种主、客观困难，这个过程既是锻炼身体的过程，也是培养良好意志的过程。竞技体育活动能够激励人们奋发向上、顽强拼搏的斗志，养成坚强、自信、勇敢、进取的优秀品质。

3. 体育锻炼推进个体社会适应

社会的适应性是指个体对所处的社会环境有正确的认识，能够融洽地、愉快地扮演生活中的各种角色，如朋友、邻居、同学、恋人等，在社会各领域的生活中发挥积极的作用。体育活动能够增进人际交往，增加彼此交流，同时形成团结合作、协调一致、相互帮助、彼此鼓励的团队精神，有助于个体对于社会适应性的培养。

4. 体育锻炼强化个体道德建设

体育锻炼，不仅在于育体，也在于育心。西周的射礼，讲究"明君臣之礼，明长幼之序"，以射建德。古希腊和斯巴达的军事体育，有着忠君效国的鲜明思想。时至当今，美国把体育作为培养青少年道德观念的巨大教育力量，芬兰主张通过体育对中小学生进行道德和社会教育，形成为他人着想、为人正派的品质。我国也将体育作为养成道德健康的积极手段，从竞技体育的爱国主义教育到学校体育的集体主义教育，务实肯干、自强不息、尊老爱幼、诚实守信、谦虚礼让、助人为乐等美德随着体育锻炼不断传播。

阅读材料

运 动 格 言

如果你想强壮，跑步吧！如果你想健美，跑步吧！如果你想聪明，跑步吧！

——古希腊格言

运动是一切生命的源泉。 ——（意大利）达·芬奇

静止便是死亡，只有运动才能敲开永生的大门。 ——（印度）泰戈尔

生命在于运动。 ——（法）伏尔泰

运动的作用可以代替药物，但所有的药物都不能代替运动。 ——（法）蒂素

思考与练习

1. 健康的内涵包括哪些内容？

2．影响健康的因素有哪些？

3．体育锻炼对健康的作用有哪些？

活动与探索

学生轮流在上课时说一则体育与健康相关的知识，可以是格言、健身小窍门、运动常识等，每次课一人，时间 5~10 分钟。

第二章
体育保健

本章阐述了体育锻炼的心理卫生和生理卫生；分析了人体三大运动供能系统，介绍了膳食的营养成分和运动营养的补充；讲解了运动按摩的基本手法和部位；概述了大学生常见的运动损伤及防治方法。

第一节　运　动　卫　生

本节阐释了体育锻炼的心理卫生："二有三无"——有运动欲望，有愉快氛围，无厌恶情绪，无胆怯心理，无自卑心态。概述了体育锻炼的生理卫生：一般卫生要求（运动环境、场地器材、衣着、饮水、洗澡等的卫生要求）；"冬练三九"的卫生注意事项（其一是勤换湿衣，其二是正确呼吸）；"夏练三伏"的卫生注意事项（切忌"快速冷却"，不可即食冷饮，谨防运动中暑）。

一、体育锻炼的心理卫生

为使个人保持积极的运动兴趣，预防思想疲劳，促进其身心健康发展而采取的措施、手段、方法等都可以纳入体育锻炼心理卫生的范畴。体育锻炼过程中，由于各人性格不同而导致的运动能力上的差异，以及其他因素的影响，一些人可能出现心理矛盾和障碍。讲求运动的心理卫生，就要做到"二有三无"。

1. 要有强烈的运动欲望

运动前，存在跃跃欲试的运动情绪；运动中，保持积极乐观的运动热情；运动后，拥有酣畅淋漓的运动满足感。一则可以与朋友、亲人等一起参加体育锻炼，在运动中互相鼓励，良性竞争；二则可以选择自己较为感兴趣的运动项目，尽量使运动与娱乐、健身与悦心相结合。

2. 要有愉快的运动氛围

人体的心理活动直接影响生理机能。体育锻炼要重视心理调节，包括情绪、心境、意志等的调整，以保持心情舒畅，取得良好的锻炼效果。例如，运动前后照镜子时，看到面带微笑、身体强健的自己，精神也会为之更加振奋，这便是一种积极的心理自我调节。

3. 避免厌恶情绪

这里的厌恶情绪指个人因性格内向或身体基础弱或运动能力差等原因，不爱活动，缺乏运动意愿和热情，对自己参加的体育锻炼抱着厌恶的态度，表现为"身随而心违"的被动状态。要改变对运动的厌烦，应从培养体育兴趣、确立锻炼目标入手。例如，柔弱安静的女生可以从陶冶气质、完美自我的形体运动入手，如进行体育舞蹈的学习；羸弱自闭的男生则可以从塑形、强魄的健美运动开始。运动贵在坚持，在长期的体育锻炼中，厌恶情绪自然会逐渐减少。

4. 克服胆怯心理

个人因为运动项目过难、运动负荷过大、运动器械不良、意志品质薄弱等原因，对运动产生恐惧心理，表现为犹豫不决、欲动又止、半途而废等行为。运动中，胆怯心理可以通过与同伴的交流、在指导者的示范下逐步克制。老师传授经验、同学支持鼓励，都有利于树立运动者勇敢的信念。

5. 消除自卑心态

自卑是一种轻视自己，认为自己不如他人的消极的心理现象。导致自卑的原因众多：自我评价过低、身心存在缺陷、体育成绩较差、别人过多指责等。对于自卑者，应多鼓励和安慰，对其取得的微小成绩也给予肯定和赞扬，并就以前和现在的状况进行比较，使其不断增强自信。

重要提示

一边背单词一边锻炼，既不利于单词的记忆，又影响锻炼的效果。

二、体育锻炼的生理卫生

1. 体育锻炼的一般卫生要求

（1）运动时环境的卫生要求

体育锻炼应选择空气清新、地面平坦、设施安全的场所。植物具有净化空气的作用，公园里、山脚下、绿化区内树木和草坪较多的地方，是开展运动的最佳场所。忽视周围的环境卫生，不但不能达到健身的目的，甚至会危害健康，导致呼吸系统的疾病。

① 马路锻炼不可取。汽车排出的废气中，含有一氧化碳、氮氢化合物、碳氢化合物和铅化合物等有毒有害物质。同时，车辆行驶会卷起灰尘，而有害气体或液体都会吸附在灰尘的微粒上。当人体将这些微粒吸入肺脏深处后，就会对身体造成不利影响。

② 小区锻炼需谨慎。人口密集的居民区空气流通慢，炊烟中的二氧化硫具有腐蚀性，强烈刺激人的眼结膜和鼻咽结膜等，可引发急性支气管炎、肺炎和哮喘等。浓度极高时，还会诱发声带水肿、肺水肿或呼吸道麻痹等症状，甚至危及生命。

③ 工厂锻炼是大忌。特别是火力电厂、钢铁厂、化工厂、水泥厂附近，有毒有害气体众多，不宜锻炼。如果条件限制，也应尽量选择宽敞、通风和烟囱的上风、侧风方向的地带进行锻炼。

（2）场地器材的卫生要求

场地器材的卫生要求，如球场是否有杂物、沙坑是否挖松、单双杠是否牢固等，发现隐患应及时消除。

（3）运动衣着的卫生要求

运动时的服装不仅要根据不同时节选择具有保温、透气等功效的服装，更应满足体育锻炼的需要——轻便、舒适。而且，在运动过程中，也应保持着装卫生。例如，锻炼一会儿身体发热出汗后，便将衣服脱下捆在腰间，不但不易散热，还会给运动带来不便。除夏季外，运动后应尽快将衣服穿上，防止感冒。

（4）锻炼饮水的卫生要求

体育运动中出汗较多，需要及时补充水分，否则会造成机体缺水，影响正常的生理机能。

① 应坚持少量多次的饮水原则，为身体充分补水的同时，利于水分的快速吸收，并减轻心脏、肾脏等器官的负担。如果饮水过量，一方面，过多的水分聚集在胃肠，使其沉重闷胀，容易引发慢性胃炎；另一方面，血液中水的含量剧增，会引发多排汗的症状，并带走体内大量盐分，从而破坏体内水平衡并降低血液内盐分的浓度，导致抽筋现象。

② 运动时应喝温开水和淡盐水，不宜喝自来水、冰水、饮料等，否则会剧烈刺激食道、胃肠，不利于健康。

③ 运动前后也不宜大量饮水。运动前饮水过多，会使腹部沉重，影响呼吸，不利于运动；运动后，身体消耗的能量较大，人体需要补充大量的营养物质，饮水太多会把胃内的消化液冲淡，直接影响到对食物的消化和吸收。

（5）运动后洗澡的卫生要求

锻炼后不宜立即洗澡，这是因为停止运动后，血液大量流向肌肉的情况仍会持续一段时间，这时如果立即洗热水澡，就会导致其他重要器官血液供应不足（如心脏和大脑的供血不足），出现头晕、恶心、全身无力等状况，严重的还会诱发其他疾病。运动后立即洗冷水澡更是弊多利少，这会导致体内产生的大量热量不能很好地散发，形成内热外凉，破坏人体的平衡，极易生病。因此，运动后应休息10～30分钟（具体根据脉搏恢复到接近正常数为准）后再洗澡，最适宜的水温为40℃左右。

2. "冬练三九"的卫生注意事项

冬季体育锻炼有利于增强人体对寒冷刺激的适应能力，增加抗寒力和体温的调节力，预防或减少某些冬季疾病的发生。然而其恶劣的自然环境也为健身运动的卫生带来了一些困难。其注意事项有以下两个方面：

① 及时更换湿衣。锻炼的过程可能出汗较多，湿透内衣，要及时到室内用干毛巾擦身，并换上干爽保暖的其他衣服，切忌不可穿着汗湿的衣服吹风。

② 正确呼吸。冬季风沙大，气温低，人们锻炼时常会感觉呼吸困难，而张大嘴巴大口吸气会使得灰尘、细菌等直接刺激咽喉，可能引起咳嗽，甚至诱发呼吸道疾病。

鼻腔黏膜上有丰富的毛细血管，干燥、寒冷的空气在这里及时进行加温、湿润，减少了对咽喉的刺激。鼻腔中的鼻毛及黏膜分泌的黏液又能阻挡和吸附灰尘等有害物质。因此，体育锻炼中，应尽量使用鼻子呼吸。当必须使用口鼻协同呼吸时，口宜微张，让冷空气经齿缝适量进入口腔，以减少对呼吸道的刺激。

3. "夏练三伏"的卫生注意事项

① 切忌"快速冷却"。夏日锻炼后，往往是汗流浃背，不宜马上吹电风扇、洗冷水浴、游泳或进入空调房间。

人体在运动时，新陈代谢旺盛、体温增加，皮下血管明显扩张、血流量大，散热加快。这时遭遇"快速冷却"弊端诸多：肌肉血管收缩、血液循环不畅，疲劳的心脑不但无法休息甚至加重了负担；肌肉中的代谢产物不能被及时排出、氧气和能量物质也不能及时供应，不但会加重肌肉的酸痛肿胀，而且推迟肌肉疲劳的恢复；毛孔突然关闭，排汗减少，体内积聚的热量不能及排时出，皮肤表面温度下降但体内温度上升，可能导致发烧和中暑；机体调温机能发生紊乱，身体抵抗病菌的能力降低，极易诱发伤风感冒等疾病。

因此，夏日运动后，应先擦干汗液，稍作休息，待体温下降，排汗减少后再进行上述活动。

② 不可即食冷饮。运动时，胃肠的血液供应暂时减少，运动后，立即吃冷饮，极易使胃肠等局部肌肉痉挛而发生腹痛、腹泻等症状；同时，正处在充血状态的咽喉部和脑部血管受到突然的冷刺激，其口径会迅速缩小，以致流向此处的血液减少，使这一部分的机能失调，易导致咽喉嘶哑、头昏、头痛，甚至出现重力性休克。

③ 谨防运动中暑。在炎热的夏季进行运动，一方面运动产热，体内热量蓄积，另一方面气温较高使机体散热受到障碍，使体温升高，出现头晕、胸闷、心慌、恶心、呕吐、四肢无力以致虚脱等症状，即是"中暑"。

夏季锻炼防中暑应注意两方面的问题：第一，安排运动时间，剧烈的活动最好在上午9点钟以前或下午5点钟以后进行，避开一天中较热的时间。第二，夏季运动不宜祖背赤膊，最好穿浅色、薄质、宽松、透气的衣服，以减少身体受热射线的影响，并防止皮肤被晒伤。

📖 **阅读材料**

女大学生体育锻炼生理卫生

月经是女子一种正常的生理现象。月经期间，骨盆、内脏器官等有不同程度的充血，可能出现轻度腰背酸痛和下腹部胀坠的感觉，情绪易波动，身体易疲劳，个别有轻度头痛、乳房发胀、痛经等不适感觉。

月经来潮期间，保持适当体育锻炼，可以改善盆腔的血液循环，减轻不适感。不应长时间卧床休息。应按个人的具体情况，进行与平时有所不同的体育运动。

首先，应适当减少运动量。可以做些运动量不大的体育活动，如打乒乓球，或做广播操、散步等。经期不适宜参加剧烈的运动比赛。此时，神经系统不能适应较大的运动强度。

其次，应注意选择运动项目。避免容易引起腹内压增高的运动，如猛烈的跳跃和收腹动作、用力憋气的静力性动作，以及长时间的耐力性练习。经期也不宜游泳。

最后，若有严重的痛经，全身不适，出现食欲不佳、恶心、头痛、全身关节酸痛、失眠、经血量多、经期过长等情况，应立即停止体育锻炼。

第二节　运动营养

本节概述了人体三大运动供能系统（磷酸原系统、乳酸系统和有氧氧化系统）并分析了其特点；介绍了膳食的营养成分，具体讲解了蛋白质、脂肪、糖等热能、维生素和微量元素的功效；阐述了力量练习、速度练习、耐力练习、灵敏练习等运动营养的补充。

一、运动供能系统

人体运动时的供能系统，依其运动强度和运动持续时间的不同可分为 ATP – CP（磷酸原）系统、无氧糖酵解（乳酸）系统和有氧氧化系统（见图2–1）。

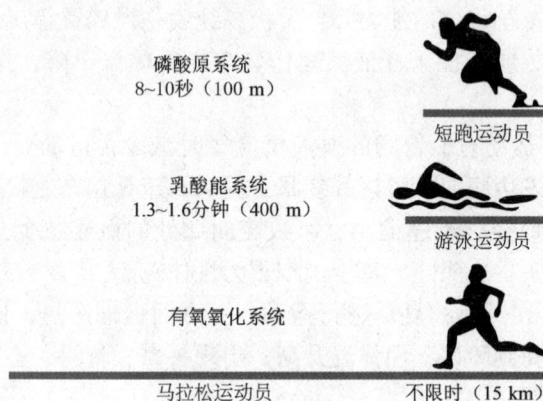

磷酸原系统
8~10秒（100 m）
短跑运动员

乳酸能系统
1.3~1.6分钟（400 m）
游泳运动员

有氧氧化系统

马拉松运动员　　　　不限时（15 km）

图2–1　运动供能系统

1. 磷酸原系统及其供能特点

ATP – CP（磷酸原）系统又称非乳酸能系统。它是由肌肉内的 ATP（adenosine – triphosphate，腺嘌呤核苷三磷酸，又叫三磷酸腺苷）和 CP（creatine phosphate，磷酸肌酸）这两种高能磷化物构成，ATP 与 CP 同样都是通过分子内高能磷酸键裂解时释放能量，以实现快速供能。因此，在运动时供能系统将两者一起称为磷酸原系统。

磷酸原系统供能不在其数量的多少，而在其能量的快速可动用性。在 3 个供能系统中，其能量输出功率最高。任何强度的运动，开始首先供能的都是 ATP – CP 系统。磷酸原系统供能的特点如下：

① 分解供能速度快，重新合成 ATP 速度最快。

② 不需要氧气。

③ 不产生乳酸。

④ ATP – CP 供能系统最大输出功率约为 50 W/kg 体重。

⑤ 维持供能的时间短，其在短时间最大强度运动的供能体系中起着重要作用。

ATP 以最大功率输出供能可维持约 2 秒；CP 以最大功率输出供能可维持 3 ~ 5 倍于 ATP。剧烈运动时 CP 含量迅速下降，但 ATP 变化不大。凡是短时间极量运动（如短跑、举重、冲刺、投掷等）时所需的能量几乎全部由磷酸原系统供给。

2. 乳酸能系统及其供能特点

乳酸能系统是指糖原或葡萄糖在细胞浆内无氧分解生成乳酸的过程中，再合成 ATP 的能量系统。其最大供能速率为 29.3 J/kg/s，供能持续时间为 33 秒左右。由于最终产物是乳酸，故称乳酸能系统。当人体剧烈运动时，骨骼肌能量消耗不仅量大而且速度快，有氧供能不足。而 ATP-CP 大量消耗时，糖的无氧酵解便开始参与供能。当氧供应不足的程度为氧化供能需要量的 2 倍以及肌肉中 ATP-CP 被消耗的量约为原储备量 50% 时，为了迅速再合成 ATP 以保证持续运动的能力，骨骼肌中的糖原便大量无氧分解，乳酸开始生成。产生的乳酸扩散进入血液，血乳酸水平是衡量乳酸能系统供能能力的最常用指标。

乳酸能系统供能总量较磷酸原系统多，输出功率次之，不需要氧气，产生乳酸。其特点包括以下几个方面：

① 这种利用糖原酵解供能的方式速度快，比有氧氧化供能及时，故称其为应急能源。

② 不需要氧气，是脂肪酸、甘油、氨基酸等供能物质所不及的。

③ 表现的速度与力量均不如磷酸原系统，但维持供能时间较长。

乳酸能系统供能的意义在于保证磷酸原系统最大供能后仍能维持数十秒快速供能，以应付机体的需要。该系统是 1 分钟以内要求高功率输出运动的供能基础，如 400 米跑、100 米游泳等。专门的无氧训练可有效提高该系统的供能能力。

此外，该系统的代谢产物为乳酸。乳酸是一种强酸，在肌细胞中大量聚积，超过了机体缓冲及耐受能力时，会破坏机体内环境酸碱度的稳态，进而又会限制糖的无氧酵解，直接影响 ATP 的再合成，且引起肌细胞代谢性酸中毒，易导致机体疲劳。

3. 有氧氧化系统及其供能特点

有氧氧化系统是指糖、脂肪和蛋白质在细胞内彻底氧化成水和二氧化碳的过程中，再合成 ATP 的能量系统。该系统 ATP 生成总量很大，但速率很慢，需要氧的参与，不产生乳酸类的副产品，最大供能速率或输出功率为 15 J/kg/s。从理论上分析，体内储存的有氧氧化燃料，特别是脂肪是不会耗尽的，故该系统供能的最大容量可以认为是无限大，是进行长时间耐力活动的物质基础。

有氧氧化系统是人体能量消耗的主要供能系统，其特点包括以下 4 个方面：

① 有氧氧化系统是 ATP 生成的主要途径。

② 能量物质来源广阔、种类多、储备量大。

③ 有氧氧化过程复杂，受氧利用率的影响供能速度慢，是运动强度低、氧供应充足的耐力型运动项目的主要供能来源。

④ 最大输出功率均低于其他两个系统，但有氧氧化释放的能量远远高于糖酵解生成的 ATP 数量，且比脂肪消耗的能量少，是体内最经济的能量供应系统。

二、膳食营养成分

营养是人体吸收、利用和获得食物的过程。膳食能提供人体所需的六大营养素：蛋白质、脂肪、碳水化合物、矿物质、维生素、水。在各种各样的食物中含有多种不同比例的营养素，任何一种都不能够包含全部营养素，而任何一种营养素又不可能代替其他营养素。必须合理膳食，才能正确地摄取丰富的营养。

体育锻炼时，人体物质能量消耗明显增大，超量代偿效应显著。保证营养物质的充分供给，对提高体育锻炼的效果，具有十分重要的意义。

阅读材料

主要食物营养成分表（每100克食物所含的成分）

类别	食物名称	蛋白质/克	脂肪/克	碳水化合物/克	热量/千卡	无机盐类/克	钙/毫克	磷/毫克	铁/毫克
谷类	大米	7.5	0.5	79	351	0.4	10	100	1.0
	小米	9.7	1.7	77	362	1.4	21	240	4.7
	面粉	12.0	0.8	70	339	1.5	22	180	7.6
干豆类	黄豆	39.2	17.4	25	413	5.0	320	570	5.9
	青豆	37.3	18.3	30	434	5.0	240	530	5.4
	绿豆	22.1	0.8	59	332	3.3	34	222	9.7
	豌豆	24.0	1.0	58	339	2.9	57	225	0.8
	蚕豆	28.2	0.8	49	318	2.7	71	340	7.0
鲜豆类	青扁豆荚（鹊豆）	3.0	0.2	6	38	0.7	132	77	0.9
	白扁豆荚（刀子豆）	3.2	0.3	5	36	0.8	81	68	3.4
	四季豆（芸豆）	1.9	0.8	4	31	0.7	66	49	1.6
	豌豆（淮豆、小寒豆）	7.2	0.3	12	80	0.9	13	90	0.8
	蚕豆（胡豆、佛豆）	9.0	0.7	11	86	1.2	15	217	1.7
	菜豆角	2.4	0.2	4	27	0.6	53	63	1.0
豆类制品	豆浆	1.6	0.7	1	17	0.2	—	—	—
	北豆腐	9.2	1.2	6	72	0.9	110	110	3.6
	豆腐乳	14.6	5.7	5	30	7.8	167	200	12.0
根茎类	小葱（火葱、麦葱）	1.4	0.3	5	28	0.8	63	28	1.0
	大葱（青葱）	1.0	0.3	6	31	0.3	12	46	0.6
	葱头（大蒜）	4.4	0.2	23	111	1.3	5	44	0.4
	芋头（土芝）	2.2	0.1	16	74	0.8	19	51	0.6

类别	食物名称	蛋白质/克	脂肪/克	碳水化合物/克	热量/千卡	无机盐类/克	钙/毫克	磷/毫克	铁/毫克
根茎类	红萝卜	2.0	0.4	5	32	1.4	19	23	1.9
	甘薯（红薯）	2.3	0.2	29	127	0.9	18	20	0.4
	藕	1.0	0.1	6	29	0.7	19	51	0.5
	白萝卜	0.6	—	6	26	0.8	49	34	0.5
	马铃薯（土豆、洋芋）	1.9	0.7	28	126	1.2	11	59	0.9
叶菜类	油菜（胡菜）	2.0	0.1	4	25	1.4	140	52	3.4
	菠菜	2.0	0.2	2	18	2.0	70	34	2.5
	韭菜	2.4	0.5	4	30	0.9	56	45	1.3
	大白菜	1.4	0.3	3	19	0.7	33	42	0.4
	小白菜	1.1	0.1	2	13	0.8	86	27	1.2
	香菜（芫荽）	2.0	0.3	7	39	1.5	170	49	5.6
	芹菜茎	2.2	0.3	2	20	1.0	160	61	8.5
菌类	蘑菇（鲜）	2.9	0.2	3	25	0.6	8	66	1.3
	口蘑（干）	35.6	1.4	23	247	16.2	100	162	32.0
	香菌（香菇）	13.0	1.8	54	384	4.8	124	415	25.3
海菜类	木耳（黑）	10.6	0.2	65	304	5.8	357	201	185.0
	海带（干，昆布）	8.2	0.1	57	262	12.9	2250	—	150.0
	紫菜	24.5	0.9	31	230	30.3	330	440	32.0
茄瓜果类	南瓜	0.8	—	3	15	0.5	27	22	0.2
	西葫芦	0.6	—	2	10	0.6	17	47	0.2
	丝瓜（布瓜）	1.5	0.1	5	27	0.5	28	45	0.8
	茄子	2.3	0.1	3	22	0.5	22	31	0.4
	冬瓜	0.4	—	2	10	0.3	19	12	0.3
	黄瓜	0.8	0.2	2	13	0.5	25	37	0.4
	西红柿（番茄）	0.6	0.3	2	13	0.4	8	32	0.4
水果类	西瓜	1.2	—	4	21	0.2	6	10	0.2
	苹果	0.2	0.6	15	60	0.2	11	9	0.3
	香蕉	1.2	0.6	20	90	0.7	10	35	0.8

类别	食物名称	蛋白质/克	脂肪/克	碳水化合物/克	热量/千卡	无机盐类/克	钙/毫克	磷/毫克	铁/毫克
水果类	梨	0.1	0.1	12	49	0.3	5	6	0.2
	杏	0.9	—	10	44	0.6	26	24	0.8
	李	0.5	0.2	9	40	—	17	20	0.5
	桃	0.8	0.1	7	32	0.5	8	20	1.0
	樱桃	1.2	0.3	8	40	0.6	6	31	5.9
	葡萄	0.2	—	10	41	0.2	4	15	0.6
干果	花生仁（炒熟）	26.5	44.8	20	589	3.1	71	399	2.0
	杏仁（炒熟）	25.7	51	9	597	2.5	141	202	3.9
走兽类	牛肉	20.1	10.2	—	172	1.1	7	170	0.9
	羊肉	11.1	28.8	0.5	306	0.9	11	129	2
	猪肉	16.9	29.2	1.1	335	0.9	11	170	0.4
乳类	牛奶（鲜）	3.1	3.5	4.6	62	0.7	120	90	0.1
	羊奶（鲜）	3.8	4.1	4.6	71	0.9	140	—	0.7
飞禽	鸡肉	23.3	1.2	—	104	1.1	11	190	1.5
	鸭肉	16.5	7.5	0.1	134	0.9	11	145	4.1
蛋类	鸡蛋（全）	14.8	11.6	—	164	1.1	55	210	2.7
	鸭蛋（全）	13	14.7	0.5	186	1.8	71	210	3.2
蛤类	河螃蟹	1.4	5.9	7.4	139	1.8	129	145	13.0
	青虾	16.4	1.3	0.1	78	1.2	99	205	0.3
	虾米（河产及海产）	46.8	2	—	205	25.2	882	—	—
	田螺	10.7	1.2	3.8	69	3.3	357	191	19.8
	蛤蜊	10.8	1.6	4.8	77	3	37	82	14.2
鱼类	鲫鱼	13	1.1	0.1	62	0.8	54	20.3	2.5
	鲤鱼	18.1	1.6	0.2	88	1.1	28	17.6	1.3
	带鱼	15.9	3.4	1.5	100	1.1	48	53	2.3
油脂	猪油（炼）	—	99	—	891	—	—	—	—
	花生油	—	100	—	900	—	—	—	—
	豆油	—	100	—	900	—	—	—	—

1. 热能

热量是维持人体进行一切活动的基础条件。运动时热能消耗较大，一方面满足机体的正常需要，另一方面要使人体保持充沛的运动能力，必须维持热能的消耗与摄取的平衡。这是保持人体健康、提高锻炼效果的基本要求。应根据机体能量消耗的情况来确定热能的摄入量。

运动时，影响热能消耗的主要因素有运动项目、强度、时间以及运动员的体重等。运动强度越大、时间越长、体重越重，人体所需的热能越多。

一般而言，经常参加体育锻炼的人，饮食中糖和蛋白质的比例要高一些，脂肪应相应减少些。营养学家认为，蛋白质、脂肪和糖三者的比例可按重量以 1:0.7:5 为宜（对从事耐久项目的人可以适当增加脂肪食物的比例）。

① 蛋白质是机体组织细胞的基本成分，骨骼、肌肉和内脏等组织器官的生长需要大量的蛋白质。它能增强运动员的兴奋性和机敏性，对技巧性和爆发性用力的项目来说极其重要，对体育锻炼参加者必不可少。

蛋白质食物长期多量的摄入，会使体液发生酸化倾向，加重肝、肾负担，导致运动时疲劳过早发生。同时会使钙离子丢失过多，影响骨质的坚固性。还会减少糖的摄入、降低糖储备，使运动能力下降。

② 脂肪是高热能物质，其代谢耗氧较多，能间接地增加氧自由基的生成，加重过氧化对组织细胞的损害作用，加剧运动时人体的缺氧状态，不利于运动能力的发挥。同时，膳食中脂肪过多还会影响对其他营养成分尤其是蛋白质的吸收。因此，应适当控制膳食中的脂肪量。

③ 糖具有易消化吸收、供能快、耗氧少（在有氧或缺氧的情况下都能分解出热量及氧化分解产物——水和二氧化碳）、易排出体外等特点，对于体育锻炼者十分重要。选择糖类食物，一是要选择多糖避免单糖，单糖易使血糖急骤升高或降低，影响机体健康，多糖则可以比较稳定地供给热能，如淀粉等；二是要补充多种糖类，以保持肝脏、血液、肌肉之间的糖类平衡，有利于运动的需要，如全面补充淀粉、水果、糖果等。

糖的摄入不足，容易导致免疫力降低、中枢神经疲劳，在出现思维能力、反应能力、灵敏性下降的同时，直接影响肌肉的收缩力和连续性运动的体能维持，使耐力减弱，还会使蛋白质、维生素 B 族的吸收受损，引发代谢性疾病。

2. 维生素

维生素是维持人体正常生理功能所必需的营养物质，它对体育锻炼的效果具有明显的影响。大学生在从事体育锻炼时，体内代谢加强，加之大量排汗，维生素的消耗较大。绿叶蔬菜和鲜嫩水果，以及动物的心、肝、肉中都含有丰富的维生素，饮食时应注意补充。

维生素中以维生素 B、维生素 C、维生素 E 等对人体运动的影响最为关键。豆类及其制品中富含维生素 B，蔬菜水果中富含维生素 C，食用油脂中则富含维生素 E。B 族维生素是许多酶的辅酶，维生素 B_1、维生素 B_2 和烟酸不足都会影响能量代谢，导致供能不足，影响锻炼者的体力和精力。若人体内 B 族维生素和维生素 C 的储备充足，可使血糖保持较高水平，血中乳酸和丙酮酸减少，运动后可使糖原恢复正常。维生素 E 能提高神经系统工作的持久力，有利于降低氧债（运动后恢复期内的过量氧耗），提高恢复系数。

长期过多服用维生素不但不能改善工作能力，还会使机体维生素代谢水平提高，一旦维生素摄入较少时更易出现缺乏症状。

3．微量元素

钙的摄取不足，会使肌肉的兴奋性过分升高，收缩力随之下降，容易出现肌肉痉挛（抽筋）。钙量过多则会干扰铁、锌的吸收，易引起肾结石。

硒有抗氧化作用，可以保护细胞膜的结构和功能免遭过氧化的损害，使细胞内重要活性物质不受强氧化剂的破坏。它是肌肉的组织成分，并参与体内多种代谢活动和细胞内呼吸的过程，对多种酶有激活作用。

锌可以维持人体内 300 多种酶的活性。例如，集中于红细胞中的含锌酶——碳酸酐酶能够帮助红细胞摄取二氧化碳，将之送入肺中，保证细胞的内环境稳定和能量代谢顺利进行。如果碳酸酐酶活性下降，人体的最大吸氧量、最大二氧化碳排出量、换气率均显著下降，运动能力便会受到影响。膳食中，锌的主要来源是肉类、海产品和坚果类。

钠、钾、氯、铝、镁主要是维持体液的渗透压和酸碱平衡，维持神经、肌肉的应激功能，维持细胞正常的新陈代谢。

三、运动营养补充

饮食与运动的配合极为重要，科学合理的饮食，能更好地提高运动成绩和锻炼效果，帮助疲劳的消除和体能的恢复，快速实现健身目标（见表 2-1）。

表 2-1　运 动 饮 食

运动前饮食	饱食后 2 小时、60% 饱食后 1 小时、40% 饱食后半小时才可进行运动，如果食物以肉食品为主，饭后运动的间隔时间还应适当延长 运动前适量进食，能有效提供运动时所需的能量和水分，防止因能量不足而引起的虚脱症状，有利于身体机能在运动中的提高
运动中饮食	进食的数量不能超过平时饭量的 1/3，即 ≤30% 饱度。食物要以高碳水化合物为主，如面包、麦片、糕点、水果等。进食 15～30 分钟后再进行运动锻炼
运动后饮食	运动后应在 30 分钟内补充足够的糖。胰岛素在这段时间内活性最高，有利于糖的转化储备和被肌肉利用。最好以糖盐水的形式补充。补糖量以每公斤体重 1 克糖标准为宜。 运动后大量进食应在运动停止半小时到 1 小时以后进行。进食量不应超过平时饭量的 80% 为宜。 如果运动后即刻感到明显饥饿，稍休息几分钟后也可以少量进食，进食量不超过平常饭量的 1/3。食物应松软易消化，避免辛辣等刺激

力量、速度、耐力、灵敏等练习是大学生最基本和常用的身体锻炼方法。

1．力量练习的营养需求

男生的力量素质在 22～23 岁可达到最高峰，女生则在 18～22 岁可达到最高峰，以后两者的力量素质均随着年龄增长而逐渐下降。

力量性运动对肌肉质量的要求较高，蛋白质作为肌肉合成的重要材料，需求较大。

蛋白质的最好来源是动物性食物和植物性豆类食物。动物性蛋白被称为"优质蛋白质"，所含氨基酸的组成方式和人类的蛋白相似，较之植物性蛋白效能更高，如鸡蛋、牛肉、鱼等。豆类（主要是大豆）含有丰富的植物蛋白质，粮谷类食物蛋白质含量不高，但由于食用量较大，因此也是蛋白质的主要来源。还可采用蛋白粉制剂，一般每天不少于 2 g/kg 体重，且应占每日摄入总热量的 20% 左右。此外，运动者也可达到 2.5 g/kg 体重。

肌酸是合成磷酸肌酸（储存能量）的基础，有研究表明，口服外源性肌酸可使磷酸肌酸的储存量提高 20%，增加肌肉的爆发力，与糖、磷酸盐同时服用可促进肌酸的吸收。

糖对于蛋白质在体内的代谢过程有重要作用，它可以节约蛋白质的使用。摄入蛋白质同时摄入糖类，体内游离氨基酸浓度增高，可以增加 ATP（即腺嘌呤核苷三磷酸，又叫三磷酸腺苷）的形成，有利于氨基酸的活化及蛋白质的合成。

此外，维生素 B_2 可促进肌肉蛋白质的合成，可多吃动物内脏、蛋和奶等食物；钾、钠、钙、镁等离子合作共同维护肌肉神经的兴奋性，钙主要来源于虾皮、海带等食物，钾以水果中的最容易吸收，钠主要来源于食盐，镁主要来源于绿叶蔬菜、小米、燕麦、大麦、小麦、豆类等。

2. 速度练习的营养需求

男生在 20～22 岁达到速度发展的顶峰，呈单峰型。女生则在 14～17 岁出现第一个缓慢的波峰，到 21～22 岁又出现第二个缓慢的波峰，呈双峰型。

速度的快慢与肌纤维的兴奋性、快肌纤维的百分组成、肌肉力量的大小有关，其代谢特点是高度缺氧，负有氧债，蛋白质的合成过程被破坏，运动时的能量来源主要由糖的无氧酵解供应。因此，速度素质的提高在营养上也需要增加蛋白质、糖、维生素 C、维生素 B 族、磷、镁及铁等营养素的摄入量，使 ATP 及磷酸肌酸合成加速，并增加肌肉的合成，提高高能磷酸原的能量储备。一般而言，蔬菜和水果可以很好地补充速度训练所需的营养，其应占一日总食入量的 15%～20% 为宜。

3. 耐力练习的营养需求

耐力发育总的趋势是随年龄的增加而逐渐提高，至 20 岁达到高峰，以后又随年龄增加而下降。

影响有氧耐力水平的两个重要因素是脂肪和血红蛋白。脂肪能为有氧能量代谢提供大量的能源。脂肪供能比例的增大有利于减少糖原储备的消耗，而糖的节省对比赛后期的激烈争夺是有利的。肌肉收缩需要的能量来源是体内储备的能源物质——糖原，1 克糖在体内大约产生 4 千卡的热能，体内糖原储备的多少直接影响人体的运动能力。为提高耐力素质，膳食中每日摄取的脂肪应不少于 250～500 毫克。此外，膳食中糖的来源是粮食和薯类，米和白面的含糖量为 80%～90%。一般情况下，糖占总热能供给量的 60%～70%，成人每日每千克体重需 4～6 克糖，运动者需 8～12 克。

血液中红细胞血红蛋白的携氧能力是决定有氧耐力水平的重要条件。女生缺铁性贫血的发生率较之男生更高，应多吃瘦肉、鸡蛋、猪肝、绿叶菜等含铁高的食物，并可补充一些含铁制剂，以利于血红蛋白的合成，保证血液的输氧能力。

如果耐力运动中出现抽筋症状，还应加补矿物质元素镁。

4. 灵敏练习的营养需求

灵敏性运动的特点是神经系统在运动中处于紧张的状态，虽然机体总的能量消耗不大，但神经系统的消耗却很大，因此热量供给不宜过多，要加强神经系统的营养。

磷与神经系统的活动有密切关系，一切肌肉、神经活动、糖与脂肪的代谢都需要有磷的化合物参加，肌肉活动越多，能量消耗越大，磷的需要也更多。磷和脂肪合成磷脂是维持中枢神经系统正常状态所必需的物质。磷广泛存在于动植物组织中，一切富含蛋白质的食物都含有磷，如蛋类、肉类、鱼类等，植物性食物中，豆类和绿色蔬菜含磷较高，因此膳食中磷的来源不成问题，如果蛋白质和钙含量充足，则所得到的磷也能满足需要。磷的需求量为成人每日需磷1.5克，运动者需要较大。尤其能量消耗大和神经高度紧张的项目，如体操、长跑等则每日需磷2.5克。

5. 不同体育项目的营养需求

如表2-2所示，不同的运动项目对营养的要求不尽相同，但由于运动过程中体内物质代谢旺盛，因此无论哪种性质的运动项目，都应多供给机体维生素 B_1 和维生素 C。维生素 B_1 的来源主要是粮食，多含在胚芽和外皮部分，所以粮食加工得越精，维生素 B_1 损失得就越多。另外，食物在烹调过程中加碱也会使维生素 B_1 受到较多的破坏。维生素 C 分布很广，几乎所有的蔬菜和水果中都含有，其中含量较多的有枣、山楂、油菜和圆白菜等。维生素 C 也容易受储存和烹调的破坏，所以蔬菜和水果应尽可能在新鲜时食用，且尽量生吃。

合理地安排膳食营养是补充运动消耗、提高运动成绩、维护身体健康的重要措施。对运动训练膳食的基本要求是：热量合理、酸碱平衡、维生素和矿物质充足、各种营养素比例恰当。

表2-2 不同体育项目的营养需求

	短 跑	长 跑	球 类	操 类	游 泳
运动特点	时间短、强度大、高度缺氧、能量代谢率高	时间长、耗能大，以有氧代谢供能为主	复杂多变、速度快、强度大，对力量、速度、耐力、灵敏度、柔韧性、弹跳力等素质要求较高	技术动作复杂，对力量、速度、灵敏、协调性及神经系统要求较高	阻力大、耗能多、易疲劳
营养需求	蛋白质、糖、铁、VC、VB$_1$	糖、蛋白质、铁、水分、VC、VB$_1$	糖、蛋白质、VB$_1$、VC、VE、VA、磷	蛋白质、VB$_1$、VC、钙、铁、磷	蛋白质、糖类、脂肪、铁、VB$_1$、VC
膳食要求	豆制品、乳品、鱼类、肉类、薯类、水果、蔬菜	谷类、瘦肉、鸡蛋、绿叶蔬菜	牛奶、鸡蛋、胡萝卜、菠菜、水果	海鲜、豆类、杂粮、橘子、菜花、萝卜、脱脂牛奶、鸡蛋、猪肝、猪腰	蜂蜜、海带、牛奶、卷心菜

第三节 运 动 按 摩

本节概述了运动按摩的渊源,阐释了运动按摩的手法——推法、揉法、擦法、按法、搓法、捏法、抖法、摇法、掐法,讲解了运动按摩的部位。

一、运动按摩概述

按摩是人类古老的保健医疗手段。早在公元前 14 世纪,出土的商代殷墟甲骨文卜辞中就有了"按摩"的文字记载。《庄子》《老子》《荀子》《墨子》等著作也都提到了自我按摩的方法。战国时期,《素问·异法论篇》中就提及:"形数惊恐、经络不通、病生于不仁,治之以按摩。"这一时期,还出现了我国第一部按摩专著《黄帝岐伯按摩十卷》。隋唐时期,按摩兴盛,从行政上设置了按摩专科并授予一定职务,划分了按摩师的等级,并将其列入医学教育的范畴。华夏民族的按摩之术源远流长,绵延至今。

运动按摩是在体育实践中,以专门的手法作用于人体,调节并消除疲劳,预防并改善损伤,调整并保护良好的锻炼状态,增进并发展潜在体能,以实现锻炼的目的。

运动按摩可在运动前、运动中、运动后进行。运动前的按摩可以提高兴奋度或镇静身心,促使身体进入最佳的竞赛状态;运动中的按摩能够缓解疲劳,保持竞技状态甚至继续提升运动能力;运动后的按摩则在于消除各种不适感,恢复机体活力。

二、运动按摩手法

运动按摩的手法种类众多、学派不一,但均要求持久、有力、均匀、柔和,从而达到渗透作用。一般而言,应沿淋巴流动方向进行按摩。此外,手法的恰当运用及熟练程度,对效果有直接影响。

1. 推法

用手指或手掌在身体某处或穴位做前后、上下或左右的推动。

① 手法。力量须由轻而重,根据不同部位和情况决定用力大小。力大时,作用达肌肉、内脏;力小时,作用达皮下组织。频率约 50～150 次/分钟,开始稍慢,逐渐加快。其分为指推(见图 2–2,(a)拇指直推法,(b)食、中指直推法)、掌推、拳推、肘推。

② 应用。用于头部、胸部、背部、腹部等。

③ 作用。舒筋活血,对神经系统和肌肉有镇静和放松效果。

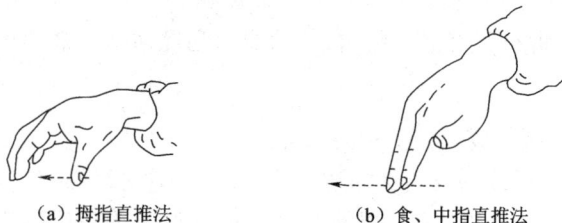

(a)拇指直推法　　　　　(b)食、中指直推法

图 2–2　指推法

2. 揉法

用手指或手掌在身体某处或穴位上进行圆形或螺旋形的旋转动作。

① 手法。揉动时手指和手掌应紧贴皮肤，不能移动。轻揉时作用力仅达皮下组织，重揉时达肌肉。施力由轻到重再至轻，频率 50~100 次/分钟。其分为指揉（见图 2-3）、大鱼际揉、肘揉、掌揉等。

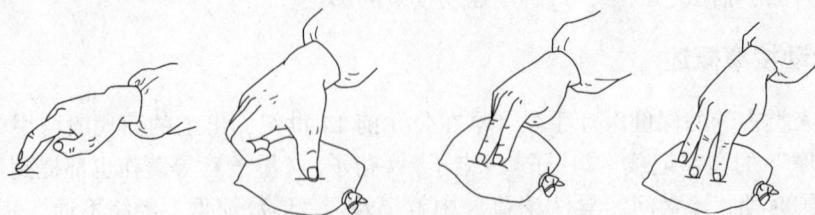

图 2-3　指揉法

② 应用。多用于疼痛部位或缓解强手法的刺激，也可在放松肌肉、解除局部痉挛时应用。常用于关节、肌腱和腰背部。

③ 作用。消肿止痛、活血化瘀、消积理气等。

3. 擦法

用手指或手掌在身体某处或穴位上做来回直线形或螺旋形的摩擦。

① 手法。用力应轻缓、柔和、均匀，仅作用于皮肤及皮下。频率较高，100~200 次/分钟。操作时可适当涂抹润滑油。常擦至皮肤发红，但不可擦破皮肤。其分为指擦法、掌擦法（见图 2-4）、小鱼际擦法（见图 2-5）、大鱼际擦法等。

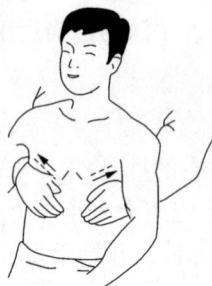

图 2-4　掌擦法　　　　　图 2-5　小鱼际擦法

② 应用。指擦法多用于胸肋部、小关节、韧带和肌腱等部位。掌擦法多用于四肢、腰背等肌肉宽阔的部位。小鱼际擦法多用于背部。大鱼际擦法多用于踝关节。

③ 作用。加速血液和淋巴液的循环，行气活血、温经通络、消肿止痛、祛湿散寒等。

4. 按法

用手指或手掌在身体某处或穴位上用力向下按压。

① 手法。按压的力度可浅到皮肉，深达骨骼、关节和部分内脏处。按压力量由轻而重，再由重到轻，应富有弹性。也可以有节律地一按一松，每次按压持续约 30 秒。其分为拇指按（见图 2-6）、中指按、拳按、掌按（见图 2-7）、肘按（见图 2-8）等。此外，还可以利用按摩工具进行按压。

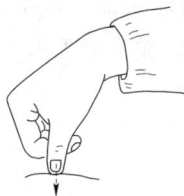
图 2 - 6　拇指按

图 2 - 7　掌按

图 2 - 8　肘按

② 应用。常用于腰背、肩部、四肢等肌肉僵硬和乏累时。

③ 作用。放松肌肉、通经活络、散瘀止痛、矫正畸形等，对轻微的关节错位能起到复位作用。

5．搓法

双手挟住被搓肢体，相对用力，方向相反，来回搓动。

① 手法。其作用力可达肌肉、骨面。强度小时感觉肌肉轻松，强度大时则有明显的酸胀感。频率一般 30 ~ 50 次/分钟，频率开始时由慢而快，再由快而慢，反复交替进行，结束前速度减慢。其分为掌搓（见图 2 - 9）和侧掌搓等。

② 应用。适用于四肢肌肉，尤其是大腿和上臂部位，还可用于肩关节、膝关节等处。

③ 作用。放松肌肉、疏散经络、调和气血、通利关节、有利于排除肌肉中的代谢产物、消除疲劳等。

6．捏法

拇指与食、中指或其他手指相对，手呈钳形，捏住某处肌肉，做一收一放或持续的揉捏动作。

① 手法。捏法有两种：一种是用拇指和食、中两指相对；另一种手握空拳状，用食指中节和拇指指腹相对（见图 2 - 10）。腕要放松灵活，手法强度可轻可重，轻则感到温和舒展；重则感到酸胀。频率可快可慢，快者不低于 100 次/分钟，慢者 30 ~ 60 次/分钟，要富有节奏且连续，不可忽快忽慢、忽轻忽重。根据肢体的粗细和肌肉的肥厚程度等，可采用单手操作或双手操作。

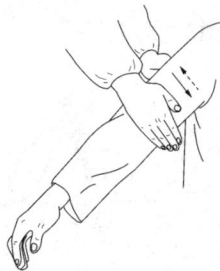
图 2 - 9　掌搓法

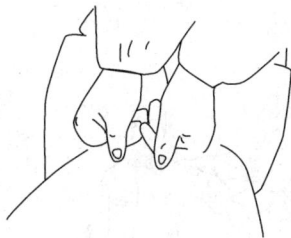
图 2 - 10　捏法

② 应用。纵行肌腹横向提捏，横行肌腹纵向提捏。常与揉法配合使用。

③ 作用。通络活血、消除疲劳等。

7. 抖法

轻抓肌肉或肢体末端，进行局部的振动。

① 手法。被按摩者身体放松，按摩者轻抓其肌肉或握住其肢体末端，在牵拉的同时以柔劲进行上下或左右的快速抖动。力量作用于肌肉、关节、韧带。操作时振幅小，频率快。抖动的频率由快而慢，再由慢而快，用力均匀适当，反复5~10次。

② 应用。多用于四肢关节（见图2-11）和肌肉肥厚部位。

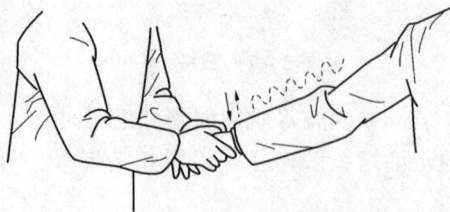

图 2-11 抖法

③ 作用。舒展筋骨、滑利关节，消除疲劳、整变和恢复解剖位置的异常等。

8. 摇法

以关节为轴心，使肢体顺势轻巧地做回旋、屈伸等运动。

① 手法。被按摩者采取合适体位，按摩者一手握住被按摩者关节近端肢体，另一手握住远端肢体，根据关节的正常生理活动范围，使关节做屈伸、旋转、绕环等活动。动作要缓和稳妥，速度要慢，幅度应由小到大，注意适可而止。

② 应用。常用于四肢和关节，如图2-12所示：（a）腕关节摇法；（b）颈部摇法；（c）肩关节摇法；（d）髋关节摇法；（e）踝关节摇法。

③ 作用。松解粘连，滑利关节，增加肌肉、韧带的柔韧性，预防和治疗各种关节活动功能障碍等。

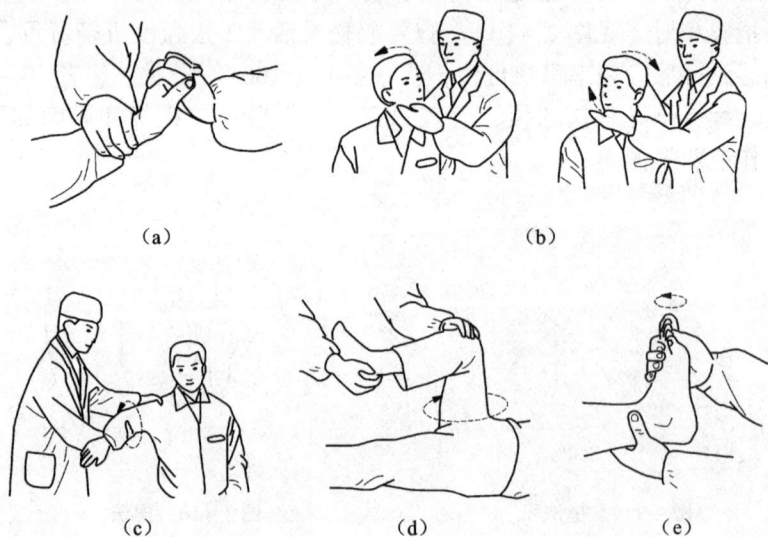

（a）　　　　　　　　（b）

（c）　　　　　（d）　　　　　（e）

图 2-12 摇法的应用

9．掐法

用拇指、中指或食指的指端在身体某个部位或穴位上，进行深入并持续的掐压。

① 手法。用力须由小到大，作用力由浅到深。一则可用中指和食指做一排排轻巧而密集的掐压（见图2-13（a））；二则用于组织肿胀时，以一手或两手拇指，将其向前方推散（见图2-13（b））。

② 应用。多用于消除局部肿胀等。

③ 作用。刺激穴位、疏通经脉、消肿散瘀等。

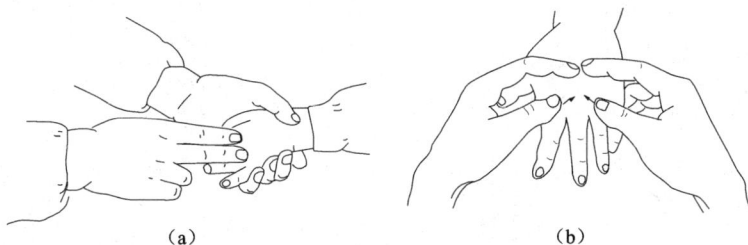

（a）　　　　　　　　　　（b）

图2-13　掐法的手法

重要提示

按摩时双手要保持清洁、温暖，指甲修短修齐。

三、运动按摩部位

全身运动按摩的顺序是先背部，再臂部，而后腿部，最后腹部。主要用力的肌肉群应重点按摩。

1．背部按摩

如图2-14所示，背部按摩可以遵循两条路线：从下往上或从上往下。

主要手法：推、擦、揉、按等。手掌应紧贴肌肉，从腰肢自下向上大面积推揉，拇指先沿棘突线垂直向上到最后一个胸椎，其余手指向腋后线的方向移动。按摩斜方肌也应按照上行、水平和下行三个方向进行。擦斜方肌上部和棘上肌时，按摩者一手顶住被按摩者的肩部，另一只手以手掌内侧自上而下地擦。最后双手重叠按压脊柱。

2．上肢按摩

如图2-15和图2-16所示，上肢按摩时，应针对手部、腕关节、前臂、肘关节、上臂和肩关节分别进行。对肌群的按摩，要先按屈肌群，再按伸肌群。

按摩手部时，要按手指的肌腱纹理进行。腕关节可进行擦摩、推摩、按压等。按摩肘关节时，上肢必须弯曲，从屈侧进行，可采用圆形推进的按摩手法，重点在

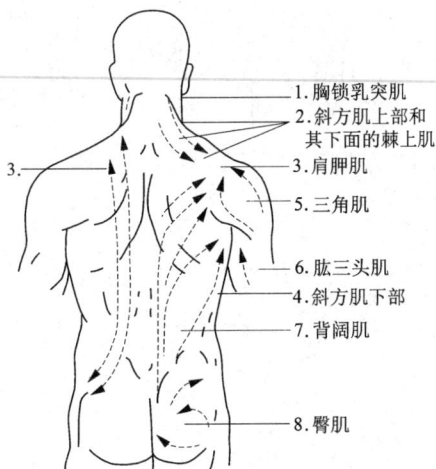

1.胸锁乳突肌
2.斜方肌上部和其下面的棘上肌
3.肩胛肌
5.三角肌
6.肱三头肌
4.斜方肌下部
7.背阔肌
8.臀肌

图2-14　背部按摩

肘关节侧副韧带处做擦与揉。对于肩部，主要由肘至肩来回搓动，抖动肱二头肌和肱三头肌，并摇动肩关节。

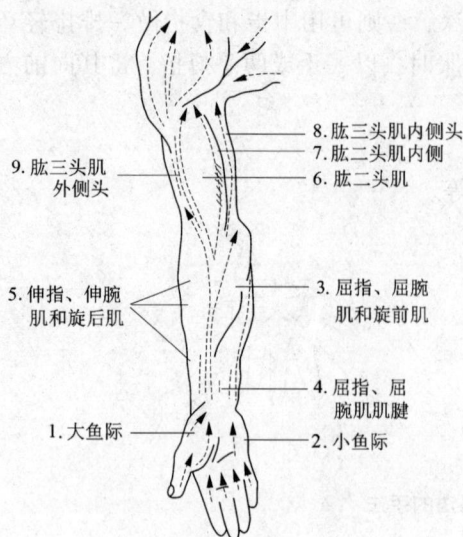

8. 肱三头肌内侧头
7. 肱二头肌内侧
6. 肱二头肌
9. 肱三头肌外侧头
5. 伸指、伸腕肌和旋后肌
3. 屈指、屈腕肌和旋前肌
1. 大鱼际
4. 屈指、屈腕肌肌腱
2. 小鱼际

图 2 - 15　上肢按摩 1

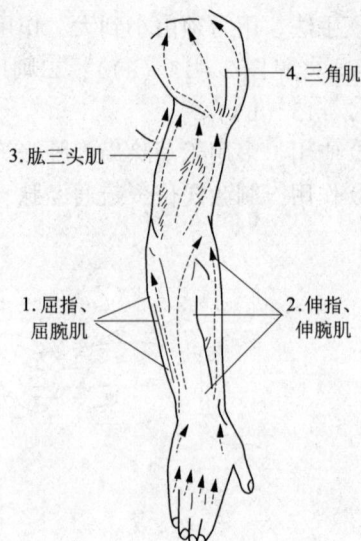

4. 三角肌
3. 肱三头肌
1. 屈指、屈腕肌
2. 伸指、伸腕肌

图 2 - 16　上肢按摩 2

3. 下肢按摩

下肢按摩时，应沿肌肉纹理，自足趾、足背、足掌向踝部及小腿方向进行放松和梳理。

按摩者取卧位，略微伸直足部，用拇指指腹按摩每个脚趾和趾间隙，再从足至踝轻推，然后揉擦足背和踝关节周围，最后摇拉趾、踝。用五指指腹以圆圈旋转动作进行擦摩，自外踝下方向关节囊前部，再至内踝下方。还可以沿胫前肌和伸趾肌等肌群向上推至膝关节。最后应抖动肌肉或双手重叠按压，并摇拉髋关节（见图 2 - 17 和图 2 - 18）。

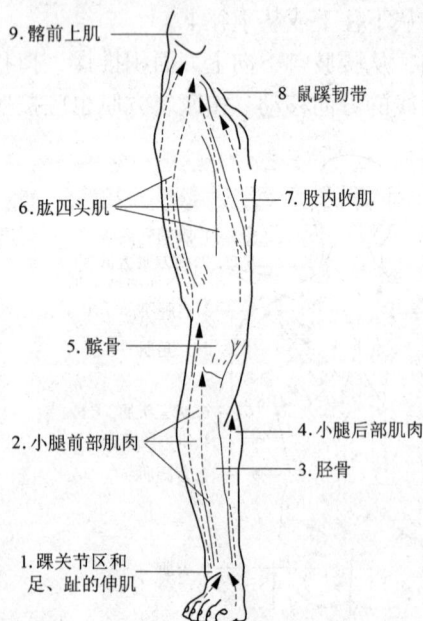

9. 髂前上肌
8 鼠蹊韧带
6. 肱四头肌
7. 股内收肌
5. 髌骨
2. 小腿前部肌肉
4. 小腿后部肌肉
3. 胫骨
1. 踝关节区和足、趾的伸肌

图 2 - 17　下肢按摩 1

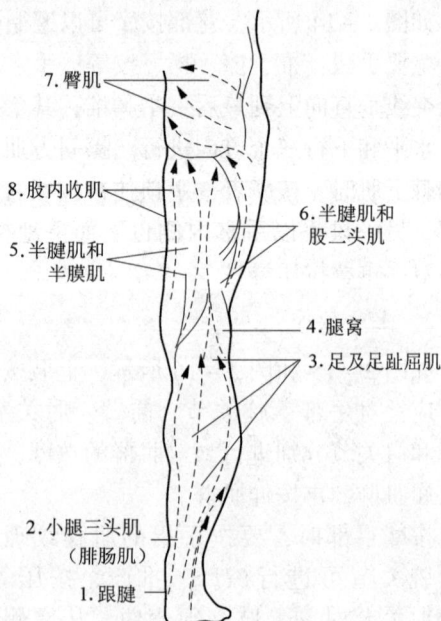

7. 臀肌
8. 股内收肌
5. 半腱肌和半膜肌
6. 半腱肌和股二头肌
4. 腿窝
3. 足及足趾屈肌
2. 小腿三头肌（腓肠肌）
1. 跟腱

图 2 - 18　下肢按摩 2

第四节　运 动 损 伤

本节概述了运动损伤产生的原因、种类和预防方法，讲解了擦伤、扭伤、挫伤、肌肉拉伤、脱臼、骨折等大学生常见的运动损伤及处理方法。

一、运动损伤概述

运动损伤，广义而言就是发生在体育活动过程中的机体伤害，由于外部或内部的力量或暴力而造成。其损伤部位与运动项目以及专项技术特点有关。

造成运动损伤的原因是多方面的，概而言之包括主观因素和客观因素。主观因素方面，诸如缺乏安全意识、体质水平较差、体育基础薄弱、运动情绪低落、准备活动不充分、身体状态不佳等。客观因素方面，诸如环境气候恶劣、运动负荷过大、运动技术较难、场地器材不当、违反规则等。

1. 运动损伤的分类

按照不同的标准，运动损伤的分类方法众多。

① 按损伤病程分。急性损伤——多指一瞬间遭受直接或间接外力造成的损伤；慢性损伤——包括劳损伤和陈旧伤。

② 按损伤性质分。开放性损伤——伤后皮肤和黏膜不再完整，受伤组织有裂口与体表相通；闭合性损伤——伤后皮肤或黏膜仍保持完整，无裂口与体表相通。

③ 按损伤程度分。轻伤——仍可正常锻炼，中等伤——需停止或减少伤部的体育活动，重伤——完全不能参加运动。

④ 按受伤组织分。皮肤损伤、肌肉与肌腱损伤、关节软骨损伤、滑囊损伤、骨损伤、神经损伤、血管损伤、内脏器官损伤等。

2. 避免运动损伤

伤后治疗不如事先预防。避免运动损伤重在预防。

① 遵循科学运动。运动前做好准备活动，运动后进行放松整理；合理地设置运动强度，恰当地安排运动间歇；选择适宜的场地器材，穿着舒适的运动服装；配以运动按摩，以缓解疲劳，增强机体运动能力。

② 加强自我保护。在运动过程中应形成防止意外受伤的保护心态，并具有防止损伤的知识和能力。例如，高速跑时不能急刹停顿，应逐渐减速，缓停，否则会使踝、膝、髋、腰等关节严重受挫；由高处下落着地时，应双腿并拢屈膝缓冲，若落地时失重不稳，应低头屈肘团身顺势滚翻，以减轻对踝、膝等关节的剧烈撞击；此外，在对抗性较强的运动中，降低重心、加固根底也是较好的自我防护方法。

③ 坚持自我检查。根据不同项目的运动特点，持之以恒地进行自我测试，以便尽早发现端倪，及时预防、治疗。例如，易患髌骨软骨软化的运动项目应做"半蹲试验"，易出现肩袖损伤的运动项目应做肩的"反弓试验"。

④ 重视医务监督。除常规的健康检查外，应根据运动损伤的发生规律，补充针对性检查，如多参加体操、举重者需定期拍摄 X 线脊柱片，热爱篮球、铁饼者应注意是否有髌骨

软骨软化等。

⑤ 强调重点部位。对于脚背外侧、拇指的根部等习惯性易伤部位，除要充分做好准备活动外，还要注意正确使用保护带，如护踝、护指、绷带等。

运动损伤特点

运动损伤是有其特有的发病规律的，每一运动项目由于其特殊的技术要求，加之某些部位的生理解剖弱点（主要由于"过度使用"），不同运动项目就会有其不同的创伤好发部位及专项多发病。

田径运动队常见损伤：髌骨软骨软化症、髌腱腱围炎、髌腱炎、髌尖末端病、股四头肌拉伤、跟腱末端病、投掷肘、疲劳性骨膜炎、腰肌劳损、踝关节扭伤等。

游泳运动队常见损伤：腰椎椎弓根崩裂、游泳肩、滑脱、筋膜性腰痛症等。

棒球运动队常见损伤：肩部损伤、肘部损伤。

网球运动队常见损伤：网球脚、肩关节损伤、网球肘。

足球运动队常见损伤：髌下脂肪垫炎、足球踝、膝关节侧副韧带损伤、跟腱炎、膝关节半月板损伤、股四头肌损伤、膝关节交叉韧带损伤。

羽毛球运动队常见损伤：肘关节外侧部损伤、肘关节内侧部损伤、膝关节滑膜损伤等。

手球运动队常见损伤：膝关节及膝周围损伤、踝关节损伤、手指和腕关节损伤、肩袖损伤。

女子曲棍球运动队常见损伤：腰椎间盘突出症、膝关节损伤、腰痛症、小腿及踝部损伤。

摔跤运动队常见损伤：肩关节盂唇损伤、腰痛、腰突症、腰椎滑脱、肘管综合征、膝关节损伤、中指伸肌腱损伤和肘关节增生性关节炎等。

击剑运动队常见损伤：腕凸症、拇指掌指关节韧带损伤、髌腱末端病、急性腰扭伤、踝关节周围韧带损伤等。

拳击运动队常见损伤：第二掌指关节滑囊炎、踝部韧带损伤、腰椎间盘突出症等。

体操运动队常见损伤：上肢损伤、下肢损伤、脊柱损伤等。

举重运动队常见损伤：腰背部损伤、膝关节损伤和上肢损伤。

射箭运动队常见损伤：肱二头肌长头腱鞘炎、肱骨外上髁炎、手指指屈肌腱腱鞘炎。

射击运动队常见损伤：腰痛症、视疲劳、听力障碍、过度疲劳症、肩部疼痛。

自行车运动队常见损伤：皮肤擦伤、腰痛症、髌腱末端病、裂伤、锁骨骨折及肩锁关节脱白。

垒球运动队常见损伤：投掷肘、踝关节扭伤、肩袖损伤、膝关节损伤、腕舟骨骨折等。

皮划赛艇运动队常见损伤：腰痛症、肩部肌肉韧带拉伤、膝关节损伤等。

二、常见的运动损伤及处理方法

1. 擦伤

擦伤：皮肤的表皮受到摩擦而导致的损伤。

处理：若创口较浅，面积较小，局部涂以红药水或紫药水即可，无须包扎；若创面较脏或渗血较多时，可先用生理盐水清洗伤口，周围以 75% 的酒精消毒，出血比较严重者还应进行止血处理；若是关节附近擦伤，经消毒处理后，多采用消炎软膏或多种抗生素软膏涂抹，并用无菌敷料覆盖包扎。

重要提示

红药水含毒性，不能用于内伤。紫药水收敛效果较好，不能用于关节处。

2. 扭伤

扭伤：关节部位突然过猛扭转，致使支撑关节的韧带发生损伤、撕裂等。

扭伤是运动中最常见的外伤，多发生在踝关节、膝关节、腕关节及腰部。扭伤后可发生多种伤情，包括韧带损伤或断裂、骨折脱位、关节软骨损伤、肌腱损伤或断裂等。扭伤会引起血液及滑液流向关节囊而引起关节肿大，严重时有瘀血，有较强的疼痛感，活动受限。

处理：停止运动，抬高受伤部位、冷敷，使血管收缩，减轻局部充血，抑制感觉神经，缓解出血、疼痛等症状。然后在伤处垫上棉花，用绷带加压包扎。受伤 48 小时以后改用热敷，促进瘀血的吸收。

"冷敷"又称冷冻疗法，利用比人体温度低的冷水、冰块等刺激患处进行初期治疗，有止血、退热、镇痛、麻醉和消肿的作用。具体方法是将毛巾浸透冷水后放在伤部，两分钟左右换一次；或者将冰块装入塑料袋内进行外敷。冷敷法适用于急性闭合性软组织损伤，如挫伤、关节韧带扭伤、早期肌肉拉伤等。

"热敷"也称为热攻，就是通过热疗，促使局部血管扩张，改善血液和淋巴循环，促进瘀血和渗出液的吸收，具有消肿、散瘀、解疼、镇痛、减少粘连和促进损伤愈合的作用。具体方法是将毛巾浸透热水或热醋后放于伤部，每次敷 30 分钟左右。热敷法适用于急性闭合性软组织损伤的中期、后期和慢性损伤。

3. 挫伤

挫伤：身体某部由于受到钝性暴力而引起的组织损伤。

处理：轻者仅是皮下组织（如肌肉、韧带等）损伤，不需特殊处理，经冷敷，24 小时后可服用活血化瘀、消肿止痛的中成药，辅以理疗。重者常因某些器官的严重损伤而合并休克，较常见的是股四头肌和小腿前部挫伤，应及时送往医院就诊。

4. 肌肉拉伤

肌肉拉伤：指肌纤维撕裂而致的损伤。

处理：停止运动，并在痛点上进行冷敷，切忌搓揉及热敷。

5. 脱臼

脱臼：即关节脱位，是指关节面间失去正常的连接。

关节脱位的同时，常常伴有关节囊、周围韧带及软组织损伤，甚至可能伤及神经、血管等。局部会出现疼痛、肿胀、无法活动等症状。

处理：停止活动，不可揉搓脱臼部位，用夹板和绷带临时固定受伤部位，尽快送医院治疗。

肩关节脱位的临时固定方法：使用两条长毛巾或布带，一条兜住伤肢前臂并挂在颈部，另一条将伤肢固定于胸壁。肘关节脱位的临时固定方法：将伤肢用布条、绷带等固定在夹板上，再将前臂挂起。如无夹板，也可用宽布带将伤肢悬挂在胸前。

6. 骨折

若皮肤没有伤口，断骨不与外界相通，为闭合性骨折；若骨头尖端刺穿皮肤，有伤口与外界相通，为开放性骨折。

处理：对开放性骨折，不可用手回纳，以免引起骨髓炎。脊柱骨折者，不能抬其头部，以免损伤脊髓或导致截瘫。颈椎骨折者，则需扶持其头颈部。以板抬之，尽快送往医院。

思考与练习

1. 体育锻炼中心理卫生和生理卫生的要求有哪些？
2. 人体运动时的三大供能系统及其特点是什么？
3. 力量练习、速度练习、耐力练习、灵敏练习的营养需求分别有哪些？
4. 运动按摩的常用手法有哪些？
5. 常见的运动损伤及处理方法有哪些？

活动与探索

每人为自己量身制定一份运动营养食谱，详细说明其在科学性、针对性两个方面的制定依据。

第三章
竞技体育

本章介绍了田径运动的起源和发展历程，详细讲解了跳高、跳远、三级跳远、推铅球、短距离跑、中长距离跑、跨栏跑、接力跑等田径项目。阐述了篮球、排球、足球、乒乓球、羽毛球、网球等球类运动的基本技术和基本战术。

第一节 田 径

本节介绍了田径运动的起源和发展历程，从田赛和径赛中选取了大学生喜闻乐见的跑、投、跳的部分项目：跳高、跳远、三级跳远、推铅球、短距离跑、中长距离跑、跨栏跑、接力跑，就其具体技术进行了详细阐述。

一、田径运动的起源

田径是世界上最为普及的体育运动之一，也是历史上最悠久的运动项目，被誉为"运动之母"。其起源大致可以归纳为以下几种：生存及与自然界斗争的手段、古代祭祀中的一项活动、战争的需要、教育的内容等。

远在上古时代，田径运动在人类生活中便占据着极其重要的地位。快速的奔跑、敏捷的跳跃和准确的投掷是原始人获得生活资料的必需手段。劳动中这些动作不断重复，长久积累便形成了走、跑、跳、投的各种技能。在古希腊阿尔菲斯河岸的峭壁上，刻有这样一段至理名言：

如果你想聪明，跑步吧！
如果你想强壮，跑步吧！
如果你想健康，跑步吧！

据记载，田径比赛成为正式比赛项目，是在公元前776年在希腊奥林匹克村举行的第一届古代奥运会上，项目只有一个——短距离赛跑，跑道是一条直道，长192.27米。

二、现代田径运动的发展

田径运动（Track and Field/Athletics）是由田赛和径赛、公路赛、竞走和越野赛组成的运动项目。以高度和远度计算成绩的跳跃、投掷项目统称为田赛。以时间计算成绩的竞走和跑的项目统称为径赛。全能运动由跑、跳、投的部分项目组成，以各单项成绩按《田径全能运动评分表》换算分数计算成绩。

1896 年在希腊举行的第一届现代奥运会上，走、跑、跳跃、投掷等 12 个田径项目被列为主要比赛项目，这成为现代田径运动开始的标志。1912 年，国际业余田径联合会（I. A. A. F.）成立，确立了国际统一的田径竞赛项目和竞赛规则，开始组织国际田径比赛。

田径运动是比速度、比高度、比远度、比耐力的体能项目，很好地体现了"更高、更快、更强"的奥林匹克运动精神。奥运会中田径设有 47 枚金牌，是奥运金牌最多的项目，所以有"得田径者得天下"之说。

标准的田径场一般由外场、中场及内场 3 部分组成。

① 外场，径赛跑道外侧，主要包括建筑看台或其他有关设施。一般而言，仅供教学和训练的田径场外场几米即可，而标准田径场四周则要留有几十米的空间。

② 中场，径赛跑道所占有的空间，内圈周长 400 米，为椭圆形。弯道为半圆形，半径为 36.5 米。直道要沿南北方向，避免太阳位置低时的炫目影响。一般设 8 ~ 10 条分道，每条分道宽 1.22 ~ 1.25 米。跑道内侧安全区域不少于 1 米，起跑区不少于 3 米，冲刺缓冲段不少于 17 米。跑道左右倾斜度最大不得超过 1∶1 000，跑的方向上的向下倾斜度不得超过 1∶1 000。

③ 内场，供田赛或球类比赛使用的部分。

三、田赛

田赛包括跳跃项目和投掷项目。跳跃项目分为高度类和远度类，其中高度类有跳高（High Jump）和撑竿跳高（Pole Vault），远度类有跳远（Long Jump/Broad Jump）和三级跳远（Triple Jump/Hop Step and Jump）。投掷项目包括推铅球（Putting the Shot/Shot Put）、掷铁饼（Throwing the Discus）、掷标枪（Throwing the Javelin）和掷链球（Throwing the Hammer）。比赛时，人体或人投掷器械位移距离大者名次列前。

（一）跳高

跳高要求运动员通过快速助跑，经单脚起跳，越过一定高度的横杆。它能有效地增强腿部肌肉力量，提高弹跳力、灵敏度和协调性，培养勇敢、果断的意志品质。

跳高起源于古代人类在生活和劳动中越过垂直障碍的活动。从生存的本能到战争的需要，再到健身的手段、娱乐的项目，跳高随着社会经济、文化的发展而演变。最初的跳高比赛是在草地上进行的。运动员面对两根木桩之间的绳子，通过助跑起跳双腿屈膝越过。现代跳高始于欧洲，19 世纪 60 年代开始流行于欧美国家。男、女跳高分别于 1896 年（第一届奥运会）、1928 年（第九届奥运会）被列为奥运会比赛项目。

跳高的技术动作先后出现过 5 次重大演变，即跨越式（见图 3 - 1）、剪式（见图 3 -2）、滚式（见图 3 -3）、俯卧式（见图 3 -4）和背越式（见图 3 -5）。当代跳高运动趋向于速度核心，即要求助跑速度快、起跳速度快、过杆速度快。

背越式跳高以特定的弧线助跑，起跳后背对横杆腾起，背越过杆（见图 3 -6）。是现代最为常用的一种跳高技术，由助跑、起跳、过杆和落地几个不同的技术环节组成。

图 3 – 1 跨越式跳高　　　图 3 – 2 剪式跳高　　　图 3 – 3 滚式跳高

图 3 – 4 俯卧式跳高　　　　　　图 3 – 5 背越式跳高

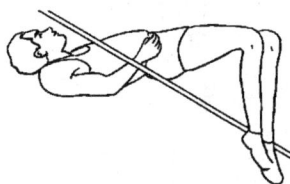

图 3 – 6 背越式跳高连续动作

1. 助跑技术

助跑的任务是获得必要的水平速度和蹬地力量，调整适宜的动作节奏，形成合理的身体内倾姿势，为起跳和顺利过杆创造有利条件。

（1）助跑的起动

助跑起动的方式有两种：原地起动（直接从助跑点上开始助跑的方式）和行进间起动（预先走动或跑动3～5步，然后踏上助跑点开始助跑的方式）。原地起动有利于助跑步点的准确性，步长相对固定，但动作较紧张，加速较慢。行进间起动则动作自然放松，加速较快，但助跑步点不易准确。

（2）助跑的路线

如图 3 – 7 所示，背越式跳高助跑的前段为直

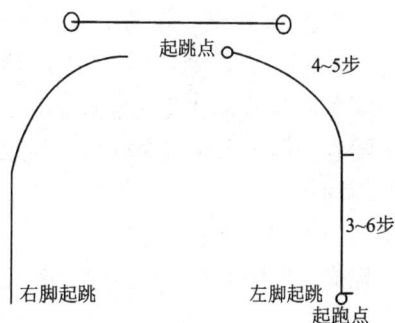

图 3 – 7 背越式跳高助跑路线

起跳点

4～5步

3～6步

右脚起跳　　　左脚起跳
起跑点

线或近似直线，后段 4 ~ 5 步跑弧线。如图 3 - 8 所示，直线助跑时，上体略前倾，步幅开阔，后蹬充分，身体重心平稳且保持高位；弧线助跑时，身体逐渐内倾，外侧的肩略高于内侧的肩，外侧臂和腿的摆动幅度较之内侧要大。

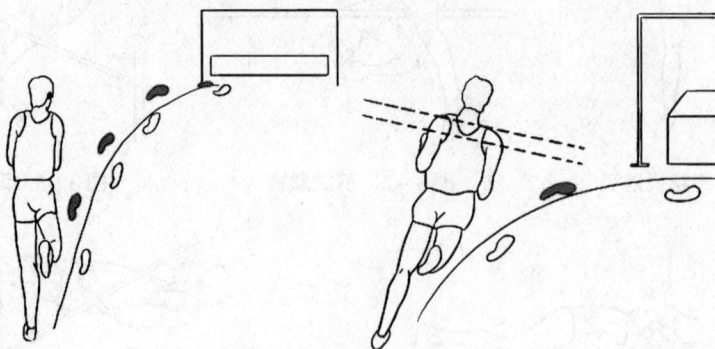

图 3 - 8　助跑动作要领

（3）助跑的距离

助跑距离是指从助跑点到起跳点的距离。全程一般 8 ~ 12 步，距离最长可达 30 米左右。

（4）助跑的节奏

助跑节奏具体表现为步频（单位时间内两腿的交换次数）与步长在助跑中的变化。背越式跳高助跑的节奏要求从慢到快，前几步慢，后蹬充分，腾空较大。最后 3 ~ 5 步加快频率，但步长变化要小。最后 1 步，争取最快。

（5）助跑的技术要点

整个助跑过程的动作应该自然、放松、快速、连贯，全程节奏明确、逐渐加速。最后 1 步，摆动腿的动作极为关键。腿着地时，积极下压拔地，形成牢固支撑，身体重心迅速前移，进入起跳状态。

2. 起跳技术

起跳是背越式跳高的关键技术。其任务是迅速改变人体运动方向，实现最大垂直速度和合理的腾空角度，为顺利过杆创造条件。

起跳阶段，起跳脚踏上起跳点，起跳腿经过支撑、缓冲、蹬伸，蹬离地面跳起，摆动腿蹬离地面和臂协调摆动，达到最高位置。起跳腿指用于蹬伸起跳的腿，多选择较有力的腿。摆动腿指起跳时用于协调配合起到摆动作用的腿。

如图 3 - 9 所示，在助跑最后一步身体内倾达到最大限度时，摆动腿有力后蹬，推动髋部迅速前移，使起跳腿快速踏上起跳点，形成肩轴与髋轴交叉扭紧姿势。接着，起跳脚以脚跟外侧着地并迅速过渡到全脚掌，脚尖朝向助跑弧线的切线方向，起跳腿自然屈膝并被压紧。随着身体由内倾转为垂直，起跳腿的髋、膝、踝 3 个关节依次迅猛发力，快速完成蹬伸起跳的动作。

如图 3 - 10 所示，蹬伸结束时，起跳腿的髋、膝、踝 3 个关节应该充分伸直，使身体垂直于地面，以保证身体向垂直方向充分腾起。

图 3 - 9　起跳阶段技术

图 3 - 10　蹬伸结束动作

3. 过杆与落地技术

过杆与落地阶段是指起跳腾空后，头、肩、背、腰、髋、腿等身体各部分利用合理的技术动作依次越过横杆，并安全地落在海绵包上的技术阶段。

如图 3 - 11 所示，起跳结束时，充分伸展身体，向上腾起。利用摆动腿的力量尽量提高髋部位置，然后以摆动腿同侧的臂、肩领先过杆，顺势仰头、倒肩、挺髋。头与肩过杆后下沉，髋部高过两膝，身体形成反弓型。当髋部越过横杆时，顺势收腹，带动小腿向上甩，整个身体越过横杆，保持屈髋、伸膝的姿势下落，以肩背先着垫。

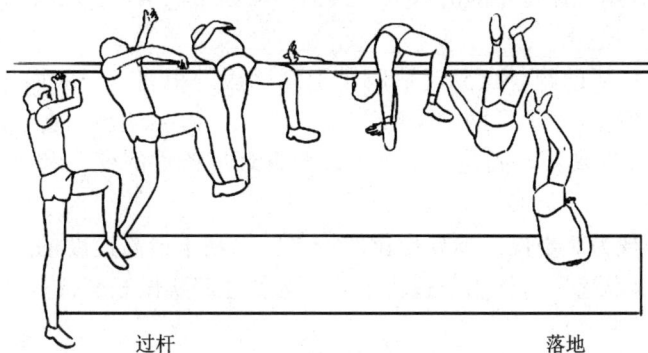

过杆　　　　　　　落地

图 3 - 11　过杆与落地

重要提示

仰头过杆后顺势收下颌，避免头部最先落地，造成颈部受伤。

（二）跳远

跳远是通过快速的助跑和有力的起跳，采用合理的腾空姿势和动作，使人体腾跃尽可能远的水平距离的运动项目。它能有效地提高速度，发展弹跳力和协调性，增强神经系统、循环系统和运动器官的机能，培养勇敢、顽强的意志品质。

跳远起源于远古人类猎取或逃避野兽时跨越河沟的活动，后成为军事训练的手段，为公元前 708 年古代奥运会五项全能项目之一。现代跳远运动始于英国。男、女跳远分别于

1896 年（第一届奥运会）和 1948 年（第十四届奥运会）被列为奥运会比赛项目。

如图 3-12 所示，跳远技术包括助跑、起跳、腾空和落地 4 个环节。

图 3-12　跳远技术包括的 4 个环节

1. 助跑技术

① 助跑的任务是获得最大的水平速度，为准确踏板和迅速有力地起跳做好准备。

② 助跑的起动方式有原地起动和行进间起动两种。前者更适合于初学者。

③ 助跑常用的加速方式有两种，即平稳加速（也称为逐渐加速）和积极加速。平稳加速方式：开始步频较低，然后逐渐加大步长或在保持步长的基础上提高步频，加速过程均匀平稳，时间较长。其助跑动作比较轻松，起跳的准确性好，成绩比较稳定。积极加速方式：上体前倾较大，步频始终保持较高的水平。其助跑动作比较紧张，起跳的准确性差，适合于绝对速度较快的运动员。

④ 助跑距离是指从助跑起点到起跳脚踏上踏跳板的距离。一般而言，技术水平越高，速度越快，助跑距离越长。男子助跑距离约 35~45 米，18~24 步；女子助跑距离约 30~35 米，16~18 步。助跑距离并非固定不变，可以根据环境条件的变化和个人身体情况进行相应的调整。

⑤ 助跑节奏表现为对步长、步频变化的控制，以利于最高速度的发挥及利用。跳远助跑的最后几步呈加速状态，身体重心适当下降，为快速起跳做好准备。

2. 起跳技术

起跳的任务是利用助跑所获得的最高速度，瞬间创造尽可能大的腾起初速度（由助跑、起跳所产生的水平速度与垂直速度合成的）和适宜的腾起角度，使身体充分向前上方腾起。

起跳是跳远技术中最重要的环节。如图 3-13 所示，起跳的动作过程可分为起跳脚着地（上板）、缓冲和蹬伸三个阶段。着地要迅速且富有弹性，缓冲时及时、积极地前移身体，蹬伸是爆发式动作，要快而有力。

起跳时，抬头挺胸，上体正直，提肩、拔腰，髋、膝、踝 3 个关节要充分蹬直，蹬摆配合要协调，一致用力。

3. 腾空技术

腾空阶段是指起跳后人体在空中维持身体平衡，完成各种动作的阶段。如图 3-14 所示，跳远的腾空动作目前主要有 3 种姿势：蹲踞式、挺身式、走步式。

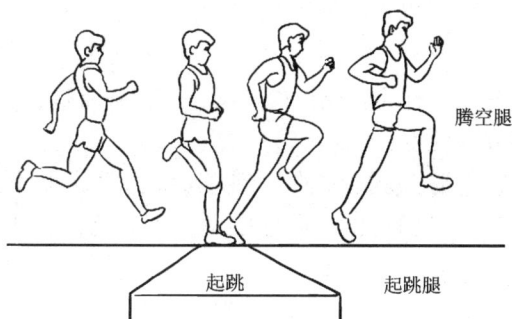

图 3 - 13　起跳动作

图 3 - 14　跳远腾空动作的 3 种姿势

① 蹲踞式。起跳成腾空步（起跳结束时，身体姿势在空中的延续）后，上体保持正直，摆动腿继续向上摆动，起跳腿顺势屈膝前摆，逐渐靠近摆动腿，使两腿屈膝在空中呈蹲踞姿势。然后收腹举腿并前伸小腿，两臂由后向前摆动，使身体重心前移，顺势落地。

② 挺身式。起跳成腾空步后，摆动腿下落，膝关节伸展，小腿由前向下向后呈弧形摆动，两臂下垂经由体侧向后上方绕环摆动，起跳腿自然回摆与摆动腿靠拢，形成空中挺胸展髋的姿势。继而收腹举腿，大腿向胸部靠拢，小腿前伸，两臂上举或后摆，顺势落地。

③ 走步式。起跳成腾空步后，以髋关节为轴，摆动腿大腿带动小腿，由前向后下方摆动。同时起跳腿屈膝前摆，向上抬起大腿，前伸小腿，在空中自然地完成换步动作。两臂与下肢协调配合做大幅度直臂绕环摆动或自然前后摆动，然后摆动腿顺势前摆，两腿靠拢，收腹举腿，前伸小腿，顺势落地。在空中完成一次换步后落地的称为"两步半"走步式，完

成两次换步后落地的称为"三步半"的走步式。

4. 落地技术

落地阶段是指腾空后落入沙坑的着地动作阶段。其任务是选择合理的技术，获得较大的跳跃距离，并防止伤害事故的发生。

完成腾空动作后，收腹举腿，小腿前伸，脚尖勾起，两臂向后摆动。脚跟触及沙面后，迅速屈膝缓冲，臀部顺势前移，两臂由后向前摆动，上体前倾，成团身姿势，平稳地落入沙坑。

此外，落地时，还可以采用侧倒式。脚跟着地后，一条腿保持稍紧张状态支撑沙地，另一条腿放松，上体顺势向放松腿的前侧方卧倒。

重要提示

落地时无论采用何种姿势都应顺势缓冲，身体重心前移，以保证安全。

（三）三级跳远

三级跳远是经过一定距离的直线助跑后，通过 3 次连续跳跃（单足跳、跨步跳、跳跃）达到尽可能远的水平距离的运动项目，如图 3－15 所示。它能有效地发展速度和下肢力量，提升弹跳力、灵敏度和协调性，增强支撑器官（腿、足、膝、踝等）和内脏器官的功能，培养勇敢顽强、勇往直前的意志品质。

图 3－15　三级跳远

三级跳远起源于爱尔兰，当时的跳法是"单足跳 ＋ 单足跳 ＋ 跳跃"。后来，又出现了希腊式的"跨步跳 ＋ 跨步跳 ＋ 跳跃"和苏格兰式的"单足跳 ＋ 跨步跳 ＋ 跳跃"。1908年，国际田径联合会确定苏格兰跳法为正式的三级跳远比赛技术。

比赛时，运动员助跑后应连续完成 3 次不同形式的跳跃，第一跳为单足跳，用起跳腿落地；第二跳为跨步跳，用摆动腿落地；第三跳为跳跃，必须用双脚落入沙坑。男、女三级跳远分别于 1896 年（第一届奥运会）和 1992 年（第二十五届奥运会）被列为奥运会比赛项目。

三级跳远技术可以分为助跑、第一跳（单足跳）、第二跳（跨步跳）、第三跳（跳跃）几个部分。每一跳均包括起跳、腾空和落地阶段。

1. 助跑技术

水平速度是决定三级跳远成绩的关键因素。助跑的目的就在于获得尽可能大的水平速度，为单足起跳做好准备。

三级跳远的助跑技术与跳远基本相同，但第一跳起跳的腾起角（是指人体离地时，身体重心腾起初速度方向与水平线构成的角度）较小，因此整个助跑过程身体重心较高，加速平稳，强调向前行。最后几步，大腿高抬，上体正直，在保持步长或适当减少步长的情况下，加快步频，准备起跳。

助跑距离取决于个人的加速能力。加速能力强，助跑距离则短，反之助跑距离则长。助跑距离一般为 35 ~ 40 米，相当于 18 ~ 22 步。

2. 第一跳（单足跳）技术

如图 3 - 16 所示，三级跳远的起跳是以单足跳的形式完成起跳的。这一跳不仅要达到必要的远度，而且应尽可能减少水平速度的损失，为后两跳创造条件。

图 3 - 16 第一跳技术

第一跳以有力的腿做起跳腿。助跑最后一步，摆动腿积极蹬地向前送髋时，起跳腿大腿快速下压，小腿自然前伸，用全脚掌迅速积极踏板。起跳腿着地后，迅速屈膝屈踝缓冲，摆动腿快速向前上方大幅度摆出，两臂配合下肢动作有力摆动，起跳腿迅速及时地进行爆发性蹬伸。

起跳离地后，身体保持腾空步姿势。摆动腿小腿随大腿下放自然地从前向下、向后摆动，同时髋部上提，体后的起跳腿屈膝前摆高抬，带动髋部前移，两臂配合经体前摆向身体侧后方，形成空中交换步的动作，幅度大且平稳。单足跳的腾空轨迹应尽量低而平，理想的起跳角为 12° ~ 15°。

完成交换步的起跳腿前摆蹬伸，迅速有力地用全脚掌拔地式着地，两臂和摆动腿配合起跳腿动作向前摆动。落地点尽量接近身体重心投影点，上体保持正直。

3. 第二跳（跨步跳）技术

如图 3 - 17 所示，三级跳远的第二跳为跨步跳，在三跳中难度最大，距离最短，身体重心的抛物线最低。起跳角度与单足跳几乎相同，一般为 12° ~ 14°。

图 3 - 17 第二跳技术

当单足跳落地时，起跳腿积极完成缓冲并快速有力地蹬离地面，髋、膝、踝关节充分伸展。摆动腿迅速屈膝向前上方摆动，足尖上挑，大小腿成90°角，膝部应摆至身体重心的上方。同时，上体保持正直或稍前倾，两臂成弧形向侧后方摆动，完成跨步跳的腾空跨步动作。注意维持身体平衡，并达到必要的远度。

腾空跨步跳结束时，髋部前移，摆动腿大腿下压，膝关节伸展，小腿顺势由前向后用全脚掌落地并积极"后扒"，两臂由后向前上方摆动，完成第二跳的落地动作。

4. 第三跳（跳跃）技术

如图3-18所示，第三跳是以第二跳的摆动腿做起跳腿，起跳角应稍大，一般为18°～20°。

图3-18 第三跳技术

起跳腿着地后应适度屈膝屈踝积极缓冲，上体正直，髋部上提，迅速有力地蹬直离地。同时，摆动腿迅速屈膝向前上方高抬摆动，两臂则由体侧后方积极向前上方摆动，保持腾空步动作。

第三跳的空中和落地动作与跳远时一样，可以选择蹲踞式、挺身式或走步式。

🔊 重要提示

三级跳远中必须注意保持身体的平衡，维持较高的水平速度，配合大幅度的协调蹬摆，控制三级跳的直线性，从而提高整体技术动作向前的良好效果。

（四）推铅球

推铅球是一种速度力量型投掷项目，它协调利用人体全身力量，以最快的出手速度，将铅球从肩上锁骨窝处单手推出。它能有效地增强躯干及四肢尤其是腰背的肌肉力量，提高速度，发展协调性，培养坚韧、沉着的意志品质。

推铅球运动起源于古代人类用石块猎取禽兽或防御攻击的活动，大致经历了投掷石块、投掷炮弹和推铅球三个阶段。现代推铅球运动始于14世纪40年代欧洲炮兵闲暇期间推掷炮弹的游戏和比赛。铅球的制作经历了用铅、铁以及外铁内铅的过程。推铅球的技术大致有4个阶段的演变：原地推铅球、侧向滑步推铅球、背向滑步推铅球、旋转推铅球。

正式比赛时，男子铅球的重量为7.26千克，直径11～13厘米；女子铅球的重量为4千克，直径为9.5～11厘米。投掷圈直径为2.135米，前缘装有抵趾板。扇形有效落地区的角度为34.92°。男、女铅球分别于1896年（第一届奥运会）和1948年（第十四届奥运会）被列为奥运会比赛项目。

如图 3-19 所示，背向滑步推铅球的技术要领包括（以右手为例）：握球和持球、预备姿势、滑步、最后用力、缓冲。

| 准备姿势 | 滑步 | 最后用力 | 缓冲 |

图 3-19 背向滑步推铅球技术要领

1. 握球和持球

如图 3-20 所示，五指自然分开，球体置于食指、中指和无名指的指根处，拇指和小指扶住球体两侧，手腕后屈，防治球体滑动并便于控制出球的方向。

手指力量较强者，可将球适当移向手指上方，有利于拨球和发挥手腕的力量。

握好球后，将球放在右肩锁骨窝处，紧贴颈部，掌心向前，右臂屈肘，肘部稍外展且略低于肩，上臂与身体的夹角约为 45°。

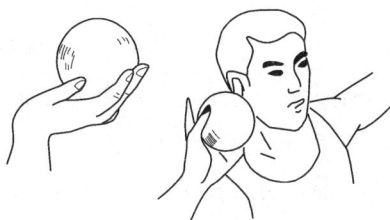

图 3-20 握球和持球

重要提示

铅球的重心固定在食指、中指的指根或第二指骨处。

2. 预备姿势

预备姿势是滑步前的准备动作，目的是为协调、平稳地进入滑步创造条件。

① 高姿势。如图 3-21 所示，持球后背对投掷方向，两脚前后开立，相距 20～30 厘米。右脚尖靠近投掷圈后端内沿（脚也可稍向内转），体重主要落在伸直的右腿上；左腿在后自然弯屈，以前脚掌或脚尖着地；上体放松，头部和躯干保持正直，左臂自然上举。

② 低姿势。如图 3-22 所示，持球后背对投掷方向，两脚前后开立，相距 50～60 厘米（根据身高和下蹲的程度而定）。两腿弯曲（弯曲程度视个人力量而定），体重落于右腿。右脚尖贴近投掷圈后端内沿（脚也可稍向内转），左脚在后，以前脚掌或脚尖着地。左臂自然下垂，左肩稍向内扣，上体前屈与地面平行，两眼目视前下方。铅球的投影点在右脚的右侧前方。

图 3-21 高姿势

3. 滑步

滑步使铅球获得一定的水平方向的预先速度，并使身体形成最后用力的有利姿势。

滑步前可以先做一两次预摆（也可不作），以改变身体的静止状态。预摆时，左腿自然弯屈，大腿用力向后上方摆起，右腿伸直，同时上体前屈，左臂微屈前伸或下垂并稍向内，头与背保持一条直线。当左腿摆至与地面平行时，回收左腿，同时右腿弯曲，形成屈膝团身的姿势（见图3-23）。

图3-22　低姿势

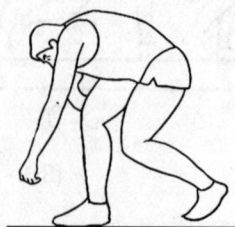

图3-23　滑步

如图3-24所示，当左腿回收靠近右腿时，臀部后移。左腿向投掷方向快速摆出，同时右腿用力蹬伸。当右脚蹬离地面后，迅速拉收小腿并向内转动，用前脚掌着地，落于圆心附近。同时左脚积极下落，以前脚掌内侧落在圆圈直径的左侧。两脚着地时间相隔愈短愈好。此时肩轴与髋轴呈扭紧状态，左脚尖与右脚跟约在一条直线上（对投掷方向而言）。

图3-24　滑步技术要领

滑步过程中左臂和左肩保持内扣，头部保持向右后方的姿势，以保证上体处于扭紧状态。

4. 最后用力

最后用力阶段为从左脚落地到铅球出手。

左脚落地瞬间，右腿继续向投掷方向转动并积极蹬伸，转髋转体。同时上体逐渐抬起，左臂向胸前左上方摆动，左肩高于右肩，大部分重心仍落在弯屈而压紧的右腿上，身体呈"侧弓状"（见图3-25）。

随着右腿蹬伸，右髋和右肩前送，身体重心由右腿快速移至左腿（见图3-26）。随即两腿充分蹬伸，抬头（稍有后仰），屈腕且稍向内转，右臂迅速而有力地将球推出（见图3-27）。

图3-25 最后用力阶段1

图3-26 最后用力阶段2

图3-27 推出铅球动作

5. 缓冲

铅球出手后，右腿随势前摆，着地于左脚附近，左腿后摆，两腿交换并弯曲，以降低身体重心，缓冲向前的冲力，维持身体平衡，防止出圈犯规。

阅读材料

田赛项目竞赛规则要点

1. 比赛方法

奥运会田赛项目的比赛通常先分两组进行及格赛，通过及格标准的直接进入决赛，如达到及格标准的运动员人数不足12人，不足的人数按及格赛成绩递补。远度项目决赛前3轮比赛的顺序抽签决定。决赛前3轮比赛结束后，按成绩取前8名运动员进行最后3轮比赛；第4、5轮比赛排序按前3轮成绩的倒序排列，第6轮比赛排序则按前5轮成绩的倒序排列，成绩最好的在最后跳（掷）。

2. 有效成绩

除犯规外，跳跃远度项目比赛中，运动员每次试跳的成绩均为有效成绩。除犯规外，高度项目比赛中，运动员每次跳过的高度为有效成绩。投掷项目比赛除犯规以外，当运动员投出的器械完全落在落地区内（不包括落地区边线）才算有效，丈量成绩时从距离投掷区最近的落地点算起。其中标枪必须是枪尖首先触地成绩才算有效。

3. 录取名次

远度项目比赛结束以后，以运动员最好的一次试跳（掷）成绩，包括因第一名成绩相等而进行的决名次赛的成绩，作为最后的决定成绩判定名次，成绩好者列前。如成绩相等，按下列规定解决：在远度项目比赛中，如出现最好成绩相等，则以第二好成绩来确定名次，依此类推，直到最后一个成绩。如果还是相同，除了第一名以外，可以并列；如果涉及第一名成绩相同，必须让这些涉及第一名的运动员继续比赛，直到决出第一名为止。

在高度项目比赛中，如出现最好成绩相等，则按以下规定解决：① 在出现成绩相等的高度上，试跳次数较少者名次列前；② 如成绩仍然相等，则在包括最后跳过的高度在内的决赛全部比赛中，试跳失败次数较少者名次列前；③ 如成绩仍相等：当涉及第一名时，进行决名次赛，直到分出名次为止。如成绩不涉及第一名，名次并列。

4. 犯规

跳远、三级跳远有下列之一情况即判犯规：① 运动员以身体任何部位触及起跳线之前的地面；② 从起跳板两端之外起跳，无论是否超过起跳线的延长线；③ 触及起跳线和落地区之间的地面；④ 在落地过程中触及落地区以外的地面，而落地区外的触地点较落地区内的最近触地点更靠近起跳线；⑤ 离开落地区时，运动员在落地区外地面的第一触地点较落地区内最近触地点和在落地区内因身体失去平衡而留下的任何痕迹更靠近起跳线；⑥ 在助跑或跳跃中采用任何空翻姿势；⑦ 还未通知该运动员试跳，而进行试跳，不管是否成功，都应判该次试跳失败；⑧ 无故错过该次试跳顺序；⑨ 无故延误时限。比赛时，运动员无故延误时间，即不准参加该次跳，以失败论处。如果在比赛中再次无故延误比赛时间，即取消该运动员的比赛资格，但在此之前的比赛成绩仍然有效。每次试跳的时限为1分钟，只有当一名运动员连续两次试跳时，其试跳时限为2分钟。在时限只剩最后15秒时，计时员举黄旗示意，当时限到时，落下黄旗，主裁判应判定运动员该次试跳失败。如时限到的同时，运动员已开始试跳，应允许其进行该次试跳。当裁判员通知运动员试跳开始后，运动员才决定免跳，当时限已过时，应判为该次试跳失败。

跳高有下列之一情况即判犯规：① 使用双脚起跳；② 由于运动员的试跳动作致使横杆未能停留在横杆托上；③ 在越过横杆之前，身体触及立柱前沿垂直面以外的地面或落地区，但如果裁判员认为运动员并没有受益，则不应由此而判该次试跳失败；④ 无故延误时限；⑤ 当裁判员通知运动员试跳开始后，运动员才决定免跳，当时限已过时，应判该次试跳失败；⑥ 试跳时，运动员有意用手或手指把即将从横杆托上掉下的横杆放回；⑦ 无故错过该次试跳顺序。

撑竿跳高有下列之一情况即判犯规：① 试跳后，由于运动员的试跳动作致使横杆未能停留在横杆托上；② 在越过横杆之前，运动员的身体或所用撑竿的任何部位触及插斗前壁上沿垂直面以外的地面或落地区；③ 起跳离地后，将原来握在下方的手移握至上方的手以上或原来握在上方的手向上移握；④ 试跳时，运动员用手稳定横杆或将横杆放回；⑤ 无故延误时限；⑥ 当裁判员通知运动员试跳开始后，运动员才决定免跳，当时限已过时，应判为该次试跳失败；⑦ 当裁判员根据运动员登记的架距调整好架距后，计时员已开始计时，运动员再提出调整架距，则再次调整架距的时间应计入运动员的试跳时间内，如因此而超出试跳时限，则应判定试跳失败；⑧ 无故错过该次试跳顺序；⑨ 试跳中，当撑竿不是朝远离横杆或撑竿跳高架方向倾倒时，如有人接触撑竿，而有关裁判长认为，如果撑竿不被接触，将会碰落横杆，则应判为此次试跳失败。

投掷项目。在比赛过程中，运动员如果有下列违反规则的行为，则会被判犯规，成绩无效：① 超出时间限制；② 投掷铅球和标枪技术不符合规则规定（规则要求铅球和标枪必须由单手从肩上掷出）；③ 在投掷过程中，身体和器械的任何一部分不得触及投掷圈铁圈上沿或圈外的地面和标枪投掷弧、延长线以及线以外地面任何一部分，包括铅球抵趾板的上面，否则即为投掷失败；④ 只有当器械落地以后，运动员才允许离开投掷圈或助跑道。标枪运动员在投出的枪落地前，不能在投掷后转身完全背对其投出的标枪，完成投掷后，链球、铁饼和铅球运动员必须从投掷圈后半圈的延长线后面退出，标枪运动员必须从投掷弧以及延长线以后退出；⑤ 在没有犯规的情况下，参赛者可以中止已开始的试掷动作，将器材放下以后暂时离开投掷区，并重新开始，但是必须在规定的时限内完成投掷；⑥ 参赛者可以在比赛期间离开比赛区域，但必须由裁判员许可并由裁判员陪伴；⑦ 比赛过程中，运动员不能在比赛场地使用以下电子设备：摄像机、便携式录放机、收音机、CD 机、报话机、手机、MP3 以及类似的电子设备。

5. 裁判员的旗示

在跳跃项目比赛中，通常有一名主裁判手中持有红、白旗帜各一面，用来示意运动员试跳是否成功。举红旗表示试跳失败，成绩无效；举白旗表示成功，成绩有效。

在投掷项目比赛中，通常有两名主裁判手中持有红、白旗帜各一面，用来示意运动员试投是否成功。举红旗表示试投失败，成绩无效；举白旗表示成功，成绩有效。其中一名站在投掷区附近的称为内场主裁判，主要判定运动员在试投过程中是否犯规；另一名在落地区内的称为外场主裁判，主要判定器械落地点是否有效。

四、径赛

竞赛项目包括短跑（Sprint/Dash）、中跑（Middle‑distance Race）、长跑（Long‑distance Race）、接力跑（Relay Race）、跨栏跑（Hurdle Race）、障碍跑（Obstacle Race）等。位移相同距离，耗时少者名次列前。

（一）短距离跑、中距离跑、长距离跑

1. 短跑

短距离跑（简称短跑），包括 400 米及 400 米以下各种距离的赛跑和接力跑，是高速度的极限性运动项目。它能有效地提高大脑皮层的兴奋性、中枢神经的协调性和意志转换的灵活性，增强呼吸系统和循环系统的能力，发展速度、力量、灵敏性和协调性，培养拼搏、竞争、坚毅、顽强的意志品质。

跑是人类与生俱来的基本能力，几乎每个国家的文献中都有对跑这种比赛形式的描述。现代短跑起源于欧洲，最早的正式比赛始于 1850 年牛津大学运动会。19 世纪末，赛跑距离由码制改为米制。初为职业选手的表演项目，后逐渐扩展到业余运动员。

短跑技术经历了从"踏步式"到"迈步式"再到"摆动式"的演变。起跑技术也从古希腊人的"站立式"起跑发展为"蹲踞式"起跑。

1896 年第一届现代奥运会，设有男子 100 米和 400 米比赛；1900 年第二届奥运会，增设了男子 200 米比赛项目；1928 年第九届奥运会，始设女子 100 米跑；1948 年第十四届奥运会，增设女子 200 米比赛；1964 年第十八届奥运会，女子 400 米被列为比赛项目。

短跑全程是由起跑、起跑后的加速跑、途中跑和终点跑 4 个紧密相连的阶段组成。

（1）起跑技术

起跑包括起跑前的准备姿势和起动动作。在短跑比赛中，必须用蹲踞式起跑，并使用起跑器。

如图 3-28 所示，起跑器的安装方法有普通式、接近式和拉长式 3 种。前起跑器抵足板与地面的夹角约为 45°，后起跑器为 60°~80°。安装起跑器的目的在于蹬离时能充分发挥腿部肌肉的最大力量，从而获得向前的最大初速度，起跑后使身体能保持较大的前倾。

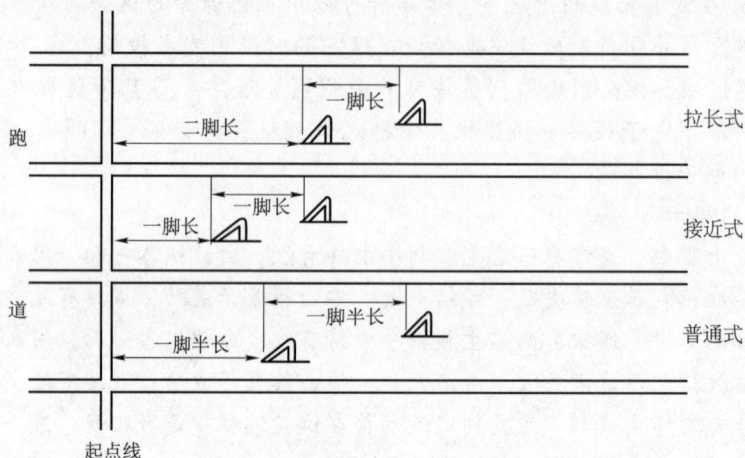

图 3-28 起跑器安装方法

起跑过程包括"各就位""预备""鸣枪"3 个环节。

如图 3-29 所示，听到"各就位"口令后，可稍做放松（如深呼吸），然后俯身，两手于起跑线后撑地，两脚依次踏在前、后起跑器抵足板上，脚尖触地。将有力的腿放在前面，后膝跪地。两臂伸直约与肩同宽，四指并拢或稍分开和拇指成"八"字形，身体重心稍前移，肩约与起跑线平行。背微弓，颈部自然放松，注意听"预备"口令。

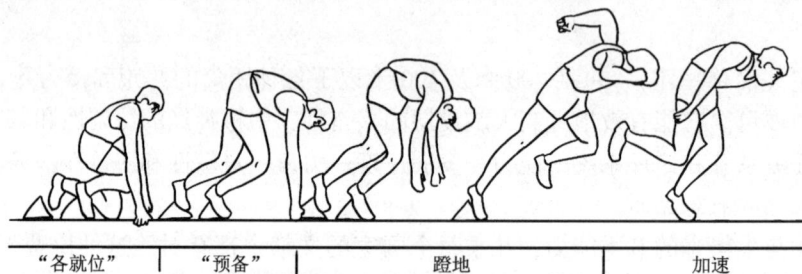

图 3-29 起跑过程

听到"预备"口令后，后膝离地，抬起臀部，使之稍高于肩。重心适当前移，体重主要落于两臂和前腿上。两小腿趋于平行，前腿膝角约为 90°，后腿膝角约为 120°，注意力高度集中等候发令枪声。

听到枪声后，两手迅速推离地面，屈肘做有力的前后摆臂，同时两脚用力蹬离起跑器，使身体以前倾姿势向前上方运动，躯干与地面成 15°~20° 角。后腿迅速屈膝向前上方摆出，但不宜过高。后腿前摆并积极下压着地的同时，前腿快速蹬伸髋、膝、踝 3 个关节。躯干逐渐抬起，头部也随之上抬，视线逐渐向前移。

（2）起跑后的加速跑技术

加速跑的任务是充分利用起跑的初速度，在较短距离内尽快获得最高速度。

起跑后，第一步不宜过大，为 3.5～4 脚长，第二步为 4～4.5 脚长，以后逐渐增大。上体随着步长和速度的增加而逐渐抬起，两脚落点逐渐靠拢人体中线，形成一条直线（在起跑后 10～15 米处）。同时，两臂应积极摆动，上下肢协调配合。加速距离一般为 25～30 米。

（3）途中跑技术

一个跑的周期包括两个腾空时期和两个支撑时期（左支撑和右支撑）。单腿均要经历后蹬、摆动、着地缓冲等阶段。

途中跑指从完成加速跑开始，到距终点 10 米左右的一段距离，其任务是继续发挥和保持最高速度。进入途中跑时，应顺惯性放松跑 2～3 步，以消除肌肉的过分紧张。在百米跑中，途中跑的距离为 65～70 米。

摆臂动作：途中跑时上体稍前倾，两眼平视，颈肩放松，手半握拳，两臂屈肘，以肩关节为轴，用力前后摆动，如图 3-30 所示，前摆时，肘稍向内，肘关节角度变小；后摆时，肘稍向外，角度变大。手和小臂不能摆过身体胸前的中线形成两臂的交叉摆动。正确的摆臂动作能够维持平衡、调节节奏，有利于加快步频和步幅。

图 3-30 途中跑技术动作

摆腿动作：① 后蹬伸展阶段，支撑腿从伸展髋关节开始，依次蹬伸膝、踝关节，直到脚掌蹬离地面。后蹬动作中速度极为重要。② 折叠前摆阶段，后蹬结束后，摆动腿大小腿尽力折叠，快速积极地向前摆动。同侧髋部随之前移。③ 下压缓冲阶段，前摆至大腿高抬后，随即积极下压，前脚掌积极"扒地"。着地瞬间小腿与地面接近垂直，迅速屈膝、屈踝缓冲，摆动腿随惯性快速向前摆动与支撑腿靠拢，使身体重心迅速前移，膝踝关节屈曲角度达到最大，转入后蹬待发状态。

支撑腿与摆动腿的蹬摆协调配合是途中跑技术的关键。一般情况下，摆动腿前摆速度快，步频也快，前摆幅度大，步幅也大。

（4）终点跑技术

终点跑包括终点冲刺和撞线，其任务是尽量保持途中跑的高速度跑过终点。在距离终点约 15～20 米时，上体前倾，以增强后蹬力，同时加大摆臂的幅度和速度，在距离终点线最后一步时，上体达到最大前倾，用胸部或肩部撞线。通过终点后，要调整步频和步幅，逐渐减速。

（5）弯道跑技术

如图 3-31 所示，弯道起跑时，为了形成一段直线距离的加速跑，应将起跑器安装在跑道右侧、正对左侧弯道的切点方向。左手撑于起跑线后 5 ~ 10 厘米处，身体正对弯道的切点。加速跑距离较短，上体抬起较早，沿切线跑进。

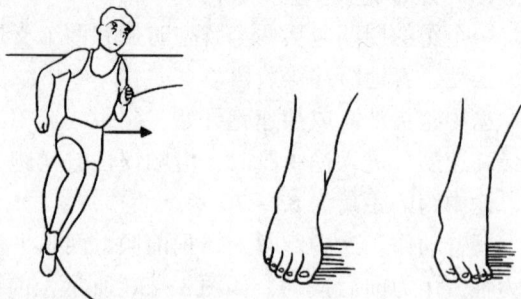

如图 3 – 32 所示，从直道进入弯道，身体应有意识地稍向圆心方向倾斜。后蹬时，右脚前脚掌内侧用力，左脚前脚掌外侧用力。摆动时，右腿膝关节稍向内，左腿膝关节稍向外。右臂的摆动幅度和力量略大于左臂。尽可能沿跑道内侧前进。

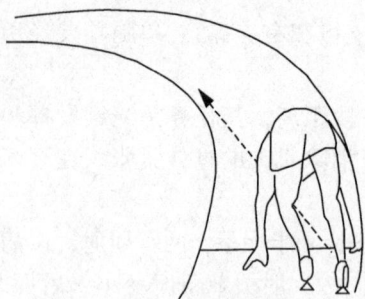

图 3 – 31　弯道起跑姿势　　　　　　　　　图 3 – 32　直道进入弯道

从弯道进入直道，最后几米，应逐渐减小身体内倾程度，惯性跑 2 ~ 3 步后转入正常途中跑。

重要提示

200 米跑时，全程都应保持高速度。400 米跑时，大部分采用前后 200 米平均分配速度的节奏跑法，后 200 米比前 200 米成绩低 2 ~ 3 秒。

2. 中长跑

中长跑是中距离跑和长距离跑的简称，全程为 800 ~ 10 000 米。它能有效地改善呼吸系统和心血管系统的功能，促进心肺功能（增强心肌、增厚心壁、增加心脏容积），提高速度和耐力，培养坚韧不拔、吃苦耐劳的意志品质。

中长跑作为一种竞赛项目起源于 18 世纪的英国。奥运会中跑比赛项目男、女均为 800 米跑和 1 500 米跑。男子项目 1896 年（第一届奥运会）列入；女子 800 米跑 1928 年（第九届奥运会）列入，1 500 米跑 1972 年（第二十届奥运会）列入。奥运会长跑比赛项目男、女均为 5 000 米跑和 10 000 米跑，男子项目 1912 年（第五届奥运会）列入；女子 5 000 米跑 1996 年（第二十六届奥运会）列入，10 000 米跑 1988 年（第二十四届奥运会）列入。

现代中长跑各项目因距离不同，在动作技术的速度、幅度等细节方面存在区别，但整体动作结构基本相同，均要求保持较高的速度、积极有效地伸髋和快速有力地蹬摆。

（1）起跑技术

中长跑的起跑按"各就位""鸣枪"两个口令进行，起跑姿势有"站立式"和"半蹲踞式"两种。

①"各就位"时，先做一两次深呼吸，"站立式"起跑的运动员两脚前后开立，有力的腿在前，前脚尖紧靠起跑线后沿，全脚掌着地，后脚以前脚掌着地，两脚前后间距约一脚，左右间距约半脚，两膝弯屈，上体前倾（跑的距离越短，腿的弯曲度越大，上体前倾也越大），颈部放松，两臂在体前自然下垂或一前一后，身体重心落于前脚，保持稳定姿势（见

图 3 – 33）。

"半蹲踞式"起跑的动作与"站立式"基本相同，但其前腿的异侧臂的拇指和其他四指呈"八"字形撑在起跑线后。两脚均用前脚掌支撑，前后相距约一小腿长，左右间隔约一脚宽，两膝弯屈角略小，体重主要落在前腿和支撑臂上。

②鸣枪。听到枪声后，后腿用力蹬地后积极前摆，前腿用力蹬伸。两臂配合腿部动作做快而有力的前后摆动，身体向前冲出（见图 3 – 34）。

图 3 – 33　各就位时动作要领　　　　　图 3 – 34　鸣枪时动作要领

（2）起跑后的加速跑技术

起跑后，上体保持一定的前倾，两臂的摆动和腿脚的蹬摆都应迅速有力，逐渐加速，同时，上体随之抬起，跑向对自己有利的战术位置，然后转入途中跑。加速跑的距离和速度，应根据个人特点、战术要求和临场情况而定。

（3）途中跑技术

途中跑是中长跑技术中的主要部分，其任务是保持速度，节省体力，讲求节奏，并充分运用战术为获取优异成绩奠定良好基础。

如图 3 – 35 所示，就途中跑的技术而言，中长跑与短跑实质相同，但由于距离和速度的不同，两者仍存在一定差异。

图 3 – 35　途中跑技术要领

①上体姿势。中长跑的途中跑时上体自然伸直或稍向前倾，中跑上体前倾约 5°，长跑上体前倾 1°～2°。上体前倾的角度小于短跑。

②腿部动作。后蹬时，角度较短跑稍大，用力程度和蹬伸幅度较短跑稍小。前摆时，大腿上摆的高度较短跑低，大小腿的折叠程度较短跑小。

此外，中长跑的途中跑中，特别强调动作与呼吸的配合，其身体重心的上下波动、弯道跑时摆臂幅度、跑的频率系数（腾空时间与支撑时间的比值）均小于短跑。

（4）终点跑技术

终点跑是临近终点前一段距离的加速跑。其任务是以顽强的意志，调动全部力量，克服高度疲劳，加大摆臂速度和幅度，加快步频，冲刺终点。

终点冲刺的距离应根据个人的体力情况、战术要求和临场情况而定，一般中跑为 200 ~ 400 米，长跑在 400 米以上。应注意观察对手情况，抢占有利位置，把握冲刺时机。速度占优势的运动员，宜紧跟且晚冲刺，一般在进入最后直道时开始冲刺；耐力占优势的运动员，宜早冲刺。

（5）中长跑的呼吸

中长跑途中，为了保证机体对氧气的需求，采用口鼻同时进行呼吸的方法。呼吸的节奏应和跑的节奏相配合，并注意加大呼吸的深度（特别是呼气，只有充分的呼出二氧化碳，才能吸入更多的氧气）。一般采用两步一呼，两步一吸（也有一步一呼，一步一吸；三步一呼，三步一吸等）。

"极点"是一种正常的生理现象，是指中长跑途中，由于氧气的供应落后于机体活动的需要，代谢物质无法及时转移，而出现的胸部发闷、呼吸困难、动作无力、难以继续跑进等感觉。此时要以顽强的意志坚持跑下去，加强呼吸，适当调整步速。经过一段时间后，"极点"现象就会消失或减轻，身体运动能力逐渐提高，出现"第二次呼吸"。

（二）跨栏跑

跨栏跑是在规定距离中，跑并跨越一定数量、一定间距和一定高度栏架的径赛项目，也是田径运动中技术较复杂、节奏性较强、锻炼价值较高的项目之一。它能有效地提高中枢神经系统对运动肌群的调控和支配能力，改善呼吸系统和循环系统的机能，各关节活动幅度增大，肌肉和韧带的伸展增强，骨骼增粗，使速度、力量、耐力、弹跳力、柔韧性、灵敏性、协调性、准确性、节奏感等身体素质得到全面发展，培养勇敢顽强、不屈不挠、坚定果断的意志品质。

现代跨栏跑起源于英国，是由牧羊人跨越羊圈栅栏的游戏演变而来。其技术经历了由"跳栏"到"跨栏"再到"跑栏"的演变过程。最初以埋在地下无法移动的木支架或栅栏为栏架，1900 年出现了可移动的倒"T"字形栏架，1935 年"L"形栏架诞生并沿用至今。

奥运会比赛项目设男子 110 米跨栏跑（1896 年列入，当时为 100 米跨栏跑，1900 年改为 110 米跨栏跑）、400 米跨栏跑（1900 年列入）；女子 100 米跨栏跑（1932 年列入，当时为 80 米跨栏跑，1972 年改为 100 米跨栏跑）、400 米跨栏跑（1984 年列入）（见表 3 - 1）。

表 3 - 1　奥运会跨栏跑比赛项目及要求

性别	项目	栏间距离/米	起点到第一栏距离/米	最后一栏到终点距离/米	栏高/米	栏数/个
男	110 米栏	9.14	13.72	14.02	1.067	
	400 米栏	35	45	40	0.914	10
女					0.762	
	100 米栏	8.50	13	10.50	0.84	

男子110米栏的栏架较高，过栏和栏间跑的速度较快，是跨栏跑中技术难度最大的项目。以此为例，讲解跨栏跑技术。

1. 起跑至第一栏技术

起跑至第一栏的任务是在固定的距离内用固定的步数完成加速跑，为全程过栏奠定良好的速度和节奏。

其技术与短跑基本相同。起跑采用蹲踞式，一般跑7～8步，采用7步上栏，应将起跨腿置于后起跑器上；采用8步上栏，则应将起跨腿置于前起跑器上。

这一阶段，跨栏跑与短跑动作技术的差异主要表现为：① 预备时，臂部抬起相对较高；② 起跑后，身体前倾角度较小，上体抬起较早，大约在第6步时，基本达到短跑途中跑的姿势；③ 加速中，后蹬角度较大，步长增加较快。跨栏前倒数第二步达到最大步长，最后一步是短步（比前一步短10～20厘米），起跨腿以前脚掌迅速准确地踏上起跨点。

2. 跨栏步技术

如图3－36所示，跨栏步是指从起跨脚踏上起跨点到摆动腿过栏落地的过程，距离为3.30～3.50米。其技术分为起跨攻栏和腾空过栏两个动作阶段。

起跨　　　　　　　　　　　　　　　　过栏

图3－36　跨栏步技术

（1）起跨攻栏

起跨攻栏是指从起跨脚踏上起跨点开始至后蹬结束时止的整个支撑时期。起跨的动作质量直接决定过栏速度、下栏时间和栏间跑进，是跨栏步技术的关键。

起跨点距栏架的距离一般为2.00～2.20米。后蹬要求迅猛有力，起跨腿髋、膝、踝关节充分伸展，并与躯干、头部基本成一条直线，起跨角度（起跨离地时，身体重心与支撑点的连线同地面之间的夹角）约为70°。同时，摆动腿在体后屈膝折叠，足跟靠近臀部，膝向下，并以髋为轴，膝领先，大腿带动小腿充分向前摆超过腰部高度。上体随之前倾，摆动腿异侧臂屈肘向前上方摆出，肘关节达到肩的高度，另一臂屈肘摆至体侧，整个身体集中向前用力，形成良好的"攻栏"姿势。

（2）腾空过栏

腾空过栏是指从蹬离地面身体转入无支撑阶段起，到摆动腿过栏后落地时止的动作阶段。

身体腾空后，摆动腿随惯性继续向前上方攻摆，膝关节高过栏架后，小腿向前伸展，脚尖勾起。其异侧臂前伸，与摆动腿基本平行，同侧臂屈肘后摆，上体达到最大前倾，角度为45°～55°。同时，起跨腿屈膝提拉，小腿收紧抬平，约与地面平行或略高，两腿在栏前形成一个约120°以上夹角的大幅度劈叉动作。

如图 3-37 所示，摆动腿的脚掌移过栏架后，起跨腿屈膝外展，脚背屈并外翻，以膝领先，经腋下迅速向前上方提拉过栏。两腿在空中完成一个协调有力的以髋关节为轴的剪绞动作。同时，两臂配合积极摆动，起跨腿同侧臂由前伸位置向侧后方做较大幅度的划摆，另一臂屈肘前摆，以维持身体平衡。

摆动腿膝关节过栏瞬间，大腿积极下压，膝、踝关节伸直，以脚前掌后扒着地，身体重心处于较高位置。上体保持适当前倾，起跨腿加速向前提拉，至身体正前方，大腿高抬，转入栏间跑。下栏着地点距栏架约 1.40 米。

图 3-37　腾空过栏

3. 栏间跑技术

栏间跑是从下栏着地点到下一栏起跨点之间的跑段。其任务是以正确的节奏，继续发挥和保持最快速度，为下一栏的顺利起跨创造有利条件。

栏间跑的技术同短跑的途中跑实质基本相同，但由于受栏间距离和跨栏步的限制，其节奏与短跑明显不同。栏间距离为 9.14 米，除去跨栏步约余 5.30 ~ 5.50 米，需跑三步。三步步长各不相同，第一步最小为 1.50 ~ 1.60 米，第二步最大为 2.00 ~ 2.15 米，第三步中等为 1.85 ~ 1.95 米。

提高栏间跑的速度主要靠加快步频和改进跑的节奏，使三步步长比例合理，频率快、节奏稳、方向正、直线性强，身体重心稍高、起伏较小。

4. 终点跑技术

类同于短跑的冲刺跑技术，撞线动作与短跑相同。

5. 全程跑技术

全程跑中，要合理地将跨栏步技术与栏间跑技术紧密地结合起来。起跑后，首先跨好第一栏并在第二、第三栏继续积极加速，充分发挥出最高速度。第四至第八栏尽量保持速度，并注意控制动作的准确性。第九、第十栏保持跑的节奏并准备冲刺。跨过第十个栏架后，把跨栏节奏调整为短跑节奏，加快步频，加大上体前倾，加强蹬地和摆臂力度，全力以赴冲向终点。

📢 **重要提示**

全程跑技术状况 = 110 米栏成绩 — 110 米跑成绩（数值越小说明技术水平越好）

其他跨栏跑项目基本技术结构与 110 米栏相同，但上体前倾和手臂摆动较小，摆动腿抬起较低，起跨腿前伸幅度稍小，下栏着地点较近，整体动作更接近于短跑。

女子 100 米跨栏跑的起跨点距栏架为 1.95 ~ 2.00 米，起跨角度为 62° ~ 65°，下栏着地点距栏架为 1.00 ~ 1.20 米，栏间跑三步步长为 1.60 ~ 1.65 米，1.95 米，1.80 ~ 1.85 米。

400 米跨栏跑，起跑之第一栏的距离为 45 米，男子跑 21 ~ 23 步，女子跑 23 ~ 25 步。起跨点，男子为 2.10 ~ 2.15 米，女子为 1.9 ~ 2.0 米。栏间跑距离为 35 米，男子一般跑 15 ~ 17 步（部分优秀选手跑 13 步），女子一般跑 17 ~ 19 步（部分优秀选手跑 15 步）。弯道过栏时，以右腿起跨较为有利。起跨时，右脚前脚掌内侧蹬地，左腿向左前方攻摆，右臂内侧倾斜向左前上方摆出，上体前倾时略向左转，右肩高于左肩。下栏时，用左腿前脚掌外侧在靠近左侧分道线处着地，右腿提拉过栏时向左前方用力。

（三）接力跑

接力跑是田径运动中唯一的集体项目。以队为单位，每队4人，每人跑相同距离。它能有效地发展速度、灵敏性等身体素质，培养团结协作的集体主义精神。

接力跑的起源众说纷纭，有古代奥运会祭祀仪式中火炬传递说，有非洲盛行的"搬运木料（搬运水坛）"游戏说，有传递信件文书的邮驿演变说。

目前，奥运会比赛项目分男、女4×100米接力跑和4×400米接力跑。接力棒为光滑、彩色的空心圆管，由整段木料、金属或其他适宜的坚固材料制成，长度为20～30厘米，周长为12～13厘米，重量不少于50克。

如图3-38所示，传棒人必须持棒跑完各自规定的距离，接棒者可以在接力区前10米内起跑，两人必须在20米的接力区内完成传、接棒。

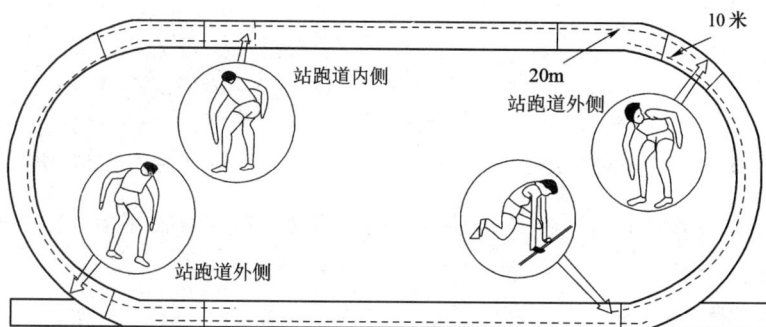

站跑道内侧

10米

20m
站跑道外侧

站跑道外侧

图3-38 传、接棒位置

接力跑技术包括短跑技术和传、接棒技术。要求各队员在快速跑进的同时，配合默契。接力跑的距离越短，传、接棒技术要求越高。以4×100米接力跑为例，讲解接力跑技术。

1. 起跑技术

（1）持棒起跑

第一棒运动员通常采用蹲踞式起跑，其技术和短跑弯道起跑基本相同。如图3-39所示，用右手的中指、无名指和小指握住棒的末端，拇指和食指分开撑地，接力棒不得触及起跑线和起跑线前的地面。

（2）接棒起跑

接棒人选择恰当的起跑姿势，标准有二：第一是否有利于快速起跑和加速跑；第二是否能清楚地看到传棒队员及设定的起跑标志线。

如图3-40所示，第二、三、四棒运动员可用站立式或一手撑地的半蹲踞式起跑姿势。第二、四棒运动员应站在跑道外侧，左腿在前（也可右腿在前），右手撑地，身体重心稍向右偏，头转向左后方，目视传棒队员的跑进和自己的起跑标志线（见图3-41）。第三棒运动员应站在跑道内侧，右脚在前（也可左腿在前），左手撑地，身体重心稍向左偏，头转向右后方，目视传棒队员的跑进和自己的起跑标志线（见图3-42）。

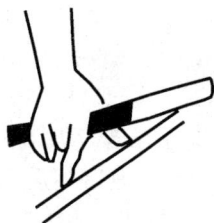

图3-39 持棒起跑姿势

图 3-40　半蹲踞式起跑姿势

图 3-41　第二、四棒运动员接棒动作　　　图 3-42　第三棒运动员接棒动作

　　持棒运动员保持最快速度,接棒运动员根据持棒者的跑速有控制地进行加速,以便于顺利快速地接棒。

　　2. 传、接棒技术

　　(1) 传、接棒的方法

　　① 上挑式。如图 3-43 所示,接棒人的手臂自然后伸,与躯干成 40°~45°夹角,掌心向后,拇指与其他四指张开,虎口朝下,传棒人将棒由下向前上方"挑"送入接棒人手中。上挑式动作自然,容易掌握,但第二棒接棒人手握棒的中段,第三、四棒传接时由于棒的前端部分越来越少而易造成掉棒。

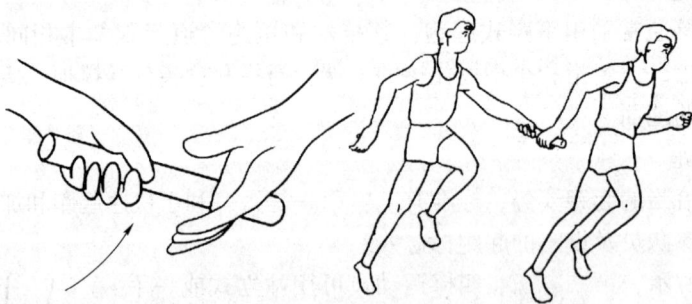

图 3-43　上挑式

　　② 下压式。如图 3-44 所示,接棒人的手臂后伸,与躯干成 50°~60°夹角,手腕内旋,掌心向上,虎口朝后,拇指向内,其余四指并拢向外,传棒人将棒的前端由上向前下方"压"入接棒人手中。下压式,各棒次接棒人均能握于棒的一端,但接棒时手腕动作紧张,掌心上向引起身体前倾而影响加速跑。

图 3 – 44　下压式

③ 混合式。这种方法综合了上述两种方法的优点。第一、三棒运动员以右手持棒，沿弯道内侧跑进，用"上挑式"将棒传入第二、四棒运动员左手中；第二棒运动员左手持棒，沿跑道外侧跑进，用"下压式"将棒传入第三棒运动员右手中。

4×400 米接力跑，多采用换手传、接棒技术。接棒人用左手接棒后，立即换到右手。也可以用右手接棒，跑至最后一个直道时再换到左手传棒（第四棒可免）。

（2）传、接棒的时机

为了集中精神保持高速度，4×100 米接力运动员均采用听传棒人信号而不看棒的接棒方式。传、接棒运动员在 20 米接力区内，双方均达到相对稳定的高速时，便是传、接棒的最佳时机。此时，一般距接力区前端 3～5 米。

传棒人跑到标志线时，接棒人开始由预跑区内或接力区后端迅速起跑。传棒人跑至接力区内，距接棒人 1～1.5 米时，向其发出"嘿"或"接"等传、接棒信号，接棒人听到后迅速向后伸手接棒（见图 3 – 45）。

图 3 – 45　传、接棒的时机

（3）起跑标志线的确定

起跑标志线与起跑点的距离，是根据传、接棒队员的跑速和传、接棒技术的熟练程度以及最佳传、接棒时机而定的，一般为 5～6 米。起跑标志线要在训练中多次实践反复调整才能准确确定。

🔊 重要提示

若接棒人在接力区前 10 米预跑线处起跑，至接力区末端 26 米处传、接棒，两人间距 1.5 米，则起跑标志线到起跑点的距离＝传棒人最后 30 米的平均速度×接棒人起跑 26 米所需的时间—（26-1.5）。

（4）各棒队员的分配

接力跑要求各棒队员之间协调配合，并能够充分运用每个人的特长，保证在快速跑进中精确、默契、迅速地完成传、接棒动作。一般而言，第一棒应起跑好，并善于跑弯道；第二棒应速度快，耐力好，善于传、接棒；第三棒除应具备第二棒的长处外，还要善于跑弯道；第四棒通常是100米成绩最好、冲刺能力最强的。

阅读材料

径赛项目竞赛规则要点

1. 短跑、中长跑的名次判定

在田径比赛中，所有赛跑项目参赛者的名次取决于其身体躯干（不包括头、颈、臂、腿、手或足）抵达终点线后沿垂直面为止时的顺序，以先到达者名次列前。在任一赛次中，按成绩录取进入下一赛次时如遇运动员成绩相等，则终点摄像主裁判应考虑有关运动员的1/1 000 s的实际成绩。如果成绩依然相等，则有关运动员均应进入下一赛次。如实际条件不允许，应抽签决定进入下一赛次的人选。在决赛中第一名成绩相同，裁判长有权决定是否重赛，若无条件重赛，则并列第一；至于其他名次成绩相同，按并列处理。

2. 短跑及中长跑的起跑

在国际赛事中，所有400米或以下的径赛项目，必须采用蹲踞式起跑及起跑器。

发令员口令为"各就位"（on your marks）"预备"（set），最后发令枪响。在"各就位"及"预备"口令之后，参赛者应立即完成有关动作，否则属起跑犯规。如果有运动员抢跑，发令员就会宣布起跑犯规。对第一次起跑犯规的运动员应给予警告，除了全能项目之外，每项比赛只允许一次起跑犯规而运动员不被取消资格，之后每次起跑犯规的运动员均将被取消该项目的比赛资格。

全能比赛中，如果一名运动员两次起跑犯规，将被取消比赛资格。

除此以外，在"各就位"口令发出后，以声音或动作扰乱他人，也判为起跑犯规。在枪声响起前有任何起跑动作，均属起跑犯规。如因仪器或其他原因而非运动员造成的起跑，应向所有运动员出示绿牌。

400米以上（不含400米）的径赛项目，均采取站立式起跑。发令员口令为"各就位"，当所有参赛者在起跑线后准备妥当静止后，便可鸣枪开始比赛。

3. 分道跑

在分道跑和部分分道跑的径赛项目中，参赛者越出跑道，获得实际利益或冲撞、阻碍其他参赛者，会被取消资格。如果参赛者被推或挤出指定的跑道，只要未获得实际利益也未影响他人，可不取消其参赛资格。同样，任何参赛者在直道中越出其跑道或在弯道中越出其跑道的外侧，只要没有获得实际利益及阻碍他人，均不算犯规。

4. 赛次和分组

径赛一般分为第一轮（round 1）、第二轮（round 2）、半决赛（semi - finals）和决赛（finals）4个赛次。而赛次的安排和分组，以及每一赛次的录取人数等将根据报名参加比赛的人数决定。预赛分组时要尽可能把成绩好的运动员平均分配到不同的小组中去。在其后的各轮比赛中，分组依据运动员在前一轮的比赛成绩。如果可能，相同国家或地区的运动员应分开。

5. 分道

运动员在所有短跑、跨栏和4×100米接力赛中自始至终都必须在自己的跑道里。800米和4×400米接力赛，在自己的跑道里起跑，当运动员通过抢道标志线以后才能离开自己的跑道，切入里道。运动员的跑道由技术代表抽签确定。第二轮开始的各轮比赛，跑道的选择还需依据运动员在上一轮的比赛结果，如排名前4位的运动员抽签后分别占据第3、4、5、6跑道，后4名抽签排定第1、2、7、8跑道。

6. 接力赛

4×100米接力跑是分道进行的，接棒者可以在接力区前10米内起跑。

接力赛中，运动员必须在20米的接力区内里完成交接棒。"接力区内"的判定是根据接力棒的位置，而不是根据参赛者的身体或四肢的位置。

在4×400米接力跑中，第一棒全程及第二棒的第一弯道是分道跑，第二棒运动员要跑至抢道线后方可自由抢道。第一棒的传接必须在参赛者指定的跑道内进行，其余各棒的传接，裁判员根据第二及第三棒运动员通过200米起点处的先后，按次序让其第三及第四棒的队友在接力区内，由内至外排列等候接棒。所有接棒者均不可在接力区外起跑。

接力棒必须拿在手上，直到比赛结束为止。完成交接棒后，运动员应留在本队的跑道中以免因影响他人而被取消比赛资格。任何人掉了棒，必须由其本人拾回，而且要在不影响别人的情况下，方可越出自己的跑道以拾回接力棒。

7. 跨栏

各参赛者必须在自己的跑道内完成比赛，当参赛者跨越栏架时，若其腿或足从低于栏架顶的水平线跨越，或跨越并非自己赛道上的栏架，或故意以手或足撞倒任何栏架，均取消其参赛资格。

8. 风速

在100米、200米和100米栏、110米栏比赛中，如果顺风超过2米/秒，运动员创造的成绩就不能成为新的纪录。

9. 公路赛

奥运会公路赛包括男、女20公里竞走、男50公里竞走以及男、女马拉松比赛。

①起跑。当发令员召集运动员到出发线以后，运动员按抽签排定的顺序排列。发令员枪响以后比赛开始，任何人两次抢跑都会被取消比赛资格。

②取胜。躯干第一个触到终点线的运动员为优胜者。

③饮料站。在比赛的起点和终点应提供水和其他饮料，在比赛路线上每隔5公里设置一个饮料站。每一个饮料站内分别设有组委会提供的饮料和运动员自己准备的饮料。在两个饮料站之间还要设置饮用水水站，运动员经过时可以取饮用水，还可以取浸了水的海绵为身体降温。除了已经设置的站点之外，运动员不能从比赛线路的其他地方获得饮料，否则将被取消比赛资格。

10. 竞走

竞走比赛有两个核心规则。首先，竞走运动员必须始终保持至少有一只脚与地面接触。其次，前腿从着地的一瞬间起直到垂直位置必须始终伸直，膝关节不能弯曲。

比赛中有 6~9 名专职的竞走裁判员监督运动员。按规则规定，他们不能借助任何设备帮助判断，只能依靠自己的眼睛来判断运动员是否犯规。当竞走裁判员看到竞走运动员的动作有违反竞走技术的迹象时，应予以黄牌警告，并在赛后报告给主裁判。当运动员的行进方式违反竞走技术的规定，表现出肉眼可见的腾空或膝关节弯曲时，竞走裁判员须将一张红卡送交竞走主裁判。当竞走主裁判收到针对同一名运动员的 3 张来自不同竞走裁判员的红卡时，该运动员即被取消比赛资格，并由主裁判或主裁判助理向其出示红牌通知他（她）。

第二节 篮 球

本节介绍了篮球运动的起源；阐述了其进攻和防守技术，包括移动、投篮、传接球、运球、抢篮板球等；讲解了基础配合、快攻与防守快攻、攻防半场人盯人等篮球基本战术。

一、篮球运动简介

1891 年，在美国马萨诸塞州斯普林菲尔德基督教青年会国际训练学校（后为春田学院）任教的詹姆斯·奈史密斯（James Naismith）博士从当地儿童喜欢用球投向桃子筐的游戏中得到启发，创编了篮球（basketball）游戏。为了怀念这位篮球运动先驱，国际篮联于 1950 年将世界男子篮球锦标赛的金杯命名为"奈史密斯杯"。

1904 年，在第三届奥林匹克运动会上第一次进行了篮球表演赛。1932 年，国际业余篮球联合会宣告成立。1936 年第十一届奥运会上，男子篮球被列为正式比赛项目。1976 年第二十一届奥运会上，女子篮球被列为奥运会的正式比赛项目。自 1992 年第二十五届奥运会开始，职业篮球运动员被允许参加奥运会的篮球比赛。美国"梦之队"的参赛使世界篮坛更为精彩纷呈。

篮球运动以其特有的魅力，深受世界各国人民的喜爱，国际篮球联合会成为单项体育人口最多的国际单项运动协会。奥林匹克运动会篮球比赛、世界篮球锦标赛、美国 NBA 职业联赛，这三大赛事代表着世界篮球运动的最高水平。

二、篮球基本技术

篮球技术分为进攻和防守两大部分，进攻技术有传球、接球、运球、持球突破、投篮等，防守技术有防守对手、抢球、打球、断球、盖帽等。此外，移动、抢篮板等技术的攻防含义皆有。

1. 移动

进攻者运用急起、急停、转身、变速变向跑等动作，摆脱防守去完成进攻任务。防守者则运用跑、停、滑步、后撤步、交叉步等动作阻止进攻。这些争取比赛主动权的行动都离不开快速灵活的脚步动作。

2. 投篮

按照持球的方法不同，可分为双手投篮和单手投篮；依据投篮前球置于身体部位的不同，可分为胸前、肩上、头上等不同的投篮动作；就运动员投篮时移动形式而言，又可分为原地、行进间和跳起投篮。

① 原地双手胸前投篮。如图3-46所示，两脚左右或前后站立，两膝微屈、两脚脚跟略离地面，上体稍向前倾，两手手指自然张开，握球两侧略后的部位，两拇指相对成"八"字形，掌心空出，持球于胸前、屈肘靠近身体。投篮时，两脚蹬地身体伸展，同时两臂向前上方伸出，拇指向前上方用力推送，手腕稍外翻，使球从拇指、食指、中指指尖投出，球向后旋转飞行。

图3-46 原地双手胸前投篮

② 原地单手肩上投篮（以右手为例）。如图3-47所示，右手五指自然分开，手心空出，用指根以上部位持球，大拇指和小拇指控制球体，左手扶球的左侧，右手屈肘，肘关节自然弯曲，置球于右肩上方。投篮时，下肢蹬地发力，右臂向前上方伸直，手腕前屈，食、中指用力拨球，通过指端将球柔和地送出。球出手的同时，身体随投篮动作向前伸展。

图3-47 原地单手肩上投篮

③ 行进间单手低手投篮（以右手为例）。如图3-48所示，在跑动中接球或运球突破上篮时，应先跨右脚接球或拿球，接着第二步跨左脚起跳，左脚跨的步子稍小一些（已能掌握基本动作者，其左脚跨出的步子大小，可根据对方防守的情况和进攻的需要选择），右腿屈膝上抬，身体上升到最高点时，右臂向上伸或向前上方伸，掌心向上，用手指和手腕的力量，将球上拨。

④ 运球急停跳投（以右手为例）。如图3-49所示，在快速运球中，用一步或两步的方式接球停步，两膝微屈，身体重心下降，迅速蹬地起跳，同时两手迅速举球于右肩上。当身体接近最高点处于稳定的一刹那，迅速向上伸臂，用右手的手腕和手指的力量将球投出。

图 3 - 48　行进间单手低手投篮

图 3 - 49　运球急停跳投

3．传、接球

（1）传球基本技术

① 双手胸前传球。如图 3 - 50 所示，两手五指自然分开，拇指相对呈"八"字形，用指根以上部位握球的两侧后下方，掌心空出，两臂自然弯曲于体侧，将球置于胸前。肩、臂、腕肌肉放松，两眼注视传球目标，身体呈基本姿势。传球时，后脚蹬地，身体重心前移，同时两臂前伸，手腕由下向上翻转，同时拇指用力下压，食、中指用力弹拨，将球传出。双手胸前传球是一种最基本、最常用的传球方法，具有准确性高、容易控制、便于变化的优点。

图 3-50 双手胸前传球

② 单手肩上传球（以右手为例）。如图 3-51 所示，原地右手肩上传球时，两脚前后开立，左脚在前，侧对传球方向，右手肩上托球于头侧，掌心空出，以转体、挥臂、甩腕以及手指拨球的力量将球传出。单手肩上传球是一种中远距离的传球方法。其特点是传球力量大、速度快、距离远，在长传快攻和突破起跳分球时经常采用。

图 3-51 单手肩上传球

③ 单手体侧传球（以右手为例）。如图 3-52 所示，两脚开立，两腿微屈，双手持球于胸前。传球时，左脚向左跨步的同时将球移至右手引到身体右侧，出球前一刹那，持球手的拇指在上，掌心向前，手腕后屈，出球前臂向前做弧线摆动，当球摆过身体右前方时，迅速收前臂，用手腕、手指的力量将球传出。特点是隐蔽、动作快而幅度小。

④ 反弹传球。反弹传球是一种近距离较隐蔽的传球方法，是小个队员对付高大防守者的有效传球手段。方法很多，如单、双手胸前，单手体侧，单手背后等反弹传球，都可通过地面反弹传球给同伴。所以动作方法与各种传球相同，但运用反弹传球时要掌握好球的击地

图 3 – 52　单手体侧传球

点，一般应在传球者距离接球者 2/3 的地方。如防守自己的对手距离自己较远，而传球的距离又较近时，可向防守者的脚侧击地传出。球弹起的高度一般在接球人的腰部为宜。

（2）接球基本技术

接球时眼睛要注视来球，肩、臂都要放松，手臂应迎球伸出，手指自然分开。当手指触球时，屈肘，臂后引，缓冲来球的力量，两手握球，保持身体平衡，以便做下一个动作。

① 接反弹球。掌心要向着来球反弹的方向，屈膝弯腰并向前下方伸手迎球，五指自然分开成上、下手接球动作。在球刚刚离地弹起时，手指触球将球接住。接球后手腕迅速向上翻，持球于胸腹前保持身体平衡，呈基本站立姿势。

② 接球后急停。安全接球后急停已成为进攻技术的基础。要点是正确运用转入下次进攻的衔接点，不要犯带球走违例的错误。

③ 摆脱接球。摆脱接球是抢先一步接球的动作。为了安全准确地接球，无球队员以切入、策应等配合创造接球机会。

4．运球

运球不仅是个人摆脱防守进攻的有力手段，而且还是组织全队进攻战术配合的重要桥梁。下面介绍几种主要运球技术。

① 身前换手变换方向运球。如图 3 – 53 所示，右手运球向左侧做变向时，右手拍球的右侧上方，使球从右侧反弹向左侧，同时右脚向左侧前方跨步，侧右肩向前，并迅速用左手拍球的正后方继续运球前进。左手运球向右变向时，则与右手动作相反。特点是便于结合假动作，变化突然，易造成防守者错误判断，伺机运、传，从左至右、从右至左改变方向的运球技术。以娴熟的左、右假动作和反弹高运球突然降低至 30 ～ 50 厘米低运球来控制身体重心是诀窍。

② 胯下运球。如图 3 – 54 所示，使球穿过两腿之间来改变运球方向的运球技术。近来有更多使用胯下运球技术的倾向。其理由是两腿可以保护球，且可以安全转换方向，防守者的手难以够着。

③ 后转身运球。如图 3 – 55 所示，身体左侧对防守者，左脚在前做中枢脚，右手做右后侧运球或向后运球，

图 3 – 53　身前换手变换方向运球

图 3 - 54 胯下运球　　　　　　图 3 - 55 后转身运球

同时做后转身，换左手拍球的后上方运至左侧，右脚落地贴近防守者的右侧（脚尖向前），然后运球继续前进。特点是转身时便于保护球、改变球的路线幅度大、攻击力强、灵活多变。

④ 运球急停急起。如图 3 - 56 所示，可用两步急停，两腿屈膝前后开立，跨出第一步时，身体稍后仰。同时，按拍球的上方，降低球的反弹高度，使球在原地反弹，同时降低身体的重心，用腿和异侧臂护球。急起时，拍球的后上方。身体重心移至前脚掌，同时后脚迅速蹬地跨出超越防守者，迅速向前推进。特点是动作突然、起动快、线路多变、攻击力强、易摆脱防守。

5．抢篮板球

抢篮板球分为抢进攻篮板球和防守篮板球两种。

① 抢进攻篮板球。当同伴或自己投篮时，处在近篮的进攻队员首先应判断球的反弹方向，然后先向相反方向的侧前方跨步，利用身体虚晃的假动作，诱开身前的防守队员，绕跨挤到对手的前面或侧前方，抢占有利位置，借助跨步或助跑起跳，跳至最高点补篮或抢篮板球。

② 抢防守篮板球。如图 3 - 57 所示，当对方投篮出手后，首先应注意对手的动向，并根据当时与进攻队员所处的位置和距离的远近，运用上步、撤步和转身抢占有利位置，把进攻队员挡在身后，与此同时还要判断球的落点准备起跳。

6．防守

（1）防守无球队员

防守队员应站在对手与球篮之间的内侧，保持与对手有适当的距离和角度，做到以人为主，人球兼顾，使对手和球处于自己的视野之内，随对手的动作积极跟进移动，调整防守位置，堵截其移动和接球的路线，手臂配合做出伸出、挥摆、上举等动作，干扰对手接球，争取抢、断球。

图 3 - 56　运球急停急起

图 3 - 57　抢防守篮板球

① 防纵切。如图 3 - 58 所示，A 传球给 B，a 及时偏向球侧错位防守，当 A 向篮下纵切要球时，a 应抢前防守，合理运用身体堵住对方的切入路线，同时伸臂封锁接球，迫使对手向远离球的方向移动。

② 防横插。如图 3 - 59 所示，A 持球，C 欲横插过去要球，c 应上步挡住对手，并伸臂不让对手接球，用背贴着对手，随其移动到有球一侧。

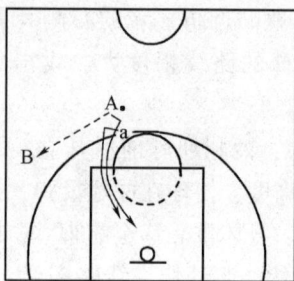

图 3 - 58　防纵切

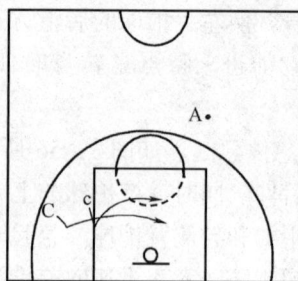

图 3 - 59　防横插

③ 防溜底。如图 3 - 60 所示，A 持球，C 溜底的时候，c 要面向球滑步移动，至纵轴线时，迅速上右脚前转身，错位防守，右臂伸出不让对方接球。

（2）防守持球队员

当对手接球后，迅速调整防守位置和距离，占据对手与球篮之间的有利位置，还要与对手保持适当的距离（一臂左右）。一般来说，离球板远则远，近则近，并根据对手的特点（投篮或突破）而有所调整。防守持球队员在离球篮近时采用贴近的攻击步防守，离球远时则采用平步防守，无论采用哪一种防守，都要积极移动，阻截和干扰对方传球、投篮，同时伺机抢断球。

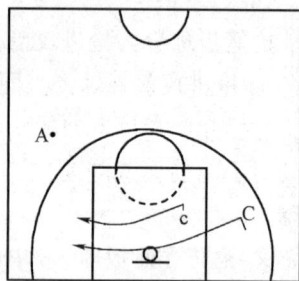

图 3 - 60　防溜底

三、篮球基本战术

1. 基础配合

（1）进攻基础配合

进攻基础配合，是指两三名进攻队员，为了创造投篮机会，合理运用技术而组成的合作方法。

①传切配合。传切配合有两种，分别为一传一切配合和空切配合。

一传一切配合。如图3-61所示，A传球给D后，立刻摆脱对手a向篮下切入，接D的回传球投篮。

空切配合。如图3-62所示，A传球给D时，C突然切向篮下接D的传球投篮。

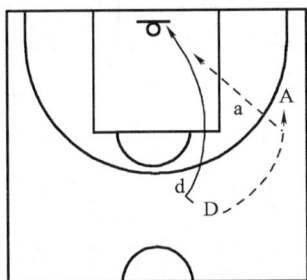

图3-61　一传一切配合　　　　　　　图3-62　空切配合

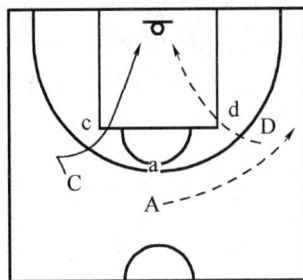

②突分配合。有球队员持球突破后，主动地或应变地利用传球与同伴配合的方法。其要求是，突破动作要突然、快速，在突破过程中，要随时观察场上攻、守队员行动和位置的变化，既要做好投篮的准备，又要及时、准确地传球给同伴。其他进攻队员要掌握时机及时跑到有利于进攻的位置上接球。

③掩护配合。掩护配合是掩护队员采用合理的行动，用自己的身体挡住同伴的防守者的移动路线，使同伴得以摆脱防守，或利用同伴的身体和位置使自己摆脱防守的一种配合方法。掩护配合的形式根据掩护的位置和方向不同，分为前掩护、后掩护、侧掩护3种。

（2）防守基础配合

防守基础配合，是指两三名防守队员，为破坏对方进行配合，或当同伴防守出现困难时，及时互相协作行动的方法。以下是几种常用的配合。

①关门配合。"关门"是两个防守队员靠拢协同防守突破的配合方法。如图3-63所示，当D从正面突破时，a，d与d，c进行"关门"配合。

关门配合的要求是，防守队员应积极堵住进攻者的突破路线；临近突破一侧的防守队员要及时向同伴靠拢进行"关门"，不给突破者留有通过的空隙。关门配合也运用于区域联防。

②夹击配合。指两个防守队员积极防守一个进攻队员配合的方法。如图3-64所示，A从底线突破，a封堵底线，迫使A停球，d同时向底线迅速跑去与a协同夹击A，封堵其传球路线，迫使其违例或失误。

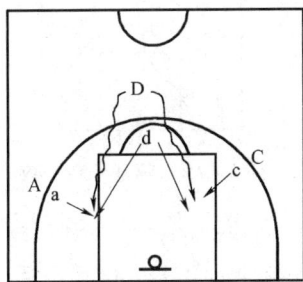

图3-63　关门配合　　　　　　　图3-64　夹击配合

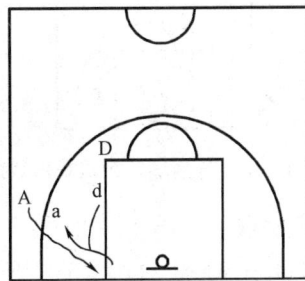

夹击配合要正确地掌握夹击的时机和区域。行动要果断，出其不意。在形成夹击时要用身体和腿部限制进攻队员的活动，用手臂封堵传球或接球，但要防止不必要的犯规。

③ 补防配合。指防守队员在同伴漏防时，立即放弃自己的对手，去补防那个威胁最大的进攻者，而与漏人的防守队员及时换防的一种协同防守方法。如图3-65所示，D传球给A，突然摆脱d的防守直插篮下，此时c放弃C的防守补防D，d去补防C。

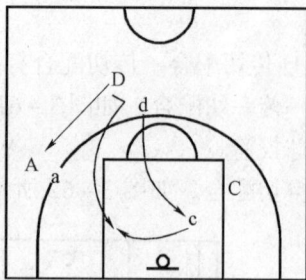

图3-65 补防配合

🔊 重要提示

应特别注意整体配合，包括配合的位置、距离、路线和时机，其中以配合时机尤为关键。此外，还要注意保持攻守平衡。

2. 快攻与防守快攻

(1) 快攻

快攻是由防守转入进攻时，乘对方未站稳阵脚之前，抓住战机以最快的速度、最短的时间，果断而合理地发动攻击的一种速决性战术配合。发动快攻的时机是在抢获后场篮板球、抢球、断球和跳球获球后。快攻的形式有长传快攻、短传和运球快攻相结合等。

① 抢后场篮板球长传快攻。如图3-66所示，D抢到后场篮板球后，首先观察场上的情况，寻找长传快攻机会。B和C判断D有可能抢到篮板球时，便立即起动快下，争取超越防守队员接D的长传球投篮。

② 断球长传快攻。如图3-67所示，c断球后，看到b已快下，可立即传球或运球后传球给b投篮。

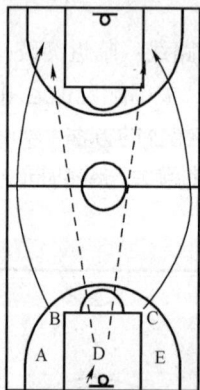

图3-66 抢后场篮板球长传快攻

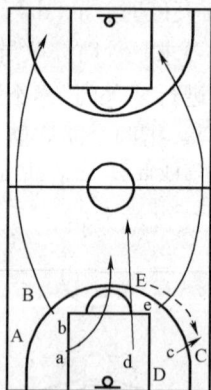

图3-67 断球长传快攻

③ 短传与运球结合快攻。指队员在后场获球后，利用快速的短传球和运球推进相结合的方法迅速推进到前场进行攻击的一种配合。其特点是参加人数多、机动灵活、层次清楚、容易成功，但对队员配合的技巧要求较高。

（2）防守快攻

篮板球是发动快攻的主要先决条件之一，积极地与对方争抢前场篮板球是防止发动快攻的重要步骤。

① 有组织地积极堵截对方发动快攻的第一传，是防守快攻的关键。

② 防守快下队员。快下队员是对方长传快攻的主要成员，如果快下队员接到球，将给防守造成极大的困难。因此，当对方抢获篮板球时，外线队员要迅速退守，在退守过程中，控制好中路，堵截快下路线，紧逼沿边线快下的进攻队员，切断对方长传球的路线。

③ 提高以少防多的能力。当对方发动快攻并迅速地向前场推进时，防守队往往来不及全部退防，出现以少防多的局面。提高一防二、二防三的能力，重点防篮下，为同伴回防赢得时间，这就必须提高个人防守能力，以及同伴之间的相互补防能力。

3. 攻防半场人盯人

（1）人盯人防守战术

该战术是在由攻转守时，放弃前场的防守，全队迅速退回后场，每人盯住自己对手的配合方法。它以个人防守为基础，综合运用挤过、穿过、交换、关门、夹击等几个人之间的防守基础配合所组成的全队战术。

防守要点：人盯人防守要从由攻转守时开始。此时，每个队员都要快速退向自己的后场，立即找到对手，形成集体防守；要根据对手、球、球篮选择有利位置，做到球、人、区兼顾，与同伴协同防守。

防守原则："以球为主，人球兼顾""有球紧，无球松""近球紧，远球松"，积极移动，抢占有利位置。

运用时机：半场扩大人盯人防守主要用于对付外围远投较难、突破与篮下进攻能力和后卫控制球能力相对较差的队，而本队需要扩大战果，争抢时间时；半场缩小人盯人防守用于对付中远距离投篮不准、突破和篮下攻击能力较强的队，本队得分已占优势，保持体力再扩大战果时。

（2）进攻人盯人防守战术

进攻人盯人防守是根据人盯人防守战术的特点，从每个队员的具体实际出发，综合运用传接球、投篮、运球、突破等个人技术动作和传切、掩护、策应等几个人之间的战术基础配合所组成的一种全队进攻战术。

进攻人盯人战术的要点为：由守转攻后，要迅速到位。

阅读材料

篮球项目竞赛规则要点

篮球比赛由两个队参加，每队上场5人，其中1人为队长，替补球员有7人。

将球投入对方球篮得2分；在3分区外投入对方球篮得3分；罚球中1次得1分。

比赛由4节组成，每节10分钟。在第1节和第2节（第一半时）之间，第3节和第4节（第二半时）之间以及每一决胜期之前有2分钟的比赛休息时间；两个半时的比赛休息时间为15分钟，以全场得分多者为胜。如果在第4节比赛时间终了时比分相等，需要一个或多个5分钟的决胜期来继续比赛，直至决出胜负。

比赛中每队的换人次数不限。但是，要登记的暂停在第一半时的任何时间每队可准予2次；在第二半时任何时间可准予3次；每一决胜期的任何时间每队可准予1次。

整个比赛过程由裁判员（三人制：包括主裁判员、第一副裁判员和第二副裁判员，二人制：包括主裁判员和副裁判员）、记录台人员（包括记录员、助理记录员、计时员和24秒钟计时员）和技术代表管理。

篮球比赛中对规则的违反有违例和犯规两大类。

1. 违例

违例是违反规则。

罚则是将球权判给对方队在靠近发生违例的地点掷球入界。

带球走——当持活球的队员用同一脚向任何方向踏出一次或多次，其另一脚（称为中枢脚）不得离开与地面的接触点，如果中枢脚离开了这个接触点就构成带球走违例。

非法运球——队员在运球后，用双手同时触及球或允许球在一手或双手中停留时，运球即完毕。运球结束后，除非失去控球权后又重新控制球，否则不得再次运球，如果再次运球，则为非法运球违例。

拳击球或脚踢球——比赛中队员不得故意用拳击球或用腿的任何部分去阻挡球，否则将判违例。如果球偶然地接触到腿的任何部分，或腿的任何部分无意碰到球，不算违例。

球回后场——在比赛中，前场控制球的队，不得使球再回到后场，否则为球回后场违例。具体判定球回后场有三个条件：① 该队必须控制球；② 球进入前场后，在球又回到后场前该队队员（或裁判员）最后触及球；③ 球回后场后，该队队员在后场最先触及球。这三个条件必须依次连续发生。

干涉得分和干扰——投篮（罚球）的球在飞行下落并完全在篮圈水平面之上时，双方队员不可触及球。当投篮的球触及篮圈时，双方队员都不得触及球篮或篮板，不得从下方伸手穿过球篮并触及球，不得使篮板和篮圈摇动。如果进攻队员违犯这一规定，中篮无效，将球判给对方在罚球线延长部分的界外掷球入界；如果防守队员违犯这一规定，不论是否投中，均判投篮（罚球）队员得分。

3秒违例——当某队在前场控制活球并且比赛计时钟正在运行时，该队队员在对方的限制区内持续停留的时间不得超过3秒钟。

5秒违例——进攻球员必须在5秒钟之内掷出界外球；或在被严密防守时，必须在5秒钟之内传、投或运球；当裁判员将球递给罚球队员可处罚时，该队员必须在5秒钟内出手。

8秒违例——一个球队从后场控制活球开始，必须在8秒钟内使球进入前场（对方的半场）。

24秒违例——每当一名队员在场上获得控制活球时，该队必须在24秒钟内尝试投篮。

2. 犯规

犯规是对规则的违犯，含有与对方队员的非法身体接触和/或违反体育道德的举止。对违犯者登记犯规并随后按规则予以处罚。

侵人犯规——是队员与对方队员的接触犯规。无论球是活球还是死球，队员均不应通过伸展其手、臂、肘、肩、髋、腿、膝或脚来拉、阻挡、推、撞、绊、阻止对方队员行进；以及不应将其身体弯曲成"反常的"姿势（超出其圆柱体）；也不应放纵任何粗野或猛烈的动作。在所有情况下都要给犯规队员登记 1 次侵人犯规。如果对未做投篮动作的队员犯规，由非犯规队在靠近犯规地点的界外掷球入界重新开始比赛。如果犯规队处于全队犯规处罚状态，则应判给未做投篮动作的队员 2 次罚球，代替掷球入界。如果对正在做投篮动作的队员犯规，如果投篮成功，应计得分并判给 1 次追加罚球；如投篮未中，则要根据投篮的地点，判给 2 次或 3 次罚球。

技术犯规——是包含（但不限于）行为性质的队员的非接触犯规。如不顾裁判员警告；没有礼貌地触犯裁判员、技术代表、记录台人员或球队席人员；使用冒犯或煽动观众的语言和举止；戏弄对方队员或在对方队员的眼睛附近摇手妨碍其视觉；在球穿过球篮后，故意触及球以延误比赛；阻碍迅速地执行掷球入界以延误比赛；假摔以伪造一次犯规等。

队员技术犯规，应给其登记一次技术犯规，作为全队犯规之一计数。教练员、替补队员和随队人员的技术犯规，对每一起违犯行为都要登记教练员一次技术犯规，但不作全队犯规之一计数。

对技术犯规的处罚，是判给对方 2 次罚球，以及随后在记录台对面的中线延长部分掷球入界或在中圈跳球开始第一节（如犯规发生在第一节比赛前）。

违反体育道德的犯规——根据裁判员的判断，一名队员不是在规则规定的范围内合法地试图去直接抢球，发生的接触犯规是违反体育道德的犯规。应给犯规队员登记 1 次违反体育道德的犯规。判给对方罚球，以及随后在记录台对面的中线延长部分掷球入界或在中圈跳球开始第一节（如犯规发生在第一节比赛前）。

罚球的次数按如下规定：对没有做投篮动作队员的犯规应判给 2 次罚球；对正在做投篮动作的队员发生的犯规，如中篮，应计得分并加判给 1 次罚球。如未中篮，应判给 2 次或 3 次罚球。

第三节　排　　球

本节介绍了排球运动的起源；阐述了其基本技术：准备姿势、移动、发球、垫球、传球、扣球、拦网等；讲解了阵容配备、进攻战术、防守战术等排球基本战术。

一、排球运动简介

排球（Volleyball）运动始于 1895 年，创始人是美国人威廉·摩根。第一部规则发表在 1896 年 7 月出版的美国《体育》杂志上。最初排球比赛没有人数规定，赛前由双方临时商定，只要双方人数相等即可。

在美国，排球很快受到教会、学校和社会的广泛重视，同时也被列为军事体育项目。1896 年美国开始举行排球比赛。1947 年国际排球联合会成立，1949 年第一届世界男子排球锦标赛举行，1964 年排球运动被列为第十八届奥运会正式比赛项目。世界级排球比赛主要包括世界锦标赛、世界杯赛、奥运会排球赛、世界沙滩排球锦标巡回赛、残疾人奥运会排球赛等。

排球运动 1905 年传入我国时，仅在广东等地开展。1914 年第二届全国运动会时排球正式被列为比赛项目。其后，经历了 16 人制、12 人制、9 人制和 6 人制的演变过程。

20 世纪 50 年代初，东欧各国主要依靠高点强攻和个人进攻战术的变化取胜，并一直处于世界领先地位。20 世纪 60 年代，日本女排在国际排坛崛起，创造了垫球、滚翻救球、勾手飘球等技术。1965 年，排球规则进行了重大修改，允许伸手过网拦网。

中华人民共和国成立后，我国排球运动有了较快的发展，形成了一套以快球为中心的快攻掩护战术，此后男排在掌握"盖帽"拦网技术的基础上，创造了"平拉开"扣球新技术，发展了我国排球快攻打法的特点。20 世纪 70 年代中期，我国首创了"时间差"打法。男排创造的前飞、背飞、拉三、拉四等技术，丰富了快中有变的自我掩护打法，在世界比赛中获得了良好的效果。1979 年，中国男、女排取得亚洲冠军的光荣称号，实现了冲出亚洲的愿望。1981—1986 年，中国女排五次连获世界冠军，在国际排坛上写下了辉煌的纪录。

二、排球基本技术

发球、垫球、传球、扣球、拦网是排球的 5 项基本击球动作，这种直接触球的动作技术称为有球技术。而各种准备姿势、移动、助跑、起跳、倒地等没有直接触及球的配合动作，称为无球技术。

1. 准备姿势

如图 3 - 68 所示，按照身体重心的高低，准备姿势可分为半蹲准备姿势、低蹲准备姿势和稍蹲准备姿势 3 种。

① 半蹲准备姿势。两脚开立略比肩宽，两膝弯曲，脚跟自然提起，上体前倾，重心靠前，膝部的垂直线应在脚尖前面，两臂放松，自然弯曲置于腹前，两眼平视，注意来球，两脚始终保持微动。

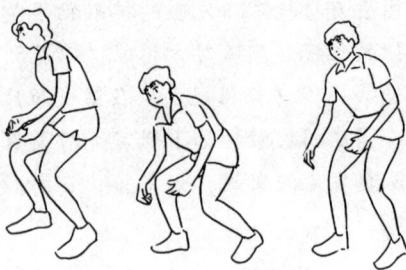

图 3 - 68　发球准备姿势

② 低蹲准备姿势。身体重心比半蹲准备姿势更低更靠前，两脚左右、前后的距离更宽一些，膝部弯曲的程度大于半蹲准备姿势。身体重心要更靠前，肩部垂直线过膝，膝部垂直线超过脚尖。两手臂置于胸腹之间。

③ 稍蹲准备姿势。两脚左右开立与肩同宽，一脚在前，两膝微屈，身体重心位于两脚之间，并稍靠近前脚，后脚跟稍提起，上体稍前倾，两臂放松，自然弯曲置于腹前。两眼注视球并兼顾场上各种情况，两脚保持微动状态。

2. 移动

移动由起动、移动步法和制动 3 个环节构成。

（1）起动

起动是移动发力的开始，它的快慢是移动的关键，起动的速度取决于正确的准备姿势、反应能力和腰腿部的速度力量。

（2）移动步法

起动后应根据临场技战术的需要，灵活地采用各种移动步法进行移动。

① 并步与滑步。并步如向前移动，则后腿蹬地，前脚向来球方向跨出一步，后腿迅速跟上做好击球准备。连续并步就是滑步。

② 跨步与跨跳步。跨步如向前移动，则后腿用力蹬地，前脚向来球方向跨出一大步，

膝部弯曲，上体前倾，身体重心移至前腿上。跨步过程中有跳跃腾空即为跨跳步。

③ 交叉步。以向右交叉步为例，上体稍向右转，左脚从右脚前面向右交叉迈出一步，然后右脚再向右跨出一大步，同时身体转向来球方向，保持击球前的姿势。

④ 跑步。跑步时两臂要配合摆动，如球在侧方或后方时应边转身边跑。

⑤ 综合步。以上各种步法的综合运用。

（3）制动

在快速移动之后，为了保持稳定的击球姿势和克服身体惯性的冲力，必须运用制动技术。

① 一步制动法。一步制动时，最后跨出一大步，同时降低重心，膝和脚尖适当内转，全脚掌横向蹬地，抵住身体重心继续移动的趋势，并用腰腹力量控制上体，使身体重心的投影落在两脚所构成的支撑面内。

② 两步制动法。两步制动时，以倒数第二步做第一次制动，接着跨出最后一步做第二次制动，同时身体后仰，重心下降，双脚用力蹬地，使身体处于有利于做下个动作的姿势。

3. 发球

发球是1号位队员在发球区内自己抛球后，用一只手将球直接击入对方场区的一种击球方法。发球是排球技术中唯一不受他人制约的技术。

① 正面上手发球。如图 3 – 69 所示，队员面对球网，两脚前后自然开立，左脚在前，用手托球于身前，用抬臂和手掌的平托上送，将球平稳地垂直抛于右肩前上方，高度适中。在左手抛球的同时，右臂抬起，屈肘后引，肘与肩平，上体稍向右转。击球时，利用蹬地、转体和收腹带动手臂挥动，在右肩前上方伸直手臂的最高点，以全手掌击球的中下部。击球时，手指自然张开吻合球，手腕要迅速主动地做推压动作，使击出的球呈上旋飞行。为了加强发球的力量和攻击性，还可采用一步、两步或多步的助跑发球方法。

图 3 – 69　正面上手发球

② 正面上手发飘球。正面上手发飘球是采用正面上手的形式，发出球不旋转、不规则地飘晃飞行的一种发球方法。由于面对球网，便于观察对方接发球情况。

如图 3 – 70 所示，准备姿势同正面上手发球，但抛球比正面上手发球稍低、稍靠前。击球前，手臂自后向前做直线挥动。击球时，五指并拢，手腕稍后仰，用掌根平面击球的中下部，作用力通过球体重心。击球瞬间手指、手腕紧张，手型固定，不加推压动作，手臂并有突停动作。

③ 正面下手发球。正面下手发球是正面对网，手臂由后下方向前摆动，在腹前将球击入对方场区的发球方法。

图 3 - 70　正面上手发飘球

如图 3 - 71 所示，面对球网，两脚前后开立，左脚在前，两膝微屈。上身稍前倾，重心偏后脚。左手持球于腹前，将球轻轻抛起在体前右侧，离手高约 20 厘米，在抛球的同时右臂伸直以肩为轴向后摆动，借右腿蹬地力量，身体重心随着右手向前摆动击球而移至前脚上。在腹前以全手掌、掌根或虎口击球后下方。

图 3 - 71　正面下手发球

④ 勾手飘球。发勾手飘球采用侧面对网站位，可利用身体转动和腰部力量带动手臂的快速挥动去击球，比较省力。勾手飘球是目前排球比赛常用的一种主要发球方法，男女队员均可采用。

发球队员应左肩对网，左手将球平衡抛向左肩前上方，抛至相同于击球点的高度。在抛球同时，右臂伸直向身体右侧后下方摆动，身体重心移至右脚。当球开始上升到最高点时，右脚蹬地，身体向左侧转动，带动手臂沿弧线轨迹挥动，在右肩前上方以掌根或半握拳拇指根部坚硬平面击球后中下部，击球一瞬间，手腕稍后仰并保持紧张，用力集中，作用力要通过球体的重心。击球后，可做突停或下拖动作，但不能有推压的动作。

📢 重要提示

无论采用哪种发球动作，都必须做到以下三点：一是平稳抛球；二是击球要准；三是手法要正确。

4. 垫球

垫球在比赛中主要用于接发球、接扣球、接拦回球以及防守和处理各种困难球。现将几种常用的垫球技术介绍如下。

（1）正面双手垫球

正面双手垫球是双手在腹前垫击来球的一种垫球方法，是各种垫球技术的基础，是最基本的垫球方法，适合于接各种发球、扣球和拦回球，在困难时也可以用来组织进攻。

如图 3-72 所示，正面双手垫球的基本手型有抱拳式、叠掌式和互靠式。

正面双手垫球在垫轻球、垫中等力量来球和垫重球时，其动作方法是有一定区别的。

图 3-72　正面双手垫球基本手型

① 垫轻球。如图 3-73 所示，采用半蹲准备姿势，当球飞来时，双手呈垫球手型，手腕下压，两臂外翻形成一个平面，当球飞到腹前一臂距离时，两臂夹紧前伸，插到球下，向前上方蹬地抬臂，迎击来球，利用腕关节以上 10 厘米左右处的桡骨内侧平面击球的后下部，身体重心随击球动作前移。击球点保持在腹前一臂距离。

图 3-73　垫轻球

② 垫中等力量来球。动作方法与垫轻球相同，由于来球有一定力量，因此击球动作要小，速度要慢，手臂适当放松。

③ 垫重球。根据来球的高低和角度，采用半蹲或低蹲准备姿势，击球时采用含胸、收腹的动作，帮助手臂随球屈肘后撤，适当放松，以缓冲来球力量。在撤臂缓冲的同时，用微小的小臂和手腕动作控制垫球的方向和角度。

（2）体侧垫球

简称侧垫，是在身体侧面垫球的一种垫球方法。其特点是控制面宽，但较难把握垫击的方向、弧度和落点。

如图 3-74 所示，左侧垫球时，以右脚前脚掌内侧蹬地，左脚向左跨出一步，身体重心随即移至左脚，并保持左膝弯曲，两臂夹紧向侧伸出，左臂高于右臂，右肩向下倾斜，再用向右转腰和收腹的力量，配合两臂在体侧截击球的后下部。

图 3-74　左侧垫球

（3）跨步垫球

队员向前或向侧跨出一步的垫球方法称为跨步垫球。当来球的速度较快，弧线低，距身体 1 米左右时，可采用跨步垫球的方法。如图 3-75 所示，跨步垫球时，当判断来球的落点后，迅速向来球方向跨出一大步，屈膝深蹲，臀部下降，两臂夹紧伸直插入球下，用两前臂的内侧平面击球的后下部，对准垫出方向，将球平稳垫起。

（4）单手垫球

当来球较远，速度快，来不及或不便用双手垫球时，可采用单手垫球。单手垫球动作快，垫击范围大，但触球面积小，不易控制。单手垫球可采用各种步法接近球，可采用虎口、半握拳、掌根、手背以及前臂内侧击球。

5. 传球

传球是排球运动的一项重要技术，是组织进攻战术的基础。传球主要运用在第二传，用于衔接防守和进攻。

按照传球的方向基本上把传球动作分为正面传球、背传球和侧传球，上述三种传球技术是指在原地完成。跳起在空中完成传球动作的，称为跳传。

① 正面传球。面对出球方向的传球动作，称为正面传球。正面传球是最基本的传球方法，是其他一切传球技术的基础。

如图 3-76 所示，采用稍蹲准备姿势，当来球接近额头时，开始蹬地、伸膝、伸臂，两手微张经脸前向前上方迎球。击球点在额头前上方约一球距离处。当手触球时，两手自然张开成半球形，手腕稍后仰，两拇指相对成"一"字或"八"字形，两手间有一定距离，用拇指内侧，食指全部，中指的二、三指节触球的后下部，无名指和小指在球两侧辅助控制传球方向。两肘适当分开，两前臂之间约成 90°夹角，传球时主要靠蹬地伸臂和手指、手腕力量，以及球的反弹力将球传出。

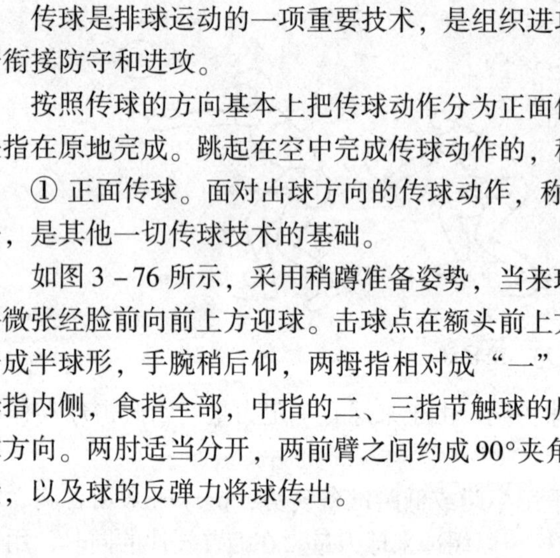

图 3-75　跨步垫球

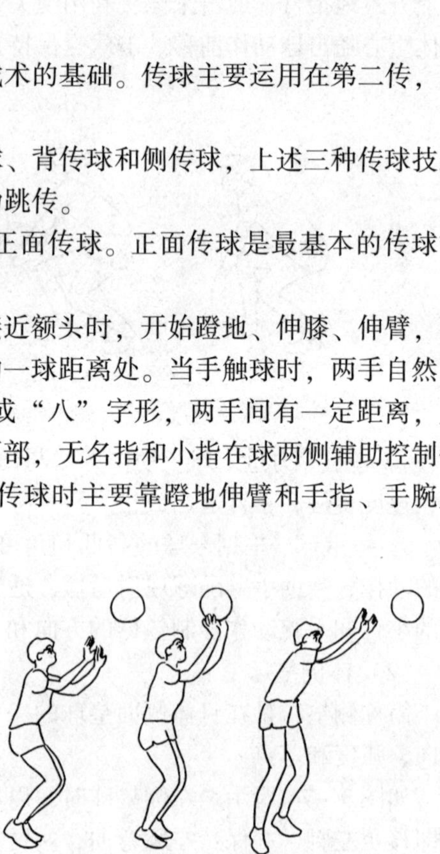

图 3-76　正面传球

② 背传。背对传球目标的传球动作叫背传。如图3-77所示，身体背面要对正传球目标，上体保持正直或稍后仰，身体重心在两脚之间，双手自然抬起，放松置于脸前。迎球时，抬上臂、挺胸、上体后仰。击球点保持在额上方，比正传稍高、稍后。触球时，手腕后仰并适当放松，掌心向上，击球的下部，手型与正面传球相同。背传用力要靠蹬地、展腹、抬臂、伸肘和手指、手腕的弹力，把球向后上方传出。

③ 跳传。跳传是当一传弧线较高而又接近球网时，所采用的跳起传球技术。目前在比赛中运用比较广泛，一般用于二传。跳传可起到加快进攻速度和迷惑对方的

图3-77 背传

作用，并且可使进攻战术多样化，扩大进攻的范围，减少二传环节中的失误。

如图3-78所示，起跳时，首先选好起跳点和掌握好起跳时间。起跳后，两臂屈肘抬起，两手放置脸前，击球点保持在额上方，在身体跳至最高点时，用伸臂动作及手指、手腕的弹力将球传出。由于人在空中，无法用上伸腿蹬地的力量去传球，因此，要加大伸臂的幅度和速度。

图3-78 跳传

6. 扣球

扣球是攻击性最强、最有效的进攻手段，在比赛中占有非常重要的地位。

（1）正面扣球

正面扣球是扣球技术中一种重要的方法，是比赛中运用得最多的一项进攻性技术，适合于近网和远网扣球。

① 准备姿势。扣球助跑前采用稍蹲姿势，两臂自然下垂，站在离网3米左右处，身体转向来球方向，观察来球，做好向各个方向助跑起跳的准备。

② 助跑。助跑开始时，左脚先向前迈出一步，紧接着右脚再快速跨出一大步，左脚及时并上，踏在右脚之前，两脚尖稍向右转。两臂绕体侧向上引摆。

③ 起跳。在助跑跨出最后一步（即第二步），左脚并上踏地制动的同时，两臂自后积极向前摆动，随着双腿蹬地向上起跳，两臂配合起跳有力地向上摆动。

④ 空中击球。起跳后，挺胸展腹，上体稍向右转，右臂向后上方抬起，身体成反弓形。挥臂时，以迅速转体、收腹动作发力，依次带动肩、肘、腕各部位关节向前上方呈鞭甩动作挥动。击球时，五指微张，以掌心为主，全掌包满球，在手臂伸直的最高点的前上方击球的后中部，同时主动用力屈腕屈指向前推压，使扣出的球呈上旋。

⑤ 落地。落地时，以两脚前脚掌先着地再迅速过渡到全脚掌着地，同时顺势屈膝、收腹，以缓冲下落的力量，立即做好下一个动作的准备。

（2）调整扣球

调整扣球是指在接发球或后排防守垫球不到位时，二传队员从后场区将球传到网前所进行的扣球。调整扣球技术动作与正面扣球相同，但由于二传球来自后场区，有近网球，也有远网球，还有拉开球和集中球，与球网有一定的角度并且弧线不固定，扣球队员难以判断，所以扣这种球难度较大。因此，扣球队员要准确判断来球的方向、弧线、速度和落点。调整好人和球的关系，选择好起跳点，掌握好起跳时间。根据人和球网的距离，合理地采用不同的扣球方法，控制好扣球的力量、速度、方向、路线和落点。

（3）扣快球

扣快球是扣球队员在二传队员传球前或传球的同时起跳，并迅速将二传队员传出的球，击入对方场区的扣球。快球在时间上争取主动，起着攻其不备、突然袭击的作用，可使对方拦网和防守产生判断错误。这种扣球的特点是速度快、力量大、时间短、落点近、突然性强、牵制能力大。快球技术动作方法较多，有近体快球、半快球、短平快球、平拉开快球、背快球、背平快球、调整快球等。

（4）自我掩护扣球

① 时间差扣球。扣球队员利用起跳时间的差异迷惑对方拦网的扣球，为时间差扣球。这种扣球可用在近体快、背快、短平快等扣球中。扣球时，按快球的助跑、摆臂节奏佯做起跳动作，以诱使对方起跳拦网。待对方拦网队员下落后，扣球队员立即原地起跳扣半高球。

② 位置差扣球。扣球队员按原来扣球的时间助跑，在助跑后佯做踏蹬动作、下蹲与摆臂动作明显的起跳扣球，但助跑后不起跳，待对方队员拦网起跳时，突然变向侧跨出一步，动作幅度、挥臂幅度要小，速度要快，用双足或单足"错"开拦网人的位置起跳扣球，即为"位置差"扣球，或称错位扣球。

③ 空间差扣球。扣球队员利用助跑的冲力和专门的踏蹬技术，使身体向前上方跃出，把正面取位盯人拦网的对手甩开，使扣、拦在空中出现差误，即为"空间差"扣球，也叫冲飞扣球。常用的"空间差"扣球有：佯扣短平快球突然向前冲跳到二传手向前扣半高球的"前飞"，佯扣快球而冲跳向二传人背后小弧度球的"背飞"，佯扣前快球而侧身向左起跳追击扣球的"拉三"，以及佯扣短平快球而侧身向左起跳追击扣球的"拉四"。

7. 拦网

（1）单人拦网

单人拦网是集体拦网的基础。如图3－79所示，其动作结构分为准备姿势、移动、起跳、空中动作和落地5个互相衔接的部分。

① 准备姿势。队员面对球网，两脚左右开立，约与肩同宽，距网30～40厘米。两膝微屈，两臂屈肘置于胸前。

图 3-79　单人拦网

② 移动。常用步法有一步、并步、交叉步、跑步等。无论采用哪种移动步法，都要做好制动动作，以保证向上起跳，避免触网和冲撞同队队员。

③ 起跳。原地起跳时，两腿屈膝，重心降低，随即用力蹬地，两臂以肩发力，与体侧近身处，做画弧或前后摆动，帮助身体迅速跳起。移动后的起跳，其起跳动作与原地起跳一样，但要注意制动并使移动与起跳动作紧密衔接。

④ 空中动作。起跳时，两手从额前沿球网向上方伸出，两臂伸直并保持平行，两肩上提。拦网时，两臂应伸过网去接近球。两手自然张开，屈指屈腕成半球状。当手触球时，两手要突然收紧，手腕下压盖在球的前上方。

⑤ 落地。拦球后，要做含胸动作，以保持身体平衡。手臂要先后摆或上提，从网上收回至本方上空，再屈肘向下收臂，以保持身体平衡。与此同时屈膝缓冲，双脚落地，随即转身面向后场，准备接应来球或做下一个动作准备。

（2）双人拦网

由前排两个队员互相靠近，同时起跳组成的拦网，称双人拦网。双人拦网是集体拦网的一种，是比赛中最常用的一种拦网形式，主要在对方大力扣球时采用。

双人拦网时，应以一人为主拦队员，另一人为配合队员。但主拦队员不是固定的，一般情况下距对方扣球点近的队员应为主拦队员。主拦队员必须抢先移动到对正扣球点的位置，做好起跳准备，配合队员则迅速移动靠近主拦队员准备同时起跳。两队员之间的距离一定要合适，距离太远，跳起后将出现"空门"；距离太近，起跳时互相干扰，致使双方都跳不高。双人拦网起跳时，两人的手臂应该在体前画小弧向上摆伸，都要尽量垂直向上起跳，要防止互相碰撞或干扰。手臂在空中既不能重叠，造成拦击面缩小，又不能间隔太宽，造成中间漏球。扣球靠近边线时，靠边线近的拦网队员外侧的手应适当内转，以防打手出界。

（3）三人拦网

三人拦网也是集体拦网的一种形式。它是在对方扣球进攻力强，路线变化多，但很少轻扣和吊球时采用。三人拦网的动作方法与双人拦网相同，关键在于移动迅速，取位恰当，配合密切。无论对方从哪个位置进行扣球，一般都以 3 号位队员为主拦队员，2、4 号位队员为配合队员。由于三人拦网对配合的要求高，加之减弱了防守、保护的力量，故要在很有必要的情况下才采用。

拦网队员要在短短的瞬间从防守转为进攻，从被动转为主动，而完成这些都要在空中进行，所以难度较大，这就要求拦网应积极主动，判断准、起动快、跳得高、下手狠。

三、排球基本战术

排球运动是一项集体竞赛项目，因而不仅要求每个队员有比较熟练的基本技术，而且要求全队密切配合，运用得当的战术，发挥全队每个队员的特长，才能取得比赛的胜利。

1. 阵容配备

①"三三"配备。由三名进攻队员和三名二传队员组成。站位时，一名进攻队员间隔一名二传队员。目前采用这种配备形式的队伍比较少。一般适用于初学者和水平较低的球队。

②"四二"配备。由四名进攻队员（主攻和副攻队员各两名）和两名二传队员组成，他们分别站在对角的位置上。目前，在水平一般的球队中采用这种配备形式的比较多。

"四二"配备的优点是每一轮次前排都有一个二传队员和两个进攻队员，便于组织"中二三""边二三"进攻，战术配合有一定的稳定性。缺点是前排进攻点相对较少，隐蔽性差，不能适应高水平球队的要求。

③"五一"配备。由五名进攻队员和一名二传队员组成。位置的安排与"四二"配备基本相同，只是由一名进攻队员站在与二传对应的位置上作为接应二传，其目的是弥补在主二传来不及到位传球时所出现的被动局面，但主要还是承担进攻任务。这种阵容配备在水平较高的球队中普遍采用。

"五一"配备的优点是加强了拦网和前排进攻力量，使全队的进攻队员只需适应一名二传队员的技术特点，有利于统一指挥、相互配合，能够更好地控制比赛的进行，使进攻战术富于变化。缺点是当二传队员轮转到前排时，有三轮前排只有两名进攻队员，影响了前排整体进攻的威力。

2. 进攻战术

进攻战术主要有以下三种形式："中一二"进攻阵形、"边一二"进攻阵形、"插上"进攻阵形。

①"中一二"战术形式特点。容易组织，但战术变化少，只能两点进攻，战术意图容易被识破，战术的突然性和攻击性小。其变化形式有：扣球队员通过二传队员传出集中、拉开、背传和平快等各种球，采用斜线助跑、直线助跑和跑动中变步起跳扣球等。

②"边一二"战术形式特点。形式简单，容易掌握，也是基本战术形式之一。其变化形式有：除"中一二"战术形式变化外，还可组织"快球掩护拉开""前交叉""围绕""快球掩护夹塞""梯次""短平快掩护拉开""掩护活点进攻"等战术变化。

③"插上"战术形式特点。保持前排3人进攻，能充分利用网的全长，发挥每个队员的特点，组成快速多变的各种战术变化。进攻的突破点多、突然性大，使对方难以有效地组织集体拦网和防守。

3. 防守战术

主要介绍"心跟进"和"边跟进"两种防守战术。

①"心跟进"防守形式。在本方拦网能力强、对方采取打吊结合时采用。当甲方4号位队员进攻时，乙方2、3号位队员拦网，后排中心的6号位队员在本方拦网时跟在拦网队

员之后进行保护，其余 3 名队员组成后排弧形防守。其优点是加强了前区的防守能力，缺点是后排防守队员之间的空当较大。

② "边跟进"防守形式。多在对方进攻较强，吊球较少时采用。当甲方 4 号位队员进攻时，乙方 2、3 号位队员拦网，其他 4 个队员组成半圆弧形防守。如遇甲方吊前区，由边上 1 号位队员跟进防守。其优点是加强了拦网，缺点是边上的队员既要防直线，又要跟进防前区，比较困难。

阅读材料

排球项目竞赛规则要点

排球是一项集体比赛项目，每队由 12 名队员组成，两队各派 6 名队员在由球网分开的场地上进行比赛。

比赛的目的是各队遵照规则，将球击过球网，使其落在对方场区的地面上，而防止球落在本场区的地面上。每队可击球 3 次（拦网触球除外），将球击回对方场区。

比赛由发球开始，发球队员击球使其从网上飞至对方场区，比赛由此连续进行，直至球落地、出界或某一队不能合法地将球击回对方场区。

排球比赛采用五局三胜制，胜三局的队胜一场。比赛中，某队胜 1 球，即得 1 分（每球得分制）。接发球队胜 1 球时得 1 分，同时获得发球权，队员按顺时针方向轮转一个位置。每局比赛（决胜局第五局除外）先得 25 分并同时领先对手 2 分的队胜一局。当比分为 24:24 时，比赛继续进行至某队领先 2 分（26:24，27:25……）为止。决胜局先得 15 分并同时领先对手 2 分的队获胜。当比分为 14:14 时，比赛继续进行至某队领先 2 分（16:14，17:15……）为止。

1. 发球犯规

发球犯规包括发球击球时的犯规和发球击球后的犯规。

发球击球时的犯规：① 发球次序错误；② 发球队员在击球时或击球起跳时，踏及场区（包括端线）或发球区以外地面；③ 发球队员在第一裁判员鸣哨允许发球后 8 秒钟内未将球击出；④ 球未被抛起或持球手未清楚撤离就击球；⑤ 双手击球或单手将球抛出、推出；⑥ 将球抛起准备发球却未击球。

发球击球后的犯规：① 球触及发球队其他队员或球的整体没有从过网区内通过球网的垂直平面；② 界外球；③ 球越过发球掩护的个人或集体（在发球时，某一队员或两名以上队员密集站位或挥臂跳跃、移动遮挡接发球队员，且发出去的球从他或他们上空飞过，则构成个人或集体发球掩护犯规）。

2. 位置错误

排球规则规定，当发球队员击球时，如果场上队员不在其正确位置上，则构成位置错误犯规。下列情况之一者均为位置错误犯规：① 发球队员击球时，场上其他队员未完全站在本场区内；② 发球队员击球时，场上队员未按"每一名前排队员至少有一只脚的一部分比同列后排队员的双脚距中线更近"的规定站位；③ 发球队员击球时，场上队员未按"每一名左边（右边）队员至少有一只脚的一部分比同排中间队员的双脚距左（右）边线更近"的规定站位。

3. 击球时的犯规

（1）连击犯规。排球比赛时，运动员身体任何部分均可触球，但一名队员（拦网队员除外）连续击球两次或球连续触及其身体的不同部位即为连击犯规。但在第一次击球时，允许队员在同一击球动作中，球连续触及其身体的不同部位。

（2）持球犯规。排球运动员在比赛中，身体任何部分均可触球，但球必须被击出，不得接住或抛出，否则即为持球犯规。

（3）四次击球犯规。一个队连续触球四次（拦网除外）为四次击球犯规。队员不论是主动击球还是被动触及，均算该队员击球一次。

（4）借助击球犯规。队员在比赛场地内借助同伴或任何物体的支持进行击球，皆为借助击球犯规。

（5）队员在球网附近的犯规。队员在球网附近的犯规包括过网击球犯规、过中线犯规、触网犯规和网下穿越进入对方空间妨碍对方比赛犯规等。对方进攻性击球前或击球时，在对方空间触及球为过网击球犯规。比赛进行中，队员整只脚、手或身体其他任何部分越过中线并接触对方场区，为过中线犯规。比赛过程中，队员触网或触标志杆不是犯规。但队员在击球时或干扰比赛情况下的触网或触标志杆为犯规。队员击球后可以触及网柱、全网长以外的网绳或其他任何物体，但不得影响比赛。比赛过程中，在不妨碍比赛的情况下，允许队员在网下穿越进入对方空间。若网下穿越进入对方空间的队员妨碍了对方比赛则为犯规。

（6）同时击球。双方队员或同队队员可以同时触球。同队的两名或两名以上队员同时触到球，被计为两次或两次以上击球（拦网除外）。双方队员在网上同时击球后，如果球落入场内，应继续比赛，获得球的一方仍可击球三次。

（7）拦网犯规。拦网犯规包括过网拦网犯规、后排队员拦网犯规、拦发球犯规和从标志杆外伸入对方空间拦网犯规几种情况。在对方进攻性击球前或击球时，在对方空间拦网触球为过网拦网犯规。判断过网拦网的依据是进攻队员与拦网队员触球时间的先后。后排队员或后排自由防守队员完成拦网或参加了完成拦网的集体，为后排队员拦网犯规。拦对方发过来的球为拦发球犯规。从标志杆外伸入对方空间拦网并触球为拦网犯规。

（8）后排队员进攻性击球犯规。后排队员在前场区内或踏及进攻线（或其延长线），将整体高于球网上沿的球，击过球网垂直面或触及对方拦网队员，则为后排队员进攻性击球犯规。

4. 暂停和换人

在比赛中，每队最多可以请求2次暂停和6人次换人。暂停时间限制为30秒钟。第1~4局，每局另外有2次时间各为60秒钟的技术暂停，每当领先队达到8分和16分时自动执行。决胜局（第5局），没有技术暂停，每队在该局中可请求2次30秒钟的普通暂停。

自由防守队员的有关规定。排球比赛的各队可以在最后确认的12名队员中选择1名作为自由防守队员（Libero）。自由防守队员身着区别于其他队员颜色的服装。比赛前，自由防守队员必须登记在记分表上，并在旁边注明"L"字样，其号码必须登记在第一局上场阵容位置表上。自由防守队员仅作为特殊的后排队员参加比赛，在任何位置上（包括比赛场区和无障碍区）都不得将高于球网的球直接击入对方场区完成进攻性击球。自由防守队员不得发球、拦网或试图拦网。自由防守队员在前场区进行上手传球且所传球的整体高于球网上沿时，其同伴不得在高于球网处完成对该球的进攻性击球。

第四节 足 球

本节介绍了足球运动的起源；阐述了其基本技术：踢球、接球、运球、头顶球、抢断、假动作等；讲解了比赛阵形、进攻战术、防守战术等足球基本战术。

一、足球运动简介

现代足球（Football（英）/Soccer（美））运动诞生于英国。1863年10月26日，剑桥大学、牛津大学和凯尔波里特专科学校与伦敦周围地区11个最主要的俱乐部和学校，举行联席会议，创立了英格兰足球协会。这一天被称为现代足球的诞生日。两个月后，英格兰足球协会制定出世界上第一个统一的足球规则。

1872年，足球运动史上的第一次正式比赛在英格兰和苏格兰之间进行，即泛英足球比赛。在此后30年，足球运动逐渐风靡英国和欧美各国。1900年，足球首次在奥运会上露面。1908年，足球被正式批准为奥运会比赛项目。1930年，乌拉圭成功举办了第一届世界足球锦标赛。1904年5月21日，国际足球联合会（FIFA）在法国巴黎成立，总部设在瑞士苏黎世。这标志着足球作为一项世界性的体育项目登上了国际体坛，足球运动在更加广泛的范围内开展起来，影响也愈来愈大。国际足联从最初的7个会员国，发展到现在的190多个，是世界上最大的国际单项体育组织。其举办的重大比赛包括：4年一届的世界杯足球赛、奥运会足球赛、世界青年足球锦标赛和女子世界杯足球赛，此外还有许多洲际比赛。

二、足球基本技术

1. 踢球

踢球指运动员有目的地用脚把球击向预定目标的技术。踢球是足球技术中最重要的技术，主要用于传球和射门。

踢球的方法很多，主要有脚内侧踢球，脚背正面踢球，脚背内侧踢球，脚背外侧踢球，脚尖踢球和脚跟踢球。这些动作结构完全一致，均由助跑、支撑脚站位、踢球腿摆动、脚触球、踢球后的随前动作5个环节组成。

（1）脚内侧踢球（又称脚弓踢球）

① 脚内侧踢定位球。如图3-80所示，直线助跑，支撑前的最后一步稍大些，支撑脚站在球的侧面约15厘米处，脚尖正对出球方向，支撑腿膝关节微屈。在支撑脚着地时，踢球腿大腿带动小腿由后向前摆动，在前摆的过程中大腿外展，当膝关节摆动至接近球的正上方时，小腿做爆发式摆动，在触球前将脚跟送出使得脚内侧部位所形成的平面与出球方向垂直，踢球脚脚尖微微翘起，脚底与地面平行，踝关节功能性的紧张使脚型固定，触（击）球后身体跟随向前移动。

② 脚内侧踢空中球。如图3-81所示，根据来球速度和运行轨迹及时移动到位，踢球腿的大腿抬起并外展，小腿绕额状轴后摆，而后小腿由后向前摆动，当摆至额状面时与球接触，击球的中部。

图 3-80　脚内侧踢定位球

图 3-81　脚内侧踢空中球

（2）脚背正面踢球（又称正脚背踢球）

① 脚背正面踢定位球。如图 3-82 所示，直线助跑，最后一步稍大些，支撑脚积极着地支撑，在球的侧面 10~12 厘米处，脚尖正对出球方向，膝关节微屈，踢球腿随跑动向后摆动，小腿弯曲，支撑的同时踢球腿以髋关节为轴，大腿带动小腿由后向前摆动。当膝关节摆至接近球的正上方时，小腿做爆发式的摆动，脚趾屈，以脚背正面部位击球的后中部。击球后身体及踢球腿随球前移。

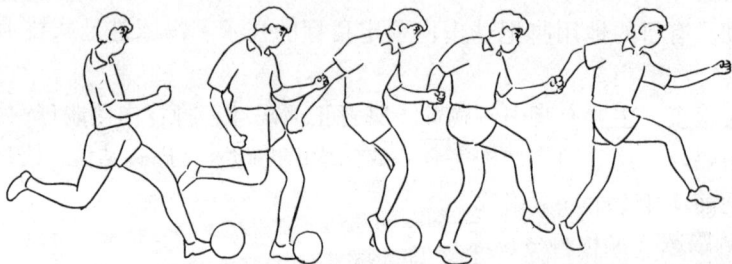

图 3-82　脚背正面踢定位球

② 脚背正面踢反弹球。根据来球的速度、运行轨迹、落点，支撑脚踏在球落点的侧面。在球落地时，踢球腿爆发式前摆，在球刚弹离地面时，用脚背正面击球的中部，并控制小腿的上摆（送髋、膝关节向前平移），出球则不会过高。

③ 凌空踢倒勾球。根据来球的速度、运行轨迹，选好击球点，及时移动到位，以踢球腿为起跳腿蹬地起跳，同时另一腿上摆，身体后仰腾空，眼睛注视来球，蹬地腿在离地后迅速上摆的同时，另一腿则向下摆动，以脚背正面击球的后部。踢球后，两臂微屈，手掌向下，手指指向头部相反方向着地，屈肘，然后背、腰、臀部依此滚动式着地。

（3）脚背内侧踢球（又称内脚背踢球）

① 脚背内侧踢定位球。如图 3 – 83 所示，斜线助跑，助跑方向与出球方向约成 45°，最后一步稍大，以支撑脚底积极着地，脚尖指向出球方向，距球内侧后方 20 ~ 25 厘米，膝关节微屈。在支撑同时，踢球腿已完成后摆，并开始以髋关节为轴大腿带动小腿由后向前摆动，当大腿摆至与支撑腿接近同一平面时，小腿做爆发式摆动，此时脚尖外转、脚背绷直，以脚背内侧部位触击球。击球后踢球腿及身体继续随球向前。

图 3 – 83 脚背内侧踢球

② 脚背内侧转身踢球。助跑结束前倒数第二步应向球的侧前方跨出（即与出球方向在支撑脚一侧的侧前方），最后一步略跳动并伴随转身支撑，脚尖对准出球方向，膝关节微屈，身体向支撑脚一侧倾斜，其余各环节与踢定位球相同。

③ 脚背内侧踢反弹。根据来球的落点及时移动到位，在球离地（反弹）的瞬间踢球，其他的动作要求与踢定位球相同。这种踢球方法多用于踢侧方或侧前方来的由空中下落的球。

（4）脚背外侧踢球（又称外脚背踢球）

由于踢这种球的脚踝灵活性较大，摆腿方向变化较多，且助跑时又是正常的跑动姿势，故其出球隐蔽性较强。足球比赛中各种距离的弧线球及非弧线球均可使用。

① 脚背外侧踢定位球。助跑、支撑脚站位及踢球腿摆动均与脚背正面踢球技术的 3 个环节相同，脚触球是用脚背外侧部位。此时要求膝关节和脚尖内转，脚背绷紧，触（击）球后身体随踢球腿的摆动前移。

② 脚背外侧踢地滚球。可用于踢正前方、侧前方及侧后方来的地滚球。踢球的动作、规格要求与踢定位球相同，但支撑脚站位时应考虑球的滚动速度，以保证在脚触球的瞬间支撑脚与球的相对位置符合规格要求。

③ 脚背外侧踢反弹球。与脚背正面踢反弹球的方法相同，只是接触球时用脚背外侧部位触（击）球。

（5）脚尖踢球（又称脚尖捅球）

由于脚尖踢球时出球异常迅速，雨天场地泥泞时多使用这种踢法。还可以借助踢球腿的最大长度，踢那些距离身体较远的球。具体方法是用支撑脚跳跃上步，踢球腿屈膝前跨，髋关节尽量前送，两臂上摆协助身体向前，小腿前伸，在踢球脚落地前用脚尖捅球的后中部。

（6）脚跟踢球

这是用脚跟（跟骨的后面）接触球的一种踢球方法。球在支撑脚外侧时，踢球脚在支撑脚前面交叉摆到支撑脚外侧用脚跟击球。球在支撑脚内侧时，踢球脚后摆用脚跟踢球。虽然由于人体结构的特点，决定了这种踢球方法（大腿微伸小腿屈）产生的力量小，但其出球方向向后，故有隐蔽性和突然性。

2. 接球

接球是指运动员有目的地用身体的合理部位把运行中的球停下来，控制在所需要的范围内，以便更好地衔接下一个技术动作。接球的方法有多种，常用的有脚内侧、脚背正面、脚底、大腿、胸部、头部等部位的接球。

（1）脚内侧接球

由于脚触球面积大，动作简单，较易掌握，比赛中经常使用这种技术接各种地滚球、反弹球、空中球。

① 接地滚球。如图3-84所示，身体正对来球，判断来球的速度和方向，选好支撑脚位置，膝关节微屈。接球脚根据来球的状态相应提起，膝、踝关节旋外，脚趾稍翘，用脚内侧对准来球，触球刹那，接球部位做相应的引撤或变向接球动作，将球控在所需要的位置上。

② 接反弹球。如图3-85所示，接球腿小腿应与地面形成一定的夹角，向下做压推动作时，膝要领先，小腿留在后面。

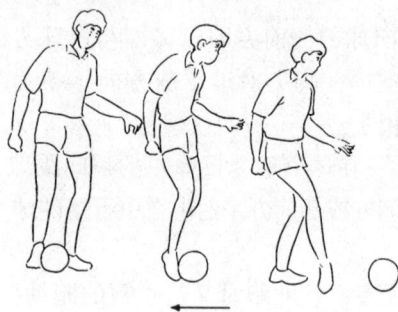

图3-84　接地滚球

图3-85　接反弹球

③ 接空中球。如图3-86所示，接球腿要屈膝抬起，可根据需要采用引撤或切挡动作，接球落地后应随即将球在地面控制住。

（2）脚背正面接球

此方法多用于接有较大抛物线的来球。如图3-87所示，根据球的落点，及时移动到位，脚背正面上迎下落的球，当球与脚面接触的一瞬间，接球脚与球下落的速度同步下撤，此时接球腿膝关节、踝关节、脚趾均保持适度的紧张，脚尖微翘将球接到需要的地方。

图3-86　接空中球

图3-87　脚背正面接球

（3）脚底接球

由于脚底接球技术便于掌握，易于将球接到位置，故常被用来接各种地滚球和反弹球。

① 脚底接地滚球。身体正对来球方向，移动前迎，支撑脚站在球的侧面（或前或后均可），脚尖正对来球方向，膝关节微屈。同时接球腿提起，膝关节微屈，脚背略屈，使脚底与地面约小于45°（且脚跟离开地面），一般以前脚掌接触球的上部为宜。在触球瞬间接球脚可轻微屈趾（前脚掌下点）将球停住，也可根据需要在接球同时将球推向前方或拉向身后。

② 脚底接反弹球。根据来球落点，及时前移迎球，支撑脚站在落点侧后方，脚尖正对来球方向，球落地瞬间，用前脚掌去触球的中上部，微伸膝，用脚掌将球接在体前。若需接球到身后则应在触球瞬间继续屈膝，将球回拉，并伴随支撑脚以前脚掌为轴旋转90°以上。

（4）大腿接球

大腿接球一般可以用来接抛物线较大的高空球和略高于膝的低平球。

① 接抛物线较大的下落球。如图 3 - 88 所示，面对来球方向，根据球的落点迅速移动到位，接球腿大腿抬起，当球与大腿接触的瞬间大腿下撤将球接到需要的位置上。

图 3 - 88　大腿接球

② 接低平球。面对来球方向，根据来球高度，接球腿大腿微屈，送髋前迎来球，当球与大腿接触瞬间收撤大腿，使球落在所需要的位置上。

（5）胸部接球

由于胸部接球部位较高，加之胸部面积大、肌肉较丰满等特点，动作易于掌握，故是接高球的一种好方法。胸部接球包括挺胸式、收胸式两种方法。

① 挺胸式接球。接球时，身体正对来球，两腿自然开立，膝微屈，两臂在体侧自然屈抬，上体稍后仰与来球形成一定的角度。触球刹那，胸部主动挺送，使球触胸后向前上方弹起落于体前。一般用于接有一定弧度的高球。

② 收胸式接球。面对来球，两脚左右或前后开立，两臂自然张开，挺胸迎球，触球瞬间收胸、收腹、臀部后移将球接在体前。若需将球接在体侧时，则触球瞬间转体将球接在转体后相应的一侧。多用于接齐胸高的平直球。

（6）头部接球

高于胸部的来球可用头部接球。根据球的运行路线，面对来球，用前额正面接触球的中下部。下颌微抬，两臂自然张开，提踵伸膝。触球瞬间全脚掌着地，屈膝、塌腰、缩颈，全身保持上述姿势下撤将球接在附近。

3. 运球

运球是运动员在跑动中用脚连续推拨球，使球处于自己控制范围内的动作。常用的运球技术有脚内侧、脚背正面、脚背外侧、脚背内侧运球。

① 脚内侧运球。运球前进时支撑脚位于球的侧前方，肩部指向运球方向，支撑腿膝关节微屈，重心放在支撑腿上，另一条腿提起屈膝，用脚内侧推拨前进，然后运球脚着地。由于肩部指向运球方向，身体侧转，虽然移动速度较慢，但身体前倾有利于将对方与球隔开，因而这种技术多用在运球中做配合传球，或有对方阻拦需用身体做掩护时。

② 脚背正面运球。运球时身体持正常跑动姿势，上体稍前倾，步幅不宜过大，运球腿提起，膝关节稍屈，髋关节前送，提踵，脚尖下指，在着地前用脚背正面部位触球后中部将球推送前进。

由于脚背正面运球时身体持正常跑动姿势，故可以发挥出较快的速度，因而这种技术多用在运球前方一定距离内无对手阻拦时。

③ 脚背外侧运球。如图 3 - 89 所示，运球时身体持正常跑动姿势，上体稍前倾，步幅不宜过大，运球腿提起，膝关节稍屈，髋关节前送，提踵，脚尖绕矢状轴向内旋转，使脚背外侧正对运球方向，在运球脚落地前用脚背外侧推拨球的后中部。

图 3 - 89 脚背外侧运球

脚背外侧运球时，身体姿势与正常跑动时相同，因而可以发挥出较快的速度，故与脚背正面运球有相同的用途。另外，利用脚踝关节的动作可以很快改变脚背外侧面所正对的方向，故在运球脚一侧改变方向时也多采用这种运球方法。这种方法能用身体将对手与球隔开，故掩护时也常使用。

④ 脚背内侧运球。身体稍侧转并协调放松，步幅小，上体前倾，运球腿提起外展，膝微屈外转，提踵，脚尖外转，使脚背内侧正对运球方向，在运球脚落地前用脚背内侧推拨球，使球随身体前进。

脚背内侧运球由于身体稍侧转，不能采用正常跑动姿势，因而不适用于高速运球。但由于接触部位和支撑位置的特点易于完成向支撑脚一侧的转动，故多用于向支撑脚一侧的变向运球。

4. 头顶球

头顶球技术是传球、射门、抢断的有效手段，特别是争高空球时头顶球技术更为重要。顶球技术的特点是争取时间，不需要等球落地就可以在空中直接处理来球。因此，它可以争取时间上的优势和主动。

顶球一般分为正额顶球和额侧顶球两种。具体方法有原地、助跑跳起（单脚和双脚）

和鱼跃式顶球等。

① 正额原地顶球。面对来球，两脚前后开立，膝微屈，重心放在两脚上。顶球前，上体先后仰，重心移到后脚上，两臂自然摆动，维持身体平衡，两眼注视来球。顶球时，两腿用力蹬地，迅速伸直，上体由后向前快速摆动，借助腰、腹和颈部力量，用前额正面将球顶出。顶球过程中，身体重心从后脚移到前脚，然后再单脚跳起顶球。

② 助跑单脚跳起顶球。起跳前要有 3~5 步的助跑。最后一步踏跳时要用力，步幅要稍大些，踏跳脚以脚跟先着地再迅速移到脚掌，同时另一腿屈膝上提，两臂向上摆动。身体腾起后上体随之后仰。顶球时，上体由后向前摆动，借助腰、腹和颈部力量将球顶出。然后两脚自然落地。

③ 鱼跃式顶球。对于离身体较远的低空球来不及移动到位处理，必须抢点击球时（如抢救险球、射门等）可使用鱼跃头顶球技术。当判断好来球的路线和选择好顶球点后，以单脚或双脚用力向前蹬地，身体接近水平态向前跃出，同时两臂微屈前伸，手掌向下，眼睛注视来球，利用身体向前跃出的冲力，以额头正面顶。顶球后，两手先着地，手指向前，接着以胸部、腹部和大腿依次着地。

5. 抢断

抢断技术是一种积极有效的防守手段。抢断是防守技术的综合体现，是用争夺、堵截、破坏等方式的延续或阻拦对方进攻的一种技术。一旦把球争夺过来，这就意味着组织进攻的开始。

① 正面抢断。在对方带球队员迎面而来时，便可采用这种抢断方式。

两脚前后稍开立，两膝稍屈，身体重心下降，并均匀落在两脚上，面向对手。当对方带球或触球即将着地或刚刚着地时，立即抢球。抢球脚的脚弓正对球，并跨出一步，膝关节弯曲，上体前倾，身体重心移至抢球脚上。如对方已有准备，在双方脚同时触球时，脚触球后要顺势向上提拉，使球从对方脚背滚过，身体迅速跟上，把球控制住。双方上体接触时，抢球人可用合理部位冲撞对方，使之失去平衡，从而将球控制在自己脚下。

② 侧面抢断。当防守队员与带球进攻的队员并肩跑动，或二人争夺迎面来球时，双方都可采用这种抢断方式。

当与对方平行跑动争球时，身体重心要降低，两臂贴紧身体。在对方靠近自己的脚离地时，可用肩和上臂做合理的冲撞动作，使对方身体失去平衡，从而把球抢过来。

③ 后面抢断（铲球）。这是抢断技术中较困难的一种，一般是在用其他方法抢不到球时才采用铲球方式。

铲球有两种方法：一种是脚掌铲球，另一种是脚尖或是脚背铲球。

当防守人追至离运球人右后方 1 米左右时，可用右脚掌或左脚尖（脚背）进行铲球。当球在运球人的左侧时，则用左脚掌或是右脚尖（脚背）进行铲球。如用右（左）脚掌铲球，可在运球人刚刚将球拨出时，先蹬左（右）腿，跨右（左）腿，膝关节弯曲，以脚外侧从地面滑出，用脚掌将球踢出。然后小腿、臀部、上体依次着地，身体随铲球动作向前滚动。

📢 重要提示

铲球脚离地面超过球的高度，易伤害对手造成犯规。

6. 假动作

假动作是指运动员在比赛中，为了隐蔽自己真实动作意图，利用各种动作的假象，来调动迷惑对方，使对方对其动作产生错误的判断或失去身体重心，造成对自己有利的形势，从而取得时间、空间位置的优势，达到自己真实动作的意图。

① 踢球假动作技术。如图 3－90 所示，运动员已控制球或正准备控制球，准备与同伴配合及接球时，对手前来堵抢，挡住其路线时，先可向一方做假动作，当对手以假当真去封堵假动作路线时，应突然改变踢球脚法将球传或接向另一方面。

图 3－90　踢球假动作技术

② 头顶球与胸接球假动作技术。当队员面对胸部以上的高空来球，准备接时，对手迎面逼近准备抢截，此时接球的队员做出胸或头、接或顶的假动作诱使对手立定，以假当真，在其封堵接、传路线时，突然改变动作，用头或胸将球顶出或接住。

③ 运球假动作技术。运球假动作技术在比赛中是最常见的，它不仅用来突破正面对手，而且可以用来摆脱来自侧面和后面的对手。

如图 3－91 所示，对手迎面跑来抢截球时，可用左（右）脚的脚背内侧扣拨球动作结合身体的虚晃动作，诱使对手的重心发生偏移，然后用左（右）脚的脚背外侧向同侧方向拨运球越过对手。

图 3－91　运球假动作技术

对手从侧面来抢截球时，先做快速向前运球动作，诱使对手紧追，这时突然减速伴做停球假动作，当对手上当时，再突然起动加速推球向前甩掉对手。

当对手从身后来抢截球时，运球者用左（右）脚掌从球的上方擦过，做大交叉步，身体也随动作前移，诱使对手向运球者的移动方向堵截，然后以运球脚后前脚掌为轴，突然向右（左）后方转身，再用右（左）脚脚背内侧将球扣回，把对手甩掉。

三、足球基本战术

根据攻防的基本特点，足球战术可分为比赛阵形、进攻战术、防守战术三部分。

1．比赛阵形

为了适应攻守战术的需要，全队队员在场上的位置排列和职责分工称为比赛阵形。比赛阵形是本队攻守力量搭配和分工的形式。

根据队员的职责和排列的层次分为后卫线、前卫线和前锋线。阵形的人数排列原则是从后卫数向前锋的，守门员不计算。

目前，世界上普遍采用的阵形有"4－3－3""4－4－2""4－1－2－3""3－5－2"等。在以上阵形中，除"4－4－2"阵形以防守为主，反击为辅外，其他阵形均以进攻为主。尤以"3－5－2"阵形更为突出。

选择阵形要以本队队员的特长、技能、技术水平与赛队的特点为依据。此外，阵形绝不是僵化的规定，每个队员都应在明确基本位置和主要职责的前提下，进行创造性的活动。

2．局部配合进攻战术

① "二过一"战术配合。二过一战术配合是指两个进攻队员在局部地区通过两次或两次以上的连续传球配合，越过一个防守队员的战术行动。"二过一"是集体配合的基础，可以在任何场区、任何位置上运用这种方法来摆脱对方的抢断或突破防线。"二过一"是进攻的两个队员之间相距10米左右，进行一传一切的配合。要求传球平稳及时，一般多用"脚内侧""脚外侧"等脚法，以传地平球为主。球传的位置，尽可能是接球人脚下或前面二三步远的地方。

② "三过二"战术配合。"三过二"是在比赛场地中的局部地区，通过3个进攻队员的连续配合突破两个防守队员的防守。由于这种配合有两个同队队员可以同时接应传球，因此使持球人传球路线更多，且进攻面也更大。

3．整体进攻战术

整体进攻战术是指在比赛中一方获得球后，通过队员之间的传递配合达到射门的目的而采用的配合方法。与局部进攻战术相比较，整体进攻战术具有进攻面更加扩大、进攻和反击速度更加快速等特点。

① 边路进攻。边路进攻一般是围绕边锋进行的配合方法，因此边锋的速度要快，个人突破能力要强，传中技术要突出。其方法是由守转攻时，获球队员将球传给边锋或其他边路上的队员，从边路发起进攻，经过局部配合突破后，一般采用下底和回扣传中方式，将球传到中央，由其他队员包抄射门。

② 中路进攻。中路进攻时，必须要求边锋拉开，借以牵制对方的后卫，诱使对方中间区域出现较大的空隙，为中路进攻创造有利条件。前场和中场队员要机动灵活地跑位，以有效调动来拉开对方的防线。进攻的推进应有层次和梯队。传球要准确，技术动作应在跑动中准确简练地完成。

③ 快速反击。比赛中当攻方进攻时，后卫线往往压至中场附近，防守人数也由于插上进攻和助攻而相对减少，此时如防守方能抓住对方防区空隙较大和回防速度较慢的机会，乘攻方失球之机发动快速反击，往往能取得良好的效果。但其难度较大，既要冒险，又要有准确、快速的传切配合技能。

4．局部配合防守战术

① 补位。补位是足球比赛中在局部地区队员集体进行配合的一种方法。当防守过程中，

一个防守队员被对手突破时，另一个队员应立即上前进行封堵。

②围抢。围抢是足球比赛中在某局部位置上，防守一方利用人数上的相对优势（通常是两三个队员）同时围堵对方的持球队员，以求在短暂时间内达到抢断球或破坏对方进攻（防守）的目的。

③造越位战术。造越位战术是利用规则而设计的一种防守战术，是一种以巧制胜的省力打法，因而成为一种重要的防守手段。由于该战术配合难度较大，搞不好会适得其反，让对手钻空子，因此，往往为水平较高的球队所采纳，但也不宜过多运用。

5. 整体防守战术

整体防守战术主要有盯人防守、区域防守和综合防守3种。

①盯人防守。盯人防守是指被盯防的对手跑到哪个位置就盯防到哪里。盯人防守分为全场盯人和半场盯人。这种防守方法是对口盯人，分工明确，但体力消耗大，一旦被突破，很难补位，会使整个防线出现很大的漏洞。因此，在比赛中，单纯采用人盯人防守方法是不利的。

②区域防守。由攻转守时，根据场上位置的分布，每个防守队员负责防守一定的区域，当对方队员跑到本区域时，就负责盯防，离开这个区域，就不再跟踪盯防。这种战术较为省力。但是，对方可以任意交叉换位，容易造成局部以少防多的被动局面。因此，目前在比赛中已很少采用这种防守方法。

③综合防守。综合防守是指盯人防守与区域防守相结合的防守方法。综合防守是目前在比赛中普遍采用的一种防守方法，它集中了盯人防守和区域防守的优点，从而在防守中能根据场上情况进行逼抢、盯人、保护与补位，以达到防守的目的。

阅读材料

足球项目竞赛规则要点

1. 比赛时间

正式的国际足球比赛分为上、下两个半场，每半场45分钟，中间休息不得超过15分钟。

2. 队员人数与换人

每队上场队员不得多于11名，其中必须有一名守门员。如果场上一队的队员少于7人，则比赛不能开始。奥运会足球比赛中，每场比赛最多可以使用3名替补队员；场外和场上队员未经裁判员许可不能擅自进出场地。比赛时，守门员和其他队员的位置不能随意交换，如需要交换，须经过裁判员同意。

3. 裁判员

一场正式的足球比赛由一名裁判员、两名助理裁判员、一名第4官员担任裁判工作。裁判员的职责：有场上最终判决权，决定比赛时间是否延长、比赛是否推迟和中止。

助理裁判员的职责：示意越位及球出界，协助裁判员的场上判罚，但没有最终判决权。

4. 任意球

足球比赛的任意球分两种，一种是直接任意球，主要是针对恶意踢人、打人、绊倒对方的行为，另外用手拉扯、推搡对方，手触球也属于这一类，还有辱骂裁判员、辱骂他人也要判罚直接任意球。这种任意球可直接射门得分。如果这些行为发生在罚球区，就要判罚点球。还有一种是间接任意球的判罚，危险动作、阻挡、定位球的连踢就属于这一类。这种任意球不能直接射门得分，只有当球进门前，触及另外一名队员才可得分，罚球区内这种犯规不能判罚点球。

无论直接任意球还是间接任意球，防守方都要退出9.15米线以外。如果不按要求退出9.15米，裁判员可出示黄牌。

5. 罚球点球

在罚球区内直接任意球的犯规要判罚球点球。罚球点球时，双方队员不能进入罚球区。如防守方进入罚球区，进球有效，不进则重罚；如进攻方进入罚球区，进球应重踢，如不进则为防守方球门球。在罚球点球时，守门员可以在球门线上左右移动，但不可以向前移动。

6. 红、黄牌

足球裁判员在判罚时，根据犯规性质不同可出示两种不同颜色的牌。对于足球比赛中出现的一些严重犯规，裁判员要出示红、黄牌。如果是恶意的犯规或暴力行为要出示红牌。故意手球、辱骂他人或同一场比赛同一人得到两张黄牌时，也要被出示红牌。

比赛中，有违反体育道德的行为，用语言和行为表示不满的就要被出示黄牌。连续犯规、故意延误比赛、擅自进出场地的队员也要被出示黄牌。

7. 伤停补时

足球比赛有时根据场上情况在比赛时间上需要补时。有时是1、2分钟，最长时可达5、6分钟，时间长短的确定由裁判员决定。造成补时的原因主要有：一是处理场上受伤者；二是拖延时间；三是其他原因。

8. 越位

足球比赛构成越位要满足以下条件：在同伴传球时，脚触球的瞬间，在对方半场内如果同伴的位置与最后第二名对方队员的位置相比更靠近对方球门线，这时该队员处于越位位置。需要说明的是，与对方最后第二名队员处于平行时不判越位。处于越位位置的队员裁判员在下列情况中判罚越位犯规：干扰比赛、干扰对方队员、利用越位位置获得利益。

9. 暂停比赛

正式足球比赛一般场上不能暂停，只有在极特殊的情况下，如队员受伤或发生意外纠纷才鸣哨暂停。恢复比赛是在比赛停止时球所在的地点坠球，重新开始比赛。现在足球比赛道德水准普遍很高，通常一方如看到场上有受伤队员，都会将球踢出界。恢复比赛时，对方也会将球踢回。

10. 进球

当球的整体从球门柱间及横梁下越过球门线，而此前未违反竞赛规则，即为进球得分。

有时在比赛中会看到球打到横梁后落地又弹回场内，裁判员可以根据自己的观察来确认球是否越过球门线，这种判决有时会引起很大争议。

11. 计胜方法

足球比赛分组循环赛期间的积分为胜一场积3分，平1场积1分，负1场积0分，最终以积分多少决定小组名次。如积分相等，则根据赛前规程确定的不同名次判定标准的规定来排定名次。

12. 比赛开始

正式的国际比赛，在国际足联公平竞赛旗及参赛双方国旗的引导下，参赛队伍伴随国际足联公平竞赛曲列队入场；按规定位置站定，然后先奏客队国歌，再奏主队国歌。比赛场地的选择是以裁判员掷硬币的方式决定，猜中者选择上半场比赛的进攻方向，另一方开球开始比赛。

第五节 乒 乓 球

本节介绍了乒乓球运动的起源；阐述了其基本技术：握拍、基本站位、基本姿势、基本步法、发球、接发球、推挡、攻球、搓球等；讲解了发球抢攻战术、接发球战术、对攻战术、推攻战术、搓攻战术、削攻战术等乒乓球基本战术。

一、乒乓球运动简介

乒乓球（Table Tennis）起源于英国，由网球发展而来，欧洲人把其称为"桌上的网球"。19 世纪末，欧洲盛行网球运动，但极易受到场地和天气的限制，英国大学生便把网球移到室内，以餐桌为球台，书作球网，用羊皮纸做球拍，在餐桌上打来打去。球台和球网的大小、高度及记分方法均无统一规定，发球的方法也无严格限制。最初，这种游戏叫作"弗利姆－弗拉姆"（Flim－Flam），又称"高西马"（Goossime）。

大约于 1890 年，英格兰运动员詹姆斯·吉布从美国带回了赛璐珞空心玩具球，将其稍加改进，逐步在英国和世界各地推广运用。后有人根据球触拍、触桌时发出"乒""乓"的声音，又称这项运动为"乒乓球"。

1926 年 12 月，国际乒乓球联合会在英国伦敦成立，举行了第一届世界乒乓球锦标赛。世界乒乓球运动的发展主要经历了 5 个阶段：第一阶段欧洲全盛期（1926—1951 年），第二阶段日本称雄世界乒坛（1952—1959 年），第三阶段中国乒乓球运动的崛起（1960—1965 年），第四阶段欧洲的复兴和欧亚对抗（1971—1987 年），第五阶段进入奥运时代（1988 年至今）。

1904 年，乒乓球运动由日本传入上海。由于器材均从国外进口，故仅限于上层社会人士参加，运动水平极低。1930 年，中国队首次参加了第九届远东运动会的乒乓球赛。1935 年，中华全国乒乓球协进会在上海成立。中华人民共和国成立后，乒乓球运动得到迅速的普及与发展。20 世纪 50 年代，我国在全国范围内开展了群众性的乒乓球运动，使其技术水平得以飞速提高。1952 年 10 月，在北京举行了第 1 次全国乒乓球比赛。1959 年，我国优秀运动员容国团在第二十五届世乒赛中获得第 1 个男子单打世界冠军，这标志着我国乒乓球运动在世界乒坛的崛起。自此，我国乒乓球技术水平进入了世界最先进的行列，并长盛不衰。

二、乒乓球基本技术

乒乓球技术主要由握拍法、基本站位、基本姿势、基本步法、发球和接发球，以及各种击球方法所组成。

1．握拍

当前世界上流行的握拍法有两种：一是直握拍；二是横握拍。

① 直拍握法。此握法正反手都用球拍的同一拍面击球，一般情况下不需要两面转换，出手较快；正手攻球快速有力，攻斜、直线球时拍形变化不大，对手不易判断，便于从速度、球路和力量上取得主动；手腕动作灵活，发球可作较多变化；但反手攻球时，因受身体阻碍较难掌握，不易起重板；攻削交替时手法变化大，影响击球速度和准确性；防守时照顾面积较小。

基本握法：如图 3－92 所示，用拇指和食指握住球拍拍柄与拍面的结合部位。拍柄右侧贴在食指的第三关节内侧。食指的第二关节压住球拍的右肩，其第一关节自然向内弯曲，拇指的第一关节压住球拍的左肩，其他三指自然弯曲斜形重叠，以中指第一关节贴于球拍的 1/3 上端。

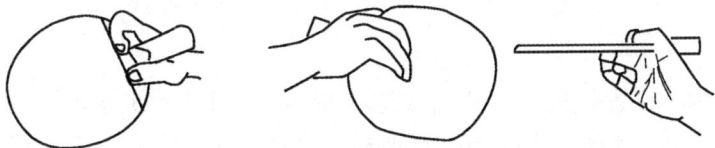

图 3－92　直拍握法

② 横拍握法。此握法照顾面比直拍大，攻球和削球时握拍的手法变化不大；反手攻球不受身体阻碍，便于发力；削球时用力方便，易于发挥手臂的力量和掌握旋转变化。但在还击左右两面来球时，需变换击球拍面；攻斜、直线球时调节拍形的幅度大、动作明显，易被对方识破；台内正手攻球也较难掌握。

基本握法：如图 3－93 所示，以中指、无名指、小指自然地握住拍柄，拇指在球拍正面轻贴在中指旁边，食指自然伸直斜于球拍的背面，虎口轻微贴拍。

在准备击球时或将球击出后，握拍都不宜过紧或过松。过紧会使手腕僵硬，影响球的飞行弧线；过松会因拍面不稳，影响发力和击球的准确性。

图 3－93　横拍握法

2．基本站位

乒乓球运动员的基本站位应根据不同类型的打法、个人技术特点和身体特点来选定。一般情形如下（以右手持拍为例）。

① 左推右攻打法的运动员，其站位在近台偏左，距球台 30～40 厘米。

② 两面攻打法的运动员，基本站位也在近台中间偏左，距球台 40～50 厘米。

③ 弧圈球打法的运动员，基本站位在中台偏左，距球台约 50 厘米。两面拉弧圈球的运动员，其站位中间略偏左。

④ 横板攻削结合打法的运动员，基本站位在中台附近；削球打法的运动员，基本站位

则在中远台附近。

3. 基本姿势

击球前身体的基本姿势应做到（见图3-94）：
① 两脚平行站立，距离略比肩宽，保持身体平稳，
重心置于两脚之间；② 两脚稍微提踵，前掌内侧着
地，两膝微屈内扣，上体含胸略前倾；③ 右手握拍
腹前，手臂自然弯曲，持拍手腕放松，左手协调平
衡；④ 下颌稍向下收，两眼注视来球；形如箭在弦
上，视球以外无物。

图3-94　基本姿势

关键是要做到重心低，起动快。两脚略比肩宽
和屈膝内扣是为了保持身体重心的稳定性；脚掌内侧着地和稍微提踵是为了保证快速地起
动。横握球拍时肘部向下，前臂自然平举即可，其余与直握拍相同。

4. 基本步法

乒乓球运动常用的基本步法有单步、跨步、跳步、并步、交叉步等。

① 单步。以一脚为轴心，另一脚向前或向后、左、右移动一步，身体重心随之落到移
动脚上，挥拍击球。其特点是移动简单，范围小，身体重心平稳。当来球离身体较近时
采用。

② 跨步。从来球方向的异侧脚蹬地，同侧脚向来球方向跨出一大步，身体重心随即移
到同侧脚，异侧脚迅速跟上。特点是移动范围比单步大。当来球离身体较远时采用。移动速
度快，多用于借力回击。

③ 跳步。以来球方向的异侧脚蹬地为主，两脚发力同时离地，异侧脚先落地，另一脚
随即着地即挥拍击球。跳移过程中，身体重心起伏不宜过大，落地要稳。特点是移动范围比
单步和跨步大，移动速度快，一般在来球离身体较远较急时采用。

④ 并步。由来球方向的异侧脚向同侧脚并一步，然后同侧脚再向来球方向迈一步，挥
拍击球。特点是移动时脚步不腾空，身体重心平稳，移动范围不如跳步大。

⑤ 交叉步。来球方向的同侧脚发力，异侧脚迅速从体前做平行交叉横跨一大步，同侧
脚迅速跟上落地还原，挥拍击球。特点是移动范围比其他步法大，适用于主动发力进攻，一
般在来球距身体较远时采用。

5. 发球

乒乓球比赛是从发球开始的，其技术的好坏将直接影响到得分和失分，发球是力争主
动、先发制人的第一个环节。现介绍几种常用的发球技术。

① 平击发球。平击发球速度慢，力量轻，几乎不带旋转，易掌握，是初学者的入门技
术，也是掌握其他发球技术的基础。它分为正手平击发球和反手平击发球两种。

正、反手平击发球时，站位近台，抛球的同时，向右（左）侧后方引拍。当球下降至
稍高于网时，上臂带动前臂向前平行挥动，拍形稍前倾，或接近垂直，击球的中上部。击球
后，手臂继续向左（右）前上方顺势挥动，并迅速还原。

② 正手发转和不转的球。正手发转与不转球是用相似的动作迷惑对方，发出旋转差异
较大的球，往往能够取得主动。它是中国队1959年发明的一种技术。

其准备姿势与正手平击发球相似。发加转球时，拍面后仰，用球拍下半部靠左的一侧去摩擦球的底部。发不转球时，拍面的后仰角度小一些，用球拍上半部偏右的一侧碰击球的中下部。

③ 发短球。指发至对方距球网约40厘米范围内的球，且第二跳不出台。具有动作小、出手快、落点短的特点。正反手均可发短球。

在抛球时，向身体右后方引拍，手腕放松。当球从高点下降至稍高于网时，前臂向前下方稍用力，拍面后仰，击球瞬间主要以手腕发力为主，触球中上部并向底部摩擦。

④ 正手发左侧上、下旋球。用近似的发球方法发出两种旋转方向完全不同的球，极易迷惑对方，并具有较大的威胁性，是极常用的发球技术。所发出的球均具有较强烈的左侧旋。

方法：如图3-95所示，右脚在后，抛球时，持拍手向右上方引拍，手腕略向外展。当球下落时，手臂迅速向左下方挥动，在与网同高时触球，触球瞬间手腕快速向左上方挥动，使球拍从球的中部略偏下向左上方摩擦。发左侧下旋球时，手腕快速向左下方转动，使球拍从球的中下部向左下方摩擦。

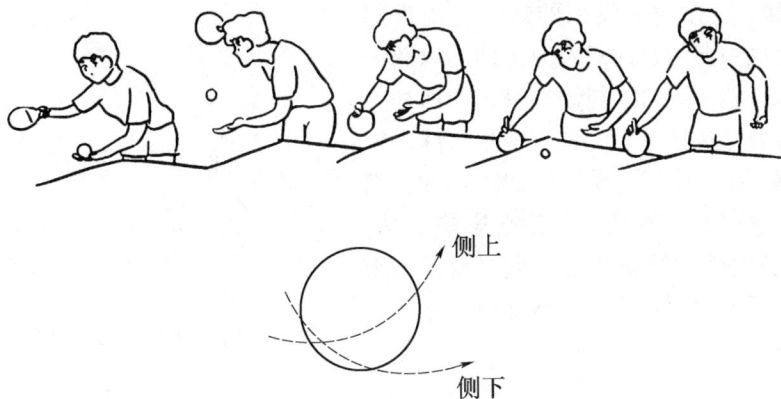

图3-95 正手发左侧上、下旋球

⑤ 侧身正、反手发高抛球。如图3-96所示，由于将球高抛至2~3米，故下降的球获得加速度，从而增大球与拍的合力，增强了发球的旋转；也因高抛球下落时间长，改变了击球节奏，可影响对手的注意力和心理状态，从而增大发球的威胁性。

图3-96 侧身正、反手发高抛球

6. 接发球

接发球的基本方法由点、拨、带、拉、攻、推、搓、削、摆短等技术综合组成。运用这些方法接发球时，存在着一定的规律，即用某单一接发球方法可以接稳对方某种性能的发球。下面介绍一般接发球的规律和最基本的接发球方法。

① 接上旋球。一般采用推、拨、攻、拉等技术回接。

② 接下旋球。发过来的球速度较慢，触拍后向下反弹，用搓球回接时，注意拍面后仰以增加向前上方的发力。用拉攻或弧圈球回接时，一定要增加向上提拉的力量。

③ 接左侧上、下旋球。接左侧上旋球一般采用推、攻为宜。回接时，拍面角度要稍前倾，拍面向左偏斜以抵消来球的左侧旋，向前下方用力要相对加大，防止球触拍时向自己右上方反弹。接左侧下旋球一般采用搓、削为宜。回接时，拍面角度要稍后仰，拍面所朝方向向左偏斜以抵消来球的左侧旋，稍向上用力，防止球触拍时向自己左下方反弹。

④ 接旋转不明发球。如图 3 - 97 所示，当旋转判断不明时，站位应稍远，运用慢搓，击球于下降中期，这样有利于增加判断时间，降低来球旋转强度和赢得接球的技术选择时间。

⑤ 接短球。由于对方发来的球是台内近网短球，回接时最主要的是注意及时上前，以获得最适合的击球位置。同时要控制好身体的前冲力量。接发球后要迅速还原，准备下一拍来球。无论采用搓、削、挑、带哪一种方法回接短球，都应特别注意，来球是在台内，台面会影响引拍，因此要充分依靠前臂和手腕发力，同时要根据来球的旋转性能调节拍面角度、击球部位、击球时间和用力方向。

图 3 - 97　接旋转不明发球

7. 推挡

推挡，顾名思义具有推和挡的两种功能。"挡"着重防守，强调借力，如在接重板或速度较快的球时，多采用"挡"，其主要有平挡、减力挡、侧挡等技术；"推"力主进攻，强调主动加力，加快球速，主要技术有快推、加力推、推挤、下旋推挡等。这里着重介绍平挡、快推和加力推 3 种技术。

① 平挡（挡球）。两脚平行站位，身体靠近球台。击球前，上臂贴近身体，前臂约与台面平行，球拍置于腹前，略高于台面呈半横状，拍面近乎垂直。击球时，调整好拍形，在来球上升前期触球中部或中上部，借来球的反弹力将球挡回。平挡具有速度慢、发力均匀柔和，力量小等特点。

② 快推。近台中偏左站位，右脚稍前，上臂和肘关节靠近右侧身旁。拍面垂直，当球弹起至上升前期或中期时，拍面略前倾，大臂带动前臂向前或前上方加速推出，击球中上部。

③ 加力推。动作较大，回球力量重，球速快，主要用于对付反手位速度较慢、反弹偏高的球。当来球弹至上升后期或高点期时，拍面前倾，大臂带动前臂，前臂带动手腕向前或前下方加速发力推出，击球中上部或上中部。加力推时，可以配合髋、腰以及身体前移共同发力。

8. 攻球

攻球可分为正手攻球和反手攻球两种。每种又可包括许多不同的攻球方法。下面我们主要介绍几种常用的攻球技术。

① 正手快攻。正手快攻具有站位近、动作小、速度快、攻击性强的特点。动作时左脚稍前，身体离球台40~50厘米，呈基本姿势站立。以前臂为主引拍至身体右侧方。球拍呈半横状。击球时，在上臂带动下前臂和手腕由右侧方向左前上方挥动，拇指压拍，食指放松，拍面稍前倾，在来球弹起上升期，击球的中上部。击球后，手臂随势向前挥摆，迅速还原成击球前的准备姿势。

② 正手台内攻。正手台内攻具有站位近、动作小、速度快、突然性强等特点，动作时站位近台，右方大角度来球时右脚上步，中间或偏左方向来球时左脚上步。上步同时上臂和肘部前移，前臂伸进台内迎球。当来球跳至高点期，下旋强时，拍面稍后仰，前臂和手腕向前上方发力，击球的中下部；下旋弱时，拍面接近垂直，前臂和手腕以向前发力为主击球的中部；上旋球时，拍面稍前倾，前臂和手腕向前发力击球的中上部。

③ 正手中远台攻。正手中远台攻具有站位远、动作大、力量重的特点。动作时，左脚稍前，身体离球台1米左右。持拍手臂较大幅度向右后方引拍，拍面接近垂直。击球时，右脚蹬地、向左转体的同时，上臂带动前臂由右后方加速向左前上方发力挥动，手腕边挥边转使拍面逐渐前倾，在来球弹起至下降前期，击球中部或中上部。

④ 正手扣杀。正手扣杀具有力量重、速度快、攻击性强的特点。动作时前臂内旋使拍面稍前倾，随着身体向右转动的同时，持拍手臂引拍于身体右后方。随着右脚蹬地，身体左转的同时，持拍手上臂带动前臂加速向左前上方发力挥动，拍面稍前倾，在来球弹起至高点期，击球的中上部。一般击球点在胸前50厘米为宜。

⑤ 反手快攻。左脚稍后，身体离球台40~50厘米。持拍手臂自然弯曲并外旋使拍面前倾，上臂与肘关节自然靠近身体，引拍至腹前偏左的位置。击球时，在上臂带动下前臂和手腕向右前上方挥动，同时配合外旋转腕动作，使拍面稍前倾，在来球弹起上升期，击球中上部。

⑥ 反手中远台攻。右脚稍前，身体离球台0.7~1米。身体左转的同时，持拍手的上臂和肘关节靠近身体，前臂向左下方移动，引拍至身体左侧下方，拍面稍前倾。击球时，身体右转的同时，手臂由左后向前挥动，前臂在上臂带动下，向前上方用力，并配合向外转腕，使拍面稍倾，在来球弹起下降期，击球中下部。

9. 搓球

对初学者来说，首先应学反手搓球，再学正手搓球。先练习慢搓，再练习快搓。在基本熟悉以上技术之后，再练习搓转与不转的球。

① 快搓。动作幅度较小，回球速度较快，能借助来球的前进力去回击。它是对付削球和搓球的一种方法。

右脚稍前，身体靠近球台。来球在身体左侧时，可运用反手搓球。击球时，上臂迅速前伸，前臂跟随向前，拍形稍后仰，利用上臂前送力量，在上升期击球中下部。来球在身体右侧，可以运用正手搓球。搓球时，身体稍向右转，手臂向右前上引拍，然后前臂和手腕向前下方用力，在上升期击球中下部。

② 慢搓。慢搓的动作幅度较大，回球速度较慢，靠主动发力回击，回球有一定旋转强度。

如图 3-98 所示，反手搓球时，向左上方引拍，前臂以肘关节为轴，快速向前下方用力挥摆，伸手腕辅助用力，手指配合使拍面后仰，在球的下降前期切击球的中下部。

图 3-98　反手搓球

如图 3-99 所示，正手搓球时，手臂外旋使拍面后仰，前臂提起，向右上方引拍至右肩高度。当来球至下降前期，手臂快速向左前下方挥摆，屈手腕辅助用力，切击球的中下部。

图 3-99　正手搓球

③ 搓转与不转（见图 3-100）。其特点是用近似手法搓出转与不转两种性质不同的球，使对方难以判断，增加其回球难度或直接导致接球失误。

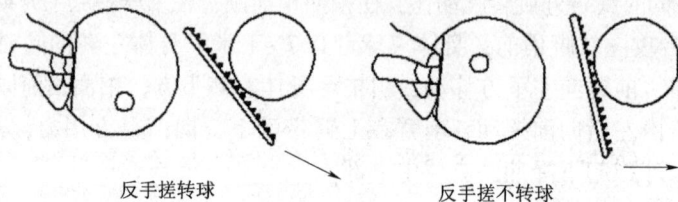

反手搓转球　　　　　　　　反手搓不转球

图 3-100　搓转与不转

动作方法：搓转与不转球的动作方法与快搓技术的动作相同。决定转与不转要看击球作用力是偏离球心还是通过球心。搓转球时，除击球速度、击球力量和拍面后仰角度要加大以外，还要在球拍切击球时切薄一些，使其作用力远离球心，形成较旋转的下旋球。而搓不转球时，减小拍面后仰角度，击球中下部并向前上推，使击球力量接近或通过球心，这样就形成相对的不转球。搓转与不转球时，一定要在相似的动作上下功夫，如若搓不转球的动作意图很明显，则会弄巧成拙，送给对方进攻机会。

三、乒乓球基本战术

乒乓球的基本战术包括：发球抢攻战术、接发球战术、对攻战术、推攻战术、搓攻战术、削攻战术等。

1. 发球抢攻战术

发球抢攻战术是乒乓球所有打法特别是进攻型打法的主要战术和得分手段。发球抢攻战术以发球的旋转、速度、落点灵活变化为主要技术特征，常用的有以下几种：

- 发下旋转与"不转"球抢攻。
- 发正、反手奔球抢攻。
- 发正、反手侧上、下旋球抢攻。

发球抢攻要注意：① 发球要有线路和落点变化，以便使对方在前、后、左、右走动中接发球。② 发球后要有抢攻准备，以便不失抢攻的机会。③ 自己发什么球，对方可能以什么技术回击，这些要在发球前做到心中有数。这样，才能较好地做好抢攻的准备。

2. 接发球战术

接发球战术是发球抢攻战术的直接对立面。接发球战术一方面要抑制、扰乱或破坏对方运用发球抢攻的战术，降低发球抢攻的质量，形成相持状态；另一方面要从被动中求主动，通过过渡性接发球技术力争在第四板抢先上手，转入对己方有利的战局，同时抓住机会采用接发球抢攻直接得分或设法取得明显的战术优势。接发球战术是各类型打法的选手都必须掌握的战术，主要有主动法、稳健法和相持法。

3. 对攻战术

对攻战术是进攻型选手经常采用的战术。运用正、反手攻球、反手推挡等技术，采用攻击对方两角、追身攻、轻重结合来达到目的。常用的有以下几种：压反手，伺机正手侧身攻；调右压左，转攻两角或追身；连压中路，突变攻两角。

4. 推攻战术

推攻战术主要运用正手攻球和反手推挡的速度和力量，并结合落点变化和节奏变化来压制和调动对方，以争取主动或得分。推攻战术是用左推右攻打法对付攻击型打法的主要战术，具有反手推挡能力的两面攻的运动员和攻削结合的运动员也时常使用它。其方法如下：① 左推右攻；② 推挡侧身攻；③ 推挡、侧身攻后，扑正手；④ 左推结合反手攻；⑤ 左推、反手攻后，侧身攻；⑥ 左推、反手攻、侧身攻后，扑正手。

5. 搓攻战术

搓攻战术主要运用"转、低、快、变"的搓球控制对方，以寻找战机，然后采用低突、快点或快拉等技术展开攻势并进入连续攻；在搓球中遇到机会球时进行扣杀，常常带有突然性，往往可以直接得分。搓攻战术是乒乓球各种打法都不可缺少的辅助战术。其方法如下：① 正、反手搓球结合正手快拉、快点、突击或扣杀；② 正、反手搓球结合反手快拉、快点、突击或扣杀。

6. 削攻战术

削攻是利用削球的旋转、节奏、落点变化来控制对方的攻势，并为进攻创造机会，达到反击对方目的的一种手段。削攻战术是削攻型打法对付进攻型、弧圈型打法的重要战术，常用的有以下几种：削转与不转球，伺机反攻；削长、短球反攻；削逼两角，伺机反攻；逢直变斜，逢斜变直，伺机反攻。

乒乓球项目竞赛规则要点

1. 发球

（1）发球开始时，球自然地置于不持拍手的手掌上，手掌张开，保持静止。

（2）发球时，发球员须用手将球几乎垂直地向上抛起，不得使球旋转，并使球在离开不执拍手的手掌之后上升少于16厘米，球下降到被击出前不能碰到任何物体。

（3）当球从抛起的最高点下降时，发球员方可击球，使球首先触及本方台区，然后越过或绕过球网装置，再触及接发球员的台区。双打中，球应先后触及发球员和接发球员的右半区。

（4）从发球开始，到球被击出，球要始终在台面以上和发球员的端线以外，而且不能被发球员或其双打同伴的身体或衣服的任何部分挡住。

（5）在运动员发球时，球与球拍接触的一瞬间，球与网柱连线所形成的虚拟三角形之内和一定高度的上方不能有任何遮挡物，并且其中一名裁判员要能看清运动员的击球点。

2. 击球

对方发球或还击后，本方运动员必须击球，使球直接越过或绕过球网装置，或触及球网装置后，再触及对方台区。

3. 失分

① 未能合法发球；② 未能合法还击；③ 击球后，该球没有触及对方台区而越过对方端线；④ 阻挡；⑤ 连击；⑥ 用不符合规则条款的拍面击球；⑦ 运动员或运动员穿戴的任何物件使球台移动；⑧ 运动员或运动员穿戴的任何物件触及球网装置；⑨ 不执拍手触及比赛台面；⑩ 双打运动员击球次序错误；⑪ 执行轮换发球法时，发球一方被接发球一方或其双打同伴，包括接发球一击，完成了13次合法还击。

4. 一局比赛

在一局比赛中，先得11分的一方为胜方；10平后，先多得2分的一方为胜方。一场单打比赛的淘汰赛采用七局四胜制，团体赛中的一场单打或双打采用五局三胜制。

5. 次序和方位

（1）在获得2分后，接发球方变为发球方，依此类推，直到该局比赛结束，或直至双方比分为10平，或采用轮换发球法时，发球和接发球次序不变，但每人只轮发1分球。

（2）在双打中，每次换发球时，前面的接发球员应成为发球员，前面的发球员的同伴应成为接发球员。

（3）在一局比赛中首先发球的一方，在该场比赛的下一局中应首先接发球，在双打比赛的决胜局中，当一方先得5分后，接发球一方必须交换接发球次序。

（4）一局中，在某一方位比赛的一方，在该场比赛的下一局应换到另一方位。在决胜局中，一方先得5分时，双方应交换方位。

6. 间歇

（1）在局与局之间，有不超过1分钟的休息。

（2）在一场比赛中，双方各有一次不超过1分钟的暂停。

（3）每局比赛中，每得 6 分球后，或决胜局交换方位时，有短暂的时间擦汗。

7. 竞赛方法

已经举办过的 5 届奥运会乒乓球比赛，竞赛方法大同小异，但均不完全相同，主要是采用分组预选和单淘汰加附加赛或排名淘汰赛加附加赛的方式。

第六节　羽　毛　球

本节介绍了羽毛球运动的起源；阐述了其基本技术：握拍、发球、接发球、后场击球、前场击球、中场击球、基本步法等；讲解了羽毛球的单打战术和双打战术。

一、羽毛球运动简介

现代羽毛球运动一般认为源于英国。相传，1873 年，英格兰格拉斯哥郡的伯明顿镇，在鲍费特公爵举办的社交聚会上，有位从印度退役的军官向大家介绍了一种用拍隔网来回往打键球的游戏。游戏趣味横生，引人入胜，此后，这项游戏活动便不胫而走，并逐步发展成为当今人们所熟悉和喜爱的羽毛球运动。伯明顿庄园的英文名称 Badminton 也成了羽毛球的英文名称。

1893 年，世界上最早的羽毛球协会——英国羽毛球协会成立，并于 1899 年举办了全英羽毛球锦标赛。1934 年，国际羽毛球联合会成立，通过了第一部国际公认的羽毛球竞赛规则。1978 年 2 月，世界羽毛球联合会于香港成立。1981 年 5 月，国际羽毛球联合会和世界羽毛球联合会正式合并。

1988 年，在第二十四届汉城奥运会上，羽毛球运动被国际奥委会列为表演项目。1989 年 5 月，在印尼雅加达举办了首届苏迪曼杯羽毛球大赛。1992 年，在第二十五届巴塞罗那奥运会上，羽毛球运动被正式列为比赛项目，设男、女单打和男、女双打 4 个项目。1996 年，第二十六届亚特兰大奥运会又增设了男女混合双打。从此，羽毛球运动进入了新的发展阶段。

二、羽毛球基本技术

1. 握拍

羽毛球的握拍一般分为正手握拍方法和反手握拍方法。

① 正手握拍法。右手虎口对准拍柄窄面内侧斜棱，小指、无名指、中指自然并拢，食指和中指稍分开，大拇指的内侧和食指贴在拍柄的两个宽面上将球拍柄握住。握拍时掌心不要贴紧拍柄，要使掌心与拍柄保持一定的空隙。

② 反手握拍法。在正手握拍的基础上，将大拇指伸直用其第一指节内侧顶贴在拍柄内侧的宽面上，食指收回，与拇指同（或略）高，用大拇指和食指将球拍稍向外转，中指、无名指、小指紧握拍柄，拍柄端近靠小指根部。握拍手心与拍柄之间留有空隙，以便能充分利用手腕力量和大拇指的内侧压力击球。

2. 发球

羽毛球运动的发球技术，按其动作分为正手发球和反手发球两种。按球在空中飞行的弧

线可分为发高远球、平高球、平快球和网前短球4
种（见图3-101：1网前球，2平快球，3平高球，
4高远球）。

① 正手发高远球。所谓高远球，主要是把球
发得又高又远，使球飞行到对方底线上空时，几乎
垂直下落。

如图3-102所示，发球时，重心由后脚前移
至前脚，带动转腰，同时右手持拍沿着向下而上的

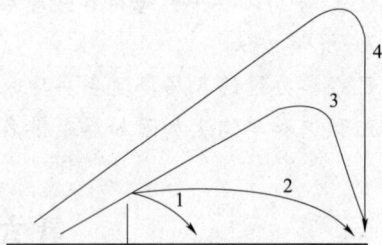

图3-101　发球技术

弧线自然地沿着身体向前上方挥摆。球拍触球前刹那，小臂带动手腕向前上方闪动发力，手
紧握拍柄，利用手腕、手指爆发力以及拍面的前半部击球。击球瞬间，拍面正对出球方向，
击球点在发球员的右前下方。出球飞行弧度与地面仰角一般大于45°。

图3-102　正手发高远球

② 正手发网前球（见图3-103）。发网前短球是把球发至对方发球区内前发球线附近。
球的飞行速度较慢，飞行弧度较低，使球"贴网"而过。它是双打比赛最常用的发球方法，
在单打比赛中，用于对付接网前球较差的对手，有时也可以作为过渡性的发球，或发球抢攻
战术的手段。在发球时，挥拍幅度较小，击球瞬间不需紧握拍柄，而是利用手腕和手指的力
量从右向左横切推送，将球轻轻发出，使球贴网而过。

图3-103　正手发网前球

③ 正手发平快球。又称发平球，是把球发得又平又快，使球快速落在对方场内端线附
近。平快球突袭性强，往往能使对手措手不及而造成被动或失误。准备姿势同发高远球，站
位稍靠后些。击球瞬间紧握球拍柄，利用小臂挥动力量带动手腕、手指力量快速向前击球，
球的飞行路线与地面形成的仰角小于30°。

④ 反手发网前球。如图 3 - 104 所示，准备击球时手腕内屈，击球瞬间利用小臂带动手腕、手指力量向前横切推送，将球击出。发球时，挥拍较慢，力量较轻，球的落点近网，当球"贴"网而过后即往下坠落在对方发球区内前发球线附近。

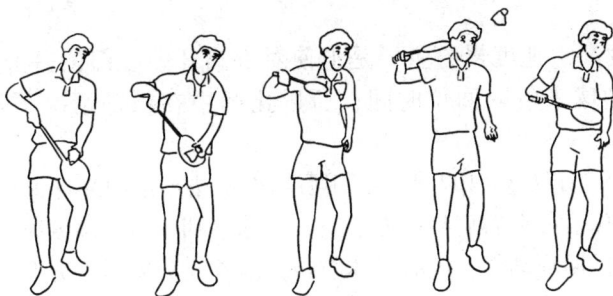

图 3 - 104　反手发网前球

3. 接发球

单打站位一般是在离发球线 1.5 米处，站在右发球区靠近中线的位置；在左发球区则站在中间的位置。双打发球多以发网前球为主，所以双打的接发球站位要在靠近前发球线的地方。

① 接平高/高远球。可以用平高球、吊球或扣杀球进行回击（见图 3 - 105：1 平高球，2 吊球，3 杀球）。一般来说，接高远球是一次进攻的机会，回击得好就能掌握主动权。因此，初学羽毛球者必须努力提高后场进攻的能力。

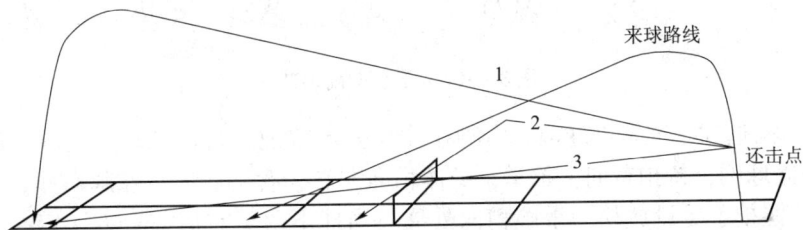

图 3 - 105　接平高/高远球

② 接网前球。可以用平高球、高远球、放网前球或平球进行回击（见图 3 - 106：1 虚线为发网前球，2 平球，3 平高/高远球，4 网前球）。如果对方发球的质量不高，或球离网顶较高过网，则可采用扑球进攻。若对方企图发球抢攻，而自己防守能力较差，则以放网前球或平推球为宜，落点要远离对方站位，控制住球，不让对方进攻。

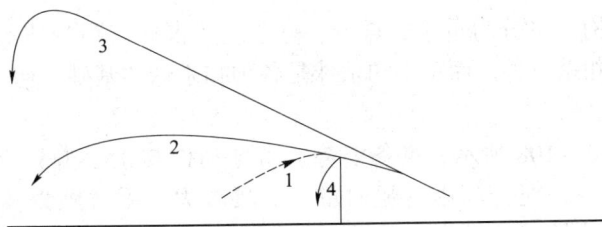

图 3 - 106　接网前球

4. 后场击球

后场击球主要由高远球、平高球、扣杀球和吊球等几项技术及相应的后退步法组成。其特点是击球点高、力量大、速度快、威力大。

（1）高远球

高远球飞行弧度高、速度慢，主要是迫使对方离开中心部位去击球；或者是当自己位置错乱时，击这种球来争取回位时间，所以比赛中在被动情况下常采用这种球进行过渡。

① 正手击高远球。如图 3 - 107 所示，用后场退步法迅速向来球方向移动，调整好身体与来球间的位置，使球恰好在右肩稍前方上空。当球落到一定的高度时，右手肘上抬，手臂后倒引拍，以肩为轴做回环动作，同时身体左转，前臂充分向后下方摆动并外旋，手腕充分伸展。击球时，前臂迅速内旋带动手腕加速向前方挥动，手腕屈，收手指屈指发力，将球击出。

图 3 - 107　正手击高远球

② 反手击高远球。准备击球前，右脚在前（先不着地，与击球动作完成的瞬间同时着地），身体背向球网，持拍臂向上抬举，身体稍向左转，含胸收腹，左腿微屈，同时手臂回环内旋引拍，握拍手尽量放松，手腕稍向外展。当球下落至右肩前上方一定高度时，以上臂、前臂迅速外旋带动手腕加速，由左下方经胸前向右前上方挥动。击球时手腕由伸展至屈收快速屈指发力，用反拍面将球击出。

（2）平高球

平高球与击高远球一样，也可分为正手、头顶和反手三种击球技术，是一种进攻性的击球技术。其技术动作与击高远球基本相同，所不同的是引拍、击球动作较高远球小而快，击球的瞬间运用前臂内旋带动手腕，向前快速发力击球。

（3）扣杀球

扣杀球从动作结构上可分为重杀、点杀、劈杀；从击球点距身体的位置可分为正手扣杀、头顶扣杀和反手扣杀三种。而正手扣杀球是各种扣杀球的基础，初学者必须首先掌握好这一扣杀技术。

正手扣杀球如图 3 - 108 所示，准备姿势、击球动作与正手击高球大致相同，不同的是在击球瞬间需用全力，充分利用右腿的蹬力、腰腹力、手臂腕力及重心的转移，快速将球向前下方击出。球拍触球时拍面前倾向前下方用力，手握紧球拍，击球点在右肩稍前上方。

图 3 - 108　正手扣杀球

重要提示

在实战中，扣杀球必须同其他各项进攻技术有机地结合起来，如盲目地进行单一的大力扣杀，往往不能争取主动，反而常常使自己陷入被动。

（4）吊球

吊球技术按球的飞行弧线和击球动作的不同分为劈吊、轻吊和拦截吊。其准备姿势与击高球、扣杀球相似，只是击球时用力不同。击球瞬间前臂突然减速，快速"闪"动手腕击球托的偏右侧（头顶吊球及反手吊球击球托的偏左侧）。打对角吊球时，当对方来球较高，手腕向下切削的角度要大些，力量稍大些；当对方来球较平时，手腕向前推的动作要大些，向下切削的力量要小一些。吊直线球时，拍面正对前方，向前下压。

不论劈吊还是轻吊，都要注意手腕灵活闪动，即注意爆发力的运用，同时还要注意掌握好击球点和控制好击球力量，将球吊准。拦截吊球和假动作配合运用便具有一定的威力。拦截对方击来的半场球或弧线较低的平高球能出其不意地达到进攻的效果。

5. 前场击球

前场击球包括网前的放、搓、推、勾、扑、挑球等。因球飞行距离较短，落地快，常使对手措手不及而直接得分。即使不能直接得分，也能迫使对方被动回球，创造下一拍的机会。现介绍几种常用的前场击球技术。

（1）放网前球

① 正手放网前球。如图 3 - 109 所示，准确判断来球路线和落点，快速上网，最后一步右脚在前左脚在后成弓箭步，上体前倾重心在右脚，侧身对网。右手正手握拍向前下方伸臂，小臂外旋展腕，左臂自然后伸，起平衡作用，拍面几乎朝上迎击来球。击球瞬间，手腕稍内屈轻轻闪动，食指和大拇指控制拍面角度和用力大小，球拍向前上方轻轻一托，把球轻击送过球网。

② 反手放网前球。快速向前左侧上网，右脚前跨成弓箭步，侧背对网，上体前倾，重心在右脚。右手反手握拍向前下方伸臂，小臂内旋展腕，左臂自然后伸，起平衡作用，拍面几乎朝上迎击来球。击球瞬间，伸腕轻闪动，食指和拇指控制拍面角度和用力大小，球拍向前上方轻轻一托，把球轻击送过球网。

图 3-109　正手放网前球

（2）搓球

网前搓球是羽毛球技术中动作较细腻的一种，是网前技术中的高难击球动作。

① 正手搓球。用正手上网步法迅速向来球方向移动，当右脚向前跨出时，持拍手向来球方向伸出，争取高的击球点。左手于身后拉举与右手对称，以保持身体的平衡。挥拍时，手腕动作由展腕至收腕发力，由右向左以斜拍面切击球托的右后侧部位，此时球呈下旋翻滚过网；或者手腕动作由收腕至展腕发力，由左向右以斜拍面切击球托的左后侧部位，球则呈上旋翻滚过网。

② 反手搓球（见图 3-110）。用反手上网步法迅速向来球方向移动，其余动作与正手网前搓球相同。反手网前搓也有两种击球方式。一种是手腕动作由展腕至收腕发力，由左至右切击球托左后侧部位；另一种是手腕动作由收腕至展腕发力，由右向左切击球托的右后侧部位。

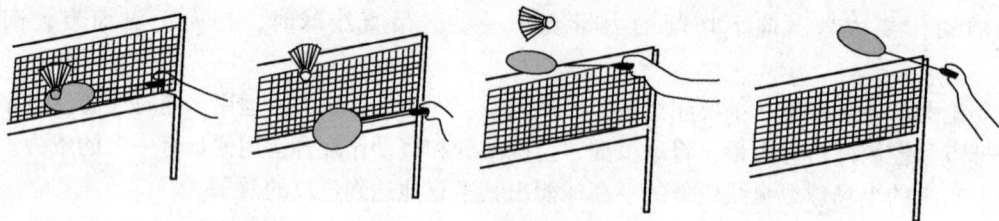

图 3-110　反手搓球

（3）扑球

扑球是在对方回球刚越过网顶上空时，运用跨步或蹬跳步迅速上前，利用前臂、手腕和手指的力量，快速地由高向下将球击回对方场区的击球方法。

① 正手扑球。如图 3-111 所示，对方来球距网较高时，快速蹬步上网，身体向右前倾，手臂充分伸展，同时迅速变换握拍手法，使拍面与球网平行正对来球。击球时，主要利用中指、无名指、小指突然紧握拍柄和手腕闪动，将球向前下方击出。击球后，随前动作甚微，右脚落地制动。

② 反手扑球。反手握拍于左侧前，当身体向左侧前方跃起时，持拍手小臂前伸上举，手腕外展，拍面正对来球。击球时，手臂伸直，手腕由外展到内收闪动，手握紧拍柄，拇指顶压，加速挥拍扑击球。击球后即刻屈肘，球拍回收，以免球拍触网违例。

（4）挑球

挑球是指将对方击来的网前区域低手位的球以较高的弧线向上击至对方端线附近上空。它是在被动情况下运用的一种过渡球。

图 3 - 111　正手扑球

① 正手挑球。如图 3 - 112 所示，右脚向网前跨出一大步，左脚在后，侧身向网，重心在右脚上。同时右臂向后摆，自然伸腕，使球拍后引。以肘关节为轴，屈臂内旋，并捏紧球拍。用食指及手腕的力量，从右下向右前方至左上方挥拍击球，将球向前上方击出。

图 3 - 112　正手挑球

② 反手挑球。如图 3 - 113 所示，右脚跨步向前成弓箭步，重心在右脚，侧身背对网。反手握拍，手臂向左前方伸出，小臂内旋屈肘屈腕，左臂自然后伸起平衡作用。击球时，以肘关节为轴，小臂带动手腕、手指快速由左下方向前上方成半圆形挥拍击球。

图 3 - 113　反手挑球

6. 中场击球

中场击球技术主要包括接杀球、平抽、平挡技术。它要求判断反应快，出手击球快，引拍预摆动作弧度小和由防转攻或由攻转防的意识要强。

① 接杀球。把对方扣杀过来的球还击回去，称为接杀球。接杀球主要由挡网前、挑后场和平抽球3种技术组成。

接杀球的站位一般在中场，两脚屈膝平行站立。右侧来球用正手挡，身体重心移向右脚。右手向右侧伸出，放松握拍，拍面略后仰对准来球。左侧来球用反手挡，身体重心移向左脚，右脚向左前方跨出一步，换成反手握拍，拍面略向后仰对准来球回击。

② 平抽。平抽球是指击球点在肩以下，以较平的弧度、较快的球速、接近球网的高度，还击到对方场区的一种进攻性技术。击球时，应借助腰部的转体带动前臂、手腕和手指的力量快速协调地发力。击球点尽可能地在身体的侧前方，这样有利于转动腰部和前臂旋内、旋外地发力。如果来球正对自己而又来不及闪让时，一般不要用正手击球。因为当来球靠近自己身体时，即使击球点在自己右侧腋下，反手也比正手容易发力还击。

③ 平挡。平挡和平抽的动作结构基本相同，其区别主要在于：发力较小，通常无须身体部位发力，当对方来球力量较大时，还应有所缓冲；由于发力较小，通常击球时不要握紧球拍，以免影响击球时对力量和出球方向的精确控制；羽毛球的飞行路线较短，一般落在对方前半场。

7. 基本步法

羽毛球步法一般分为起动、移动、到位配合击球和回位四个环节。根据场上移动的方向和场区的位置，可以将羽毛球步法划分为：上网步法、后退步法和两侧移动步法。

（1）上网步法

从中心位置移动到网前击球的步法，称为上网步法。上网步法可根据各人习惯采用交叉步、并步、垫步或蹬跨步。不论正手或反手，根据来球远近，上网步法可采用三步、两步或一步上网击球。

① 右边上网步法。可采用两步或三步交叉步加蹬跨步移动的方法；也可采用垫一步再跨一大步移动的方法上网（见图3－114）。

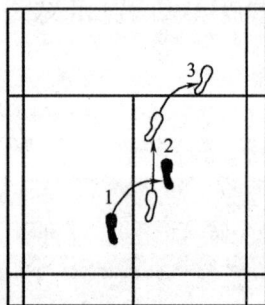

② 左边上网步法。同右边上网步法，只是移动方是朝左边网前，如两步跨步上网（见图3－115）。

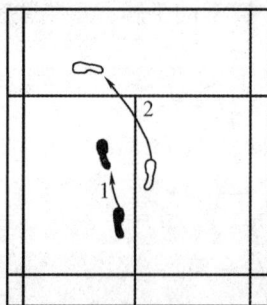

图3－114　右边上网步法　　　　　　图3－115　左边上网步法

（2）后退步法

从中心移动到后场各个击球点的位置上击球的步法，称为后退步法。

① 正手击球后退步法（见图3－116：（a）三步并步后退，（b）三步交叉步后退）。分为侧身并步后退和交叉步后退两种。主要动作方法：在对方击球刹那间，判断来球，迅速调

整重心至右脚。接着右脚蹬地快速向右后撤一小步，上体右转侧身对网，以交叉步或并步移动到接近击球点的位置。在移动的同时必须完成举拍准备动作，最后一步利用右脚（或双脚）蹬地起跳并在空中转体，击球后左脚后撤落地缓冲，右脚前跨以利于迅速回动。

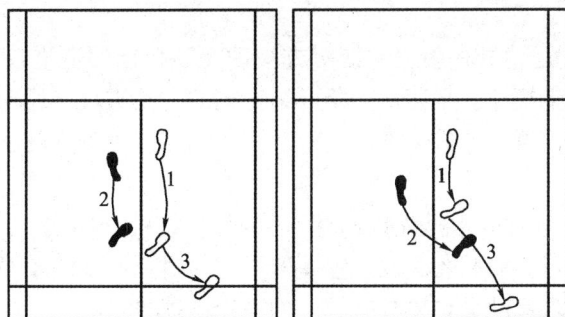

（a）三步并步后退　　　　　　（b）三步交叉步后退

图 3 - 116　正手击球后退步法

② 反手击球后退步法（见图 3 - 117：（a）三步后交叉后退，（b）两步后退）。调整重心后，右脚后撤一步，接着上体左转，左脚随即向左后退一步，右脚再跨出一步，背对网，作底线反手击球。反手击球后退步法应根据来球距离的远近调整步法。如离来球较近，可采用两步后退步法，上体向左后转，左脚同时后撤一步，右脚再向左后跨一步，作底线反手击球。如距来球较远，则采用三步或五步后退步法：右脚先垫一步，而后左脚向后方跨一步，再按右、左、右向后退。但无论是几步，手击球后退步法最后一步应右脚在后，重心在右脚上。

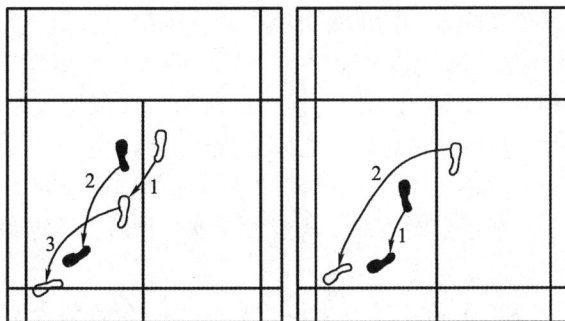

（a）三步后交叉后退　　　　　　（b）两步后退

图 3 - 117　反手击球后退步法

（3）两侧移动步法

两侧移动步法多用于接对方的杀球和击对方杀来的半场低平球。其站位和准备姿势与上网步法基本相同。

① 向右侧移动步法。两脚左右开立脚跟稍提起，根据来球，调整重心，上体稍倒向左侧，左脚掌内侧用力起蹬，右脚同时向右侧转跨大步。如距来球较远，左脚向右垫一小步再起蹬，右脚同时向右侧转跨大步。

② 向左侧移动步法。根据来球，调整重心，上体稍倒向右侧，右脚掌内侧用力起蹬，左脚同时向左侧转跨大步。来球较远时，左脚先向左侧移半步，上体向左转身的同时右脚向

左前交叉跨大步。

三、羽毛球基本战术

1. 单打战术

① 发球抢攻战术。运动员利用发球使对方被动，为自己创造进攻的一种战术。这种战术一般用发网前球结合平快球、平高球，争取第三拍的主动进攻。运动员使用这一战术，可以打乱对方的整个战略部署，造成对方措手不及。运用此战术时，要求运动员应具有高质量的发球，否则难以成功。

② 攻前击后战术。这种战术是先以吊球、放网前球、搓球吸引对方到网前，然后用推球、平高球或杀球突击对方的后场底线。它一般用于对付上网步法较慢或网前球技术较差的对手。采用此战术，要求运动员首先具有较好的网前击球技术。

③ 打四方球战术。这种战术是以快速、准确的落点攻击对方场区的四个角落，逼迫对方前后奔跑、被动应付，并在其回球质量下降或露出破绽时乘虚而攻之。它用于对付体力差、反应和步法移动慢的对手。

④ 打对角线战术。这种战术无论是进攻还是防守均以打对角线为主。从而迫使对方在移动中多做转体，多走曲线。它用于对付身体灵活性差、转体较慢的对手。

2. 双打战术

① 攻人战术。攻人战术是双打比赛常用的一种战术。攻人战术，即"二打一"或避强击弱战术。对方两个队员的技术水平一般是不均衡的，集中力量攻击对方较弱的队员，尽量使对方的特长得不到发挥，充分暴露对方的弱点，是此战术的目的。两个人对付对方的强者，消耗其体力，减弱其进攻威力，伺机突击空当，这也是"二打一"。

② 攻中路战术。当对方队员分边站位时，要尽可能将球攻到对方两人之间的空隙区，以造成对方争夺回击或相互让球而出现的失误。这对于一些配合较差的对手，比较行之有效。当对方成前后站位时，将球还击到两人之间靠边线的位置上。

③ 软硬兼施战术。软硬兼施战术先用吊网前球或推半场球迫使对方被动防守，而后大力扣杀进攻。若硬攻不下，则重吊网前球，待对方挑球欠佳时，再度强攻。此时，攻击对象最好是选择对方刚后退而立足未稳者。

④ 后压前封战术。当本方取得主动欲采取攻势时，站在后场者见高球则强攻杀球或吊网前球，迫使对方被动还击；站在前场者则应立即积极移位，准备封网扑杀。这种战术要求打法比较积极，前半场技术要好，步法移动要快，配合要默契。

阅读材料

羽毛球项目竞赛规则要点

1. 挑边

赛前，采用挑边的方法（抛硬币）来决定发球方和场区。挑边赢者将优先选择是发球或接发球，还是在一个半场区或另一个半场区比赛。输者在余下的一项中选择。

2. 计分方法

羽毛球世界联合会于 2006 年 5 月在日本东京举行的年度代表大会上，正式决定实行 21

分的新赛制。2006 年 5 月在日本东京举行的汤姆斯杯和尤伯杯赛上率先试行三局 21 分的赛制。这一赛制将成为今后所有羽毛球国际大赛的通用赛制，第 29 届奥运会也将采用这一赛制。21 分的赛制对于提高运动员的积极性、减少运动员受伤以及电视转播等方面较 15 分制有更大的优势。

世界羽联 21 分制实行每球得分制，所有单项的每局获胜分皆为 21 分，最高不超过 30 分。每场比赛采取三局两胜制，先到 21 分的一方赢得当局比赛。如果双方比分为 20∶20 时，获胜一方需超过对手 2 分才算取胜；直至双方比分打成 29∶29 时，那么先到第 30 分的一方获胜。首局获胜一方在接下来的一局比赛中先发球。

3. 站位方式

①单打。当发球方得分数为 0 或偶数时，双方运动员均在各自的右发球区发球或接发球；当发球方的分数为奇数时，双方运动员均在各自的左发球区发球或接发球。

②双打。比赛中，当比分为 0 或偶数时，球由右发球区对角发向对方场地的右接发球区；当比分为奇数时，球由左发球区对角发向对方场地的左接发球区。比赛中，只有当一方连续得分时，发球者必须在右或左发球区交替发球，而接发球方队员的位置不变。其他情况下，选手应站在上一回合的各自发球区不变，以此保证发球者的交替。

双打比赛无论是在开始还是在赛中，皆为单发球权，也就是说每次一方只有一次发球权。发球方失误不仅丢失发球权也将丢失 1 分，如果这时得发球权的一方得分为奇数时，则必须是位于左发球区的选手发球，如果此时得发球权的一方得分为偶数时，则必须是位于右发球区选手发球。

双打比赛只有接发球队员才能接发球，若其同伴接发球或被球触及则"违例"，判发球方得分，当发球被回击后，球可由二人中任一人击回，不得连击，如此往返直至死球。双打比赛发球时，发球队员和接发球队员必须站在规定的发球区和接发球区内发球和接发球，他们的同伴站位可以不受限制，但不得妨碍对方。运动员发球和接发球顺序有误，已得比分有效，纠正方位或顺序。

4. 赛中间歇方式

每场比赛均采用三局两胜制。当任一方在比赛中得到 11 分后，比赛将间歇 1 分钟；两局比赛之间的间歇时间为 2 分钟。

5. 比赛中常见的违例

过手违例——发球时，在击球的瞬间，发球员的拍杆应指向下方。否则，将判违例。

过腰违例——发球时，在击球的瞬间，整个球应低于发球员的腰部。否则，将判违例。

挥拍有停顿——发球开始后，挥拍动作不连贯，将判违例。

脚移动、触线或不在发球区内——自发球开始至发球结束，发球员或接发球员的两脚都必须有一部分与球场地面接触，不得移动，且都必须站在斜对面的发球区内，脚不得触及发球区或接发球区的界线。否则，将判违例。

最初击球点不在球托上或发球时未能击中球，将判违例。最初击球点不在球托上是指发球时，球拍先触及羽毛或同时击中羽毛和球托。

发球时，球没有落在规定的接发球区内，将判违例。如发出的球没有落于对角的场区内或不过网，或挂在网上、停在网顶等。球从网下或网孔穿过或触及天花板或触及运动员的身体或衣服，将判违例。

球触及球场或其他物体或人，将判违例。击球点超过网的向上延伸面，即在对方场区上空击球，将判违例。

运动员的球拍从网上、网下侵入对方场区导致妨碍对方或分散对方注意力或妨碍对方、阻挡对方靠近球网的合法击球，将判违例。

同一运动员连续两次挥拍击中球，或双打的同方两名队员连续各击中球一次，将判违例。

球停在球拍上，紧接着被拖带抛出，将判违例。

运动员严重违反或屡次违反比赛的连续性的规定或运动员行为不端，将判违例。如擅自离开比赛场地喝水、擦汗、换球拍、接受场外指导等，或故意改变球形或破坏羽毛球或举止无礼等。

6. 重发球

重发球时，原回合无效，由原发球员重新发球。

除发球外，球过网后，挂在网上或停在网顶，判重发球。

发球时，发球方和接发球方同时被判违例，将重发球。

发球方在接发球方未做好准备时，将球发出，判重发球。

球在飞行时，球托与球的其他部分完全分离，判重发球。

裁判员对该回合不能做出判决时，将判重发球。

出现意外情况，判重发球。

7. 交换场区

第一局比赛结束时，双方应交换场地。

若局数为1:1时，在第三局比赛开始前，双方应交换场地。

在第三局比赛中，领先一方比分达到11分时，双方应交换场地。

若应交换场地而未交换时，一旦发现应立即交换，已得分数有效。

第七节 网 球

本节介绍了网球运动的起源；阐述了其基本技术：握拍、基本步法、发球、接发球、底线正手击球、底线反手击球、截击球等；讲解了网球单打战术和双打战术。

一、网球运动简介

网球（Tennis）运动历史悠久，其早在13世纪至14世纪，便盛行于法国、英国的宫廷，被称为皇家网球。1873年，英国人温菲尔德改进了早期的网球打法，使之成为能在草坪上进行的一项运动，取名为"草地网球"，并出版了《草地网球》手册，制定了最早的网球运动规则。温菲尔德因此被人们称为近代网球运动的创始人。1877年7月，在英国的温布尔顿举行了第1届草地网球比赛，这标志着近代网球运动的开始。

网球比赛分男子单打、女子单打、男子双打、女子双打、混合双打、男子团体和女子团体7个项目。影响较大、较著名的网球赛事包括温布尔顿网球锦标赛、美国网球公开赛、法国网球公开赛、澳大利亚网球公开赛。凡参加"四大赛"的选手，如有一名（单打）或两名（双打）运动员能在一个年度内赢得这四个锦标赛的单打或双打冠军，便被誉为"大满贯得主"。

二、网球基本技术

1. 握拍

目前，网球基本的握拍法可分为三种：东方式握拍法、西方式握拍法、大陆式握拍法。

（1）东方式握拍法

东方式握拍法分为正手握拍法和反手握拍法。

① 正手握拍法。如图 3 - 118 所示，握拍手的虎口对正拍柄右上侧棱，手掌根与拍柄右上斜面紧贴，拇指垫握住拍柄的左垂直面，食指稍离中指，食指下关节压住拍柄右垂直面，五指紧握拍柄。拍面与地面垂直，手握拍柄好像与人握手一样，也称"握手式"握拍法。

图 3 - 118　东方式握拍法

② 反手握拍法。正手握拍法的基础上把手向左转动 1/4（即转动 90°）或拍柄向右转动 1/4（即转动 90°），虎口对正拍柄左侧棱面。即用手掌根压住拍柄的左上斜面，拇指直贴在拍柄的左垂直面上，食指下关节压住右上斜面。

（2）西方式握拍法

如图 3 - 119 所示，握拍时，球拍面与地面平行，拇指与食指几乎成直角，拇指直伸压住拍上平面，食指下关节握住右上斜面，与拍底平面对齐，手掌从上面握住拍柄。这是底线上旋攻击型打法的首选握拍方法。这种握拍法的优点在于能击出强有力的上旋球，且稳定性强。但是其技术难度相对较大，初学者在开始学习时较难掌握。

（3）大陆式握拍法

如图 3 - 120 所示，由于其形状像握着锤子的样子，所以又称为握锤式握拍法。由拇指与食指形成的"V"字形虎口放在拍柄的上平面与左上斜面的交界线上，手掌根部贴住上平面，与拍柄底部平齐，大拇指与食指不分开，食指与其余三个手指稍分开，食指下关节紧贴在右上斜面上。这种握拍法的优点在于无论是正、反手击球时都不需要转换握拍，简单灵活。但是底线击球时不容易发力，因此是底线的攻击性打法所不适宜采用的握拍方法。

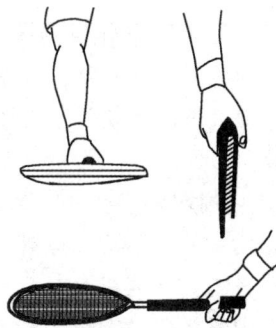

图 3 - 119　西方式握拍法

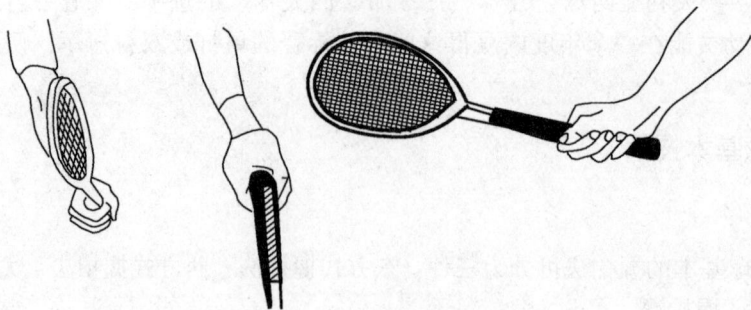

图 3 – 120　大陆式握拍法

2．基本步法

网球击球时，其脚步主要采用"开放式"和"关闭式"两种方法。

①"关闭式"步法。如图 3 – 121 所示，左脚向来球的方向迈出一步，两脚的假想连线与来球的方向平行。这种步法在底线正反手击球和网前截击中大量运用。初学者应首先学习这种步法。

②"开放式"步法。如图 3 – 122 所示，击球时，两脚平行站立，以前脚掌为轴，转胯转体形成击球步法。通常在有一定技术基础的前提下运用这种步法。

图 3 – 121　"关闭式"步法

图 3 – 122　"开放式"步法

3．发球

发球动作由准备姿势和站位、抛球与后摆动作、挥拍击球和随挥动作四个技术环节组成。下面介绍几种常见的发球方法。

①平击发球（见图 3 – 123）。平击发球的击球点应在身体的右前上方，击球的后上部，挥拍时"鞭击"动作发力要集中，充分向上伸展身体以获得最高的击球点来提高命中率。这种发球几乎没有旋转，球差不多笔直地下去，力量大，往往贴着网才能进入场内，在绝大多数场地上球反弹较低，一般用于第一发球，发球成功时有时能直接得分，但平击发球失误率较高。

②切削发球。这种发球实用且易掌握，对初学者最适宜。它是一种以右侧旋转（稍带上旋）为主的发球法，球抛在右侧前上方，球拍击球部位在球的右侧偏上方，整个挥拍动作是从右侧上方至左下方，使球产生右侧旋转。球的飞行路线是一条从右向左的弧线，可以提高命中率并把对方拉出场外回击，尤其在右区发球。削击发球的准确率高，常用于第二发球。

图 3 – 123　平击发球

③ 上旋发球。如图 3 – 124 所示，上旋发球时，抛出球的位置在头后偏左的头上方；拍面的触球点在球的中部偏下方；击球时身体成弓形，利用杠杆力量对球施加旋转，球拍快速从左向右上方挥动，并从下向上擦击球的背面，使球产生右侧上旋。球的过网点较高，落地急速，球落地后反弹很高，但这种发球难度较大。

图 3 – 124　上旋发球

4. 接发球

接发球在态势上是被动的，受发球方的制约，并且发球在瞬间千变万化，多数发球都指向接球方软弱的地方，因此，接发球技术是最难掌握的技术之一。

🔊 **重要提示**

接发球的指导思想：摆脱被动，力争主动，敢于迎接强有力的发球挑战。

接发球的站位，一般位于端线附近，力求在接发球时向前移动击球。同时，保持着两脚平行站位，比肩略宽，右手持拍者一般右脚稍前，两膝微屈，上体稍前倾，脚跟提起，将球拍置于体前。

在接发球的全过程中眼睛始终要注视来球，一直到完成还击动作。要观察对手的抛球，这样有利于判断发球的方向和旋转。对方第一次发球时多采用大力发球，站位应偏后一些；如果对方是第二次发球，站位可略向前移，这样有利于采取攻击性的还击。

接大力发球时不要做大幅度的后摆动作，主要是控制好拍面角度，并握紧球拍，以免拍面被震转动。还击来球之前要观察对方行动，对自己的回球路线和落点要有所考虑。选择好接发球落点，对控制对手发球后抢攻有重要意义。

5. 底线正手击球

① 正手平击球。如图 3 – 125 所示，后摆引拍时，手腕稍上翘使拍头高于手腕，并引拍至头部同高。挥拍时手腕相对固定握拍，以减少拍面挥动过程中的变化。击球时拍面与地面保持垂直并以同样拍面继续前挥。击球后，球拍向前挥动于左肩上方自然收拍。这种击球方法简单易学，适合初学者使用。

图 3 – 125　正手平击球

② 正手上旋击球（见图 3 – 126）。正手上旋球是从网球的后下方向前上方挥拍，整个球体受摩擦，产生一种从后下方朝前上方的旋转。其特点是飞行弧线高，落地迅速，落地后弹起的反射角度较小，产生较大的前冲力。这种击球方法适合于有一定技术基础、能发力击球的人使用。

图 3 – 126　正手上旋击球

③ 正手削球。如图 3 – 127 所示，是指以底线正手切削方法击出下旋球的技术动作。后摆引拍时，直线将球拍引至身体后侧，动作较小。挥拍时手腕固定握拍，使拍面斜向地面稳定前挥。击球时用斜向地面的拍面以切削动作在身体侧前方击球。击球后球拍随球前送，并在身体前方以左手扶拍结束动作。正手削球的底线正手击球是主要技术方法的补充，在比赛中较少使用。

图 3 – 127　正手削球

6. 底线反手击球

① 反手平击球。特点是球速快，球的飞行路线比较平直，球落地后的前冲力量大。其动作方法：后摆引拍时右脚向左侧前方跨出并用力踏地，屈膝降低重心。击球时手腕绷紧，使球拍与地面垂直。挥拍击球的路线是从后向前上方比较平缓地挥击，同时左臂自然展开留在身后，保持身体的平衡。击球后，球拍应随着惯性挥至右肩上方，持拍手臂挥直。

② 反手下旋球（见图3－128）。反手下旋球一般是防御性的，反手下旋球又称为反手削球。削球时挥拍不要过于用力，击球后拍面向上做托盘状运动。击球后，不要急于把球拍提拉起来，应该让球拍平稳向前运动一段距离。下旋球的好处是击出的球向下旋转，飘向对方场区后回弹高度较低，落地后还可向前滑行。这种击球方法较为简单易学，且比较安全，适合于初学者使用。

图3－128　反手下旋球

③ 双手反手击球。这种击球方法由于双手握拍，拍面容易稳定，初学者易于学习和掌握。如图3－129所示，双手反手击球的准备姿势与单手反手击球相同，左手在转肩引拍的同时，顺着拍柄下滑至双手相接成双手反手握拍，引拍尽量向后，转动上体，使右肩前探侧身对网，手腕固定球拍稍稍低于击球点，右脚向左前方跨一步，重心落在左脚上，球拍从低向高向前挥出，击球点同腰高，比单手反手击球点略靠后，重心前移，随上体移动将球拍充分挥向右前上方，拍头朝上。然后迅速回到准备姿势。

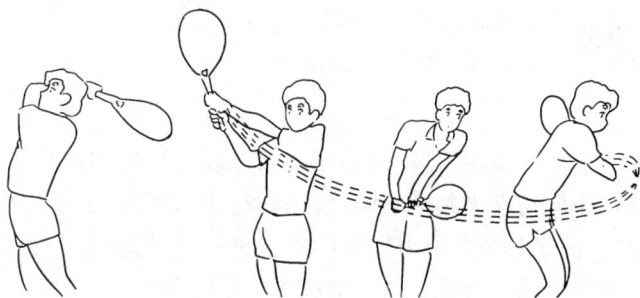

图3－129　双手反手击球

7. 截击球

截击球是指凌空击对方来球的技术动作，即当球在落地之前将来球击回对方场区，可以在网前截击，也可以在场内任何地方截击空中球。截击球以网前截击为主。截击球的特点是缩短击球距离，扩大击球的角度，加快回球速度，在网球比赛中成为一种主要打法和进攻手段。

① 正手截击球。如图3－130所示，后摆引拍时，左脚立即向右前方跨出，同时转肩，带动球拍向后引，拍头要高于握拍手，绷紧手腕，握紧球拍。截击球的动作有点像挡击或撞击，在拍面短促向前撞击的同时微微向下做切削球的动作，击球时保持拍头上翘，拍面稍向后仰。击球后有一个小幅度向前的随挥动作，随挥过程仍紧握球拍。

图 3 – 130　正手截击球

② 反手截击球。对大多数人来说，反手截击比正手截击更容易，因为它更符合人体解剖学肌肉用力结构特点。其技术要点是：如图 3 – 131 所示，后摆引拍时，右脚立即向左前方跨出，左手扶拍手向后拉拍，同时转肩，做短距离后摆引拍动作，拍头高于握拍手，眼睛注视来球。挥拍击球时，左手松开稍后伸，右手握紧球拍前挥并在身体前方切削来球。向前挥拍时，两只手的动作好像在拉长一根橡皮筋，以保持身体平衡。

图 3 – 131　反手截击球

三、网球基本战术

1. 单打战术

① 变换发球的位置。一个聪明的队员要知道通过改变发球的位置来取得优势。因为这种战术迫使对手必须从不同角度来判断不同旋转的球，回球的难度会大很多。

② 发球上网战术。发球上网是利用发球的力量进行主动进攻，先发制人，然后上网抢攻的一项主要战术。它是上网型选手在比赛中的主要得分手段。

③ 接发球破网战术。对付发球后直接冲到网前的对手，挑出有深度的高球是相当有效的破网方法。

④ 攻击对方反手。众所周知，绝大部分球员的反手是比较弱的，只要加大力量攻击对方反手，迫使对方逐步离开场区的位置，就可掌握主动权。

⑤ 不上网战术。发球或接发球之后，如果自己不上网，应该把对方也控制在端线后面，使对手也难以找到得分的机会。在一次较长的端线来回球中，谁耐不住性子，谁就有可能因失误而失分。

2. 双打战术

① 发球上网抢网战术。运用抢网战术首先是网前同伴可以在背后做手势，告诉发球员应发什么落点，抢与不抢；采取此战术可以干扰对方接发球，为发上网前得分及抢网得分创造条件。其次要强调发球员的发球质量、成功率和落点的变化。

② 澳大利亚网前战术。澳大利亚网前战术的特别之处是发球方的一名同伴以低姿势在网前的中央准备截击。这样能给接发方造成很大的压力，起到破坏对方接发球节奏，为发球上网截击和抢网创造有利条件。运用这一战术时，要求同伴告知发球落点和抢与不抢，另外第一发球成功率要高，这样才能有良好的战术效果。

阅读材料

网球项目竞赛规则要点

网球比赛参赛选手数量为：男、女单打各 64 名，男、女双打各 32 对。为了避免高水平球员的过早相遇，按照世界排名，单打前 16 位和双打前 8 位的球员和组合被列为种子选手，抽签时提前分开，同时来自同一国家或地区的选手也要分到不同的半区。

比赛采取单淘汰赛制，每轮只有获胜者才能进入下一轮比赛。除了在男子单打决赛中采用五盘三胜制外，其他所有的比赛将采用三盘两胜制；除了在男子单打的第五盘以及其他比赛的第三盘，即决胜盘的比赛中，只有净胜两局才能赢得该盘比赛（长盘制）外，其他每盘比赛都采用平局决胜制（抢七局）。

思考与练习

1. 标准田径场的组成部分有哪些？
2. 跳高、跳远、三级跳远、推铅球、短跑、中长跑、跨栏跑、接力跑的动作技术有哪些？
3. 篮球运动的基本技术和基本战术有哪些？
4. 排球运动的基本技术和基本战术有哪些？
5. 足球运动的基本技术和基本战术有哪些？
6. 乒乓球运动的基本技术和基本战术有哪些？
7. 羽毛球运动的基本技术和基本战术有哪些？
8. 网球运动的基本技术和基本战术有哪些？

活动与探索

结合个人爱好，谈谈对某一田径或球类项目的实际感受。若条件允许，可组织单项球类比赛。

第四章
形体运动

本章概述了形体、健美操、体育舞蹈和健美运动的起源与发展，详细讲解了其基本动作、技巧等。

第一节 仪 态 训 练

仪态是泛指人们身体所呈现的各种姿势，它包括举止动作、神态表情和相对静止的体态。不同的仪态显示人们不同的精神状态、文化教养、社会地位和性格特征。本节主要介绍站、坐、走、蹲几种仪态的训练。

一、站姿训练

站姿是我们日常生活中第一引人注意的姿态，优雅的的站姿是人类动态美的起点和基础。养成良好的站立习惯是我们个人形象、气质塑造必不可少的环节。

1. 基本要求

站姿要求挺拔优雅，即俗话所说"站如松"。

站立时，身体应与地面垂直，重心放在两个前脚掌上，两脚跟相靠，脚尖开度为45度，抬起头，眼睛平视，面带笑容、下颌微微内收，颈部挺直，双肩放松，呼吸自然，腰部直立、提臀。双臂自然下垂或在体前交叉，站立时不要歪脖、斜腰、曲腿等。在一些正式场合不宜将手插在裤袋里或交叉在胸前，更不要下意识地做些小动作，那样不但显得拘谨，给人缺乏自信之感，而且也有失仪态的庄重。

2. 训练方式

可以采用贴墙站立训练改变站姿，具体动作是背贴墙壁，面朝前，双目平视，要求脚后跟、小腿、臂部、双肩和后脑都紧贴墙壁。也可以顶书站立训练。站直，头顶放置书本，上身和颈部要挺直，收下颌，使书本不致掉落。站立时要始终坚持微笑，使规范优美的站立姿势与轻松的微笑自然结合起来，以充分体现规范站姿的美感。

二、坐姿训练

优美的坐姿不仅仅指坐的静态姿势，还包括人们从就座时到坐定后的一系列动作和姿势，完整的坐姿应该包括入座、坐定和起座三个程序。美的坐姿给人高贵、文雅、大方的感觉。

1. 基本要求

坐姿要求大方、自然、稳定，即俗话所说"坐如钟"。

入座时，要轻而缓，走到座位前面转身，右脚后退半步，左脚跟上，然后轻轻地坐下，落座时要保持头部端正、上身平直，女性穿裙时需要用手将裙子向前拢一下，坐下后，上身直正，头正目平嘴巴微闭，脸带微笑，腰背稍靠椅背，两手相交放在腹部或两腿上，两脚平落在地面。女性应两膝并拢；男性膝部可分开一些，但不要过大，一般不超过肩宽。在人际交往中，坐姿的选择要与不同的场合相适应。如坐宽大的椅子（沙发）时，要注意不要坐得太靠里面，应坐椅子的2/3，不要靠背，休息时则可轻微靠背。若因谈话等需要侧转身时，上体与腿应同时转动，幅度不宜过大。女子入座时，可以交叉小腿；如果跷腿坐，注意不要跷得过高，不要把衬裙露出来，还应注意将上面的小腿向后收，脚尖向下。起立时，双腿先后收半步或右脚先向后收半步，然后站起，注意动作不要迅猛，也不要双手扶腿站起。男子如有需要，可交叠双腿，一般是右腿架在左腿上，但不宜过高。在礼仪场合，绝不要首先使用这一姿势，因为会给人以显示自己地位和优势的不平衡的感觉。4 字形的叠腿方式是绝对禁止的。

2. 训练方式

练习入座、起立及坐姿。练习在高低不同的椅子、沙发及不同的交谈气氛与环境下的各种坐姿。其重点是，强调上身挺直，双膝不能分开，可以用一张小纸片夹在双膝间，做到起坐时不掉下。

三、走姿训练

优美的走姿是一种动态美，能直接反映出一个人的精神面貌、性格特征等。对走姿的训练也是我们培养良好的气质与风度的重要环节。

1. 基本要求

走姿美具有其独特的特点，即"行如风"。

以站姿为基础，起步时，上身略为前倾，身体重心在前脚掌上。行走时，要上体正直，头部端正，双目平视前方，挺胸收腹立腰，重心稍向前倾，面带微笑。行走时双肩平稳，双臂以肩关节为轴前后自然摆动，摆动幅度以 30 ~ 40 厘米为宜。女性行走时两只脚行走线迹应是正对前方成一条直线即常说的一字步，或尽量走成靠近的一条直线，形成腰部与臀部的摆动而显优美，千万不要走成两条直线。相反，男性则要走成两条直线而不能走成一条直线。男性脚步要利落、稳健、雄健；女士走姿要自如、匀称、轻柔，有明显的节律感和步韵感。步幅适中，就一般而言，行进时迈出的步幅与本人一只脚的长度相近，即男子每步约 40 cm，女子每步约 36 cm。

2. 训练方式

顶书行走训练，头顶上放置几本书，进行行走训练。行走时要头正、颈直，以纠正行走时摇头晃脑的毛病。背包持物行走训练，主要是进行练习背小包、持文件夹和公文包等行走训练。

四、蹲姿训练

生活工作中，常需要到低处捡拾东西等，如果采取弯腰撅臀的方式，是非常不文明有失礼貌的行为，那此时就需要采用优美的蹲姿。

1. 基本要求

高低式蹲姿：下蹲时，应左脚在前，右脚完全着地，上身保持直立，不能撅臀。蹲下后，右脚跟提起，右膝低于左膝，形成左膝高右膝低的姿势；臀部向下，上身微前倾，基本上用左腿支撑身体。采用此姿势时，女性应并紧双腿，男士两腿可稍分开。

交叉式蹲姿：交叉式蹲姿主要适用于女士，尤其是适合身穿短裙的女性在公共场合采用，它虽然造型优美，但操作难度较大，这种蹲姿要求在下蹲时，右脚在前，左脚在后，右小腿垂直于地面，全脚着地；右脚往上，左腿在下交叉重叠；左膝从后下方伸向右侧，左脚跟抬起脚尖着地，两腿前后靠紧，合力支撑身体；上体微向前倾，臀部向下。

2. 训练方式

可采用捡拾实物方式训练，且可左右脚交换训练。

第二节　健　美　操

本节概述了健美操运动的渊源与特点，具体介绍了基本的下肢动作、上肢动作和躯干动作。

一、健美操运动概述

健美操（Aerobics）是一项以有氧练习为基础，融体操、舞蹈、音乐为一体的体育运动。其寓健身于娱乐之中，能有效地增进心肺功能，塑造优美的形体，陶冶艺术的情操。

自古以来，人类对自身的"美"，就有着执着的追求。孔子主张"尽善尽美"，讲究身体姿态端正。古希腊人采用跑跳、投掷、柔软体操和健美舞蹈等各种体育项目进行人体美的锻炼。而古印度的瑜伽术中，许多姿势与现代健美操的动作相一致。

1980年，世界级健美操冠军联合会（ANAC）成立。1983年，国际健美操联会（IAF）成立。自20世纪80年代起，健美操运动在世界各地蓬勃发展。美国健身、影视明星简·方达编写了《简·方达健美术》，对健美操运动在世界范围的推广起到了积极作用。在法国，仅巴黎就有一千多个健美操中心。在苏联、波兰、保加利亚等国，健美操已列入大、中小学的体育教学大纲。在日本不仅有青年、妇女喜爱的健美操，还创编了孕妇健美操、婴儿健美操等。健美操以其鲜明的韵律感、全面的协调性、广泛的适用性、显著的实效性风靡全球。

健美操的分类方法众多，根据练习的主要目的和任务，可分为竞技健美操和健身健美操；根据练习形式，可分为徒手健美操、器械健美操和特殊场地健美操；根据性别特征，可分为女子健美操和男子健美操；根据年龄特征，可分为幼儿健美操、儿童健美操、少年健美操、青年健美操、中年健美操和老年健美操；根据锻炼部位，可分为颈部健美操、肩部健美操、臂部健美操、胸部健美操、腹部健美操、腰部健美操、髋部健美操、腿部健美操等。

二、健美操基本动作

1. 下肢动作

健美操的基本步伐有5类：踏步类、迈步类、点地类、抬腿类和双腿类。

（1）踏步类

运动强度较低，两脚始终依次交替落地。

① 路步。如图4-1所示，两腿原地依次抬起，依次落地，两臂自然前后摆动。落地时，由脚尖过渡到脚跟，踝、膝、髋关节依次有弹性地缓冲。

② 走步。如图4-2所示，迈步向前走时，脚跟先落地，过渡到全脚掌；向后走时则相反。其技术要点基本与踏步相同。

图4-1　踏步

图4-2　走步

③ 一字步。如图4-3所示，一脚向前一步，另一脚并于前脚，然后依次还原。前后均要有并脚过程；每一拍动作膝关节始终有弹性地缓冲。

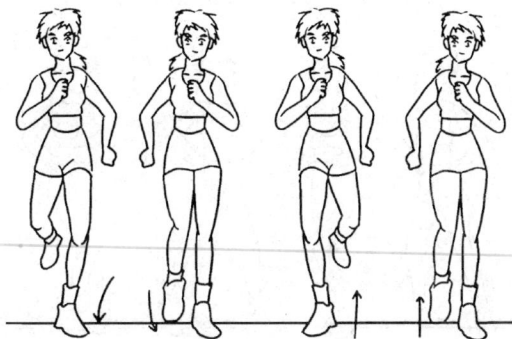

图4-3　一字步

④ V字步。如图4-4所示，一脚向前侧方迈一步，另一脚随之向另一侧方迈一步，成两脚开立，屈膝，然后依次退回原位。两脚间距离略比肩宽，重心落于两腿之间。

⑤ 漫步。如图4-5所示，一脚向前迈出，屈膝，重心随之前移，另一脚稍抬起，然后原地落下；或向后撤一步，重心后移，另一脚稍抬起，然后原地落下。动作富有弹性，身体重心随之前后移动。

⑥ 跑步。如图4-6所示，两腿经过腾空，依次屈膝落地缓冲，脚跟要着地，两臂屈肘摆臂。

图 4-4　V 字步

图 4-5　漫步

图 4-6　跑步

（2）迈步类

一条腿先迈出一步，重心移至该腿，另一条腿用脚跟、脚尖点地或吸腿、屈腿、踢腿后向另一个方向迈步。

① 并步。如图 4-7 所示，一脚迈出，另一脚随之并拢屈膝点地；再向反方向迈步。两膝保持弹动，重心随之移动，动作幅度和力度可随风格而定。

图 4-7　并步

② 侧交叉步。如图 4-8 所示，一脚向侧迈一步，另一脚在其后交叉，随之再向侧迈一步，另一脚并拢，屈膝点地。第一步脚跟先落地，屈膝缓冲，身体重心随脚步快速移动。

（3）点地类

一腿屈膝站立，另一腿伸出，用脚尖或脚跟点地后还原到并腿位置。

① 脚尖点地。如图 4-9 所示，一腿稍屈膝站立，另一腿伸出（向前、向后、向一侧），脚尖点地，然后还原到并腿姿势。支撑腿始终保持屈膝站立，并随动作有弹性地屈伸。

图 4 - 8 侧交叉步

② 脚跟点地。如图 4 - 10 所示，一腿稍屈膝站立，另一腿伸出，脚跟点地，然后还原到并腿姿势。只可做向前和向侧的脚跟点地。

图 4 - 9 脚尖点地

图 4 - 10 脚跟点地

（4）抬腿类

一腿站立，另一腿抬起。

① 吸腿。如图 4 - 11 所示，一腿屈膝抬起，落地还原。上体保持正直，大腿用力上提超过水平，小腿自然下垂。

② 摆腿。如图 4 - 12 所示，一腿稍屈膝站立，另一腿做摆动。摆腿时，上体顺势前倾、后倾或侧倾。

图 4 - 11 吸腿

图 4 - 12 摆腿

③ 踢腿。如图 4 - 13 所示，一腿稍屈膝站立，另一腿抬起，然后还原。踢腿时，加速用力且有控制，上体保持正直。

④ 弹踢腿（跳）。如图4-14所示，一腿站立（蹬跳），另一腿先向后屈，再向前下方弹踢，还原。腿弹出时要有控制，无须太高，上体保持正直。

⑤ 后屈腿（跳）。如图4-15所示，一腿站立（蹬跳），另一腿向后屈膝折叠，放下腿还原。后屈腿脚跟靠近臀部，支撑腿有弹性地缓冲落地，两膝并拢。

（5）双腿类

双腿站立或跳跃，身体重心在两腿之间。

图4-13 踢腿

图4-14 弹踢腿（跳）

① 并腿跳。如图4-16所示，两腿并拢跳起，落地缓冲且有控制。

图4-15 后屈腿（跳）

图4-16 并腿跳

② 分腿跳。如图4-17所示，分腿分立，屈膝半蹲（大、小腿夹角不小于90°），向上跳起，分腿落地屈膝缓冲。

③ 开合跳。由并腿跳起，分腿落地，再由分腿跳起，并腿落地。分腿屈膝蹲时，两脚自然外开，膝关节沿脚尖方向弯曲。落地时，屈膝缓冲，脚跟着地。

④ 半蹲。分为并腿半蹲和分腿半蹲，两腿有控制地同时屈和伸。如图4-18所示，分腿半蹲时，两腿左右分开稍大于肩，脚尖稍外展，膝关节角度不小于90°，与脚尖方向一致，上体保持直立。

⑤ 弓步。两脚前后分开，平行站立，一腿屈膝，脚尖与膝垂直，另一腿伸直，重心落于两脚之间。也可两膝皆屈，后腿的大腿垂直于地面（见图4-19）。

图 4 - 17　分腿跳

图 4 - 18　半蹲

图 4 - 19　弓步

📢 重要提示

音乐和动作的配合，对健美操的艺术效果起着关键性的作用。

2. 上肢动作

（1）手形

健美操中，手掌随臂的姿态而灵活变化，一般而言，手臂伸展时，手指和手腕随之伸展，手背呈反弓形；手臂弯曲时，手指、手腕放松，从肩至手指呈一柔和弧线。恰当地运用各种手形，能使手臂动作更加丰富多彩、生动活泼。健美操常见手形如下所述。

① 并拢式——五指伸直并拢，大拇指微屈，指关节贴于食指旁。

② 分开式——五指用力伸直，充分张开，手腕保持一定的紧张程度。

③ 一指式——握拳，食指或拇指伸直。

④ 芭蕾手式——五指微屈，后三指并拢、稍内收，拇指内扣。

⑤ 拳式——握拳，拇指在外，指关节弯曲，紧贴于食指和中指。

⑥ 立掌式——五指伸直，手掌用力上翘。

⑦ 西班牙舞手式——五指用力，小指、无名指、中指自掌指关节处依次屈，拇指稍内扣。

⑧ 花式——在分开式的基础上小指伸直向掌心回弯到最大限度，无名指会随小指回弯。

⑨ 剑指——拇指与无名指、小指相叠，中指、食指并拢伸直。

（2）臂部动作

健美操的手臂动作包括举、屈、伸、摆、绕、绕环等（见表 4 - 1）。

表 4 – 1 健美操手臂基本动作

动作分类	动作界定	动作变化
举（摆/提/拉）	以肩为轴，臂伸直向某方向抬起并停止在某一部位，活动范围不超过 180°	单或双臂的前、后、侧举。其中双臂既可以做相同的动作，也可以做不同的动作；既可同时，又可依次，还可交叉
屈	肘关节产生一定的弯曲角度	包括胸前平屈、肩侧屈、肩上侧屈、肩下侧屈、肩上前屈、腰间屈、头后屈。既可以一臂做动作，又可以两臂同时做相同动作，也可以两臂依次做相同动作
绕（绕环）	以肩关节为轴，手臂在 180° 至 360° 之间的运动为绕环；大于 360° 以上的圆周运动为绕环	单臂或双臂的前、后、内、外绕（环绕），小绕、中绕、大绕。两臂动作既可以同时，又可以依次

（3）肩部动作

单肩或双肩提肩、沉肩、收肩、展肩、绕肩、振肩等。

3．躯干动作

躯干的波浪动作可向前、后、左、右，依靠身体各部位依次完成，动作要协调、连贯。例如，前波浪是从下而上，后波浪从上而下等。

阅读材料

健身（大众）健美操规则

第一章 总则

1.1 定义

健身健美操：在音乐伴奏下，以身体练习为基本手段、以有氧运动为基础，达到增进健康、塑造形体、改善气质、娱乐休闲目的的一项运动。

1.2 目的

制定本规则的目标是保证全国大众健美操比赛评分的客观性、规范性和公正性。

1.3 比赛内容

规定动作比赛（全国健美操大众锻炼标准）、自选动作比赛。

1.4 年龄与分组

儿童组（小学生），12 岁以下；少年组（中学生），13～17 岁；青年组，18～34 岁；中年组，35～49 岁；老年组，50 岁以上。

1.5 参赛人数

规定动作：每队 5 人，性别不限，或按比赛规程执行。自选动作：可分为个人、双人和集体项目等，性别按规程执行。

1.6 出场顺序

比赛的出场顺序在赛前由组委会竞赛部指定中间人抽签确定。

1.7 比赛场地与设备

1.7.1 赛台高 80～100 cm，比赛场地为 12 m×12 m 的地板或地毯，有背景挡。

1.7.2　有专业的放音设备和舞台灯光。

1.7.3　裁判席设在比赛场地的正前方。

1.8　成套动作时间

1.8.1　规定动作：成套动作时间按《全国健美操大众锻炼标准》规定时间执行。

1.8.2　自选动作：成套动作时间为 2 m ~ 2 m15s，计时从动作开始到动作结束。

1.9　音乐伴奏

1.9.1　规定动作音乐由主办单位提供《全国健美操大众锻炼标准》规定动作音乐并统一播放。

1.9.2　自选动作音乐由参赛队自备，音乐必须录在磁带A面或光盘的开头，须备2份，其中1份报到后交大会放音组。

1.9.3　自选动作音乐允许有 2×8 拍的前奏，音乐速度不限，比赛音乐必须是高质量的。

1.10　比赛服装

1.10.1　着健身服或运动式休闲服和运动鞋（旅游鞋式，不可穿球鞋、体操鞋等）。

1.10.2　服装上可有亮片等装饰物，女选手可化淡妆；比赛时选手不得佩戴首饰。

1.11　裁判组组成

裁判组由1名裁判长、5~7名裁判员、1名总记录长、2~3名记录员、1名计时员（自选动作比赛）、1~2名放音员、2~3名检录员、1名宣告员组成，也可根据比赛规模大小适当增减裁判人员。

1.12　评分方法

1.12.1　采取公开示分的方法，成套动作满分为10分制，裁判员的评分精确到0.1分。

1.12.2　裁判员的评分去掉1~2个最高分和最低分，中间3个分数的平均分即为得分，再减去裁判长减分即为最后得分。

1.12.3　对比赛成绩和结果不接受申诉。

1.13　比赛成绩与奖励

1.13.1　比赛成绩按比赛规程执行。

1.13.2　奖项设置与奖励办法按比赛规程执行。

第二章　成套动作评分

2.1　规定动作评分（10分制）

评分因素与分值：表演和团队精神4分，动作的完成6分。

扣　分　表

评分因素	内容	一般	较差	不可接受
表演和团队精神4分	表现力与热情	0.1 ~ 0.2	0.3 ~ 0.4	0.5 或更多
	队形	0.1 ~ 0.2	0.3 ~ 0.4	0.5 或更多
	一致性（每次）	0.1	0.2	0.3
动作完成6分	动作的正确性	0.1 ~ 0.2	0.3 ~ 0.4	0.5 或更多
	动作不熟练、漏做动作	0.1 ~ 0.2	0.3 ~ 0.4	0.5 或更多
	身体的协调性	0.1 ~ 0.2	0.3 ~ 0.4	0.5 或更多

扣　分　表				
评分因素	内容	一般	较差	不可接受
动作完成6分	动作连接	0.1～0.2	0.3～0.4	0.5或更多
	改变动作或附加动作	0.1～0.2	0.3～0.4	0.5或更多
	动作充分表现音乐的情绪	0.1～0.2	0.3～0.4	0.5或更多
	动作和音乐节奏配合准确	0.1～0.2	0.3～0.4	0.5或更多

2.2 自选动作评分（10分制）

评分因素与分值：集体/个人动作设计3分/4分，动作完成4分/4分，表演和团队精神3分/2分。

扣　分　表				
评分因素	内容	一般	较差	不可接受
动作设计集体 3分/个人4分	主题健康、充满活力	0.1～0.2	0.3～0.4	0.5或更多
	风格突出、富有创意	0.1～0.2	0.3～0.4	0.5或更多
	动作类型丰富，动作的转换自然流畅	0.1～0.2	0.3～0.4	0.5或更多
	服饰选择美观协调	0.1～0.2	0.3～0.4	0.5或更多
	音乐的选择与动作风格相一致并配合协调，录音质量高、清晰	0.1～0.2	0.3～0.4	0.5或更多
	充分利用场地和空间	0.1～0.2	0.3～0.4	0.5或更多
	安全性	0.1～0.2	0.3～0.4	0.5或更多
	每出现一个不安全动作	扣0.2		
动作完成集体 4分/个人4分	动作完成轻松、准确、流畅	0.1～0.2	0.3～0.4	0.5或更多
	动作完成能体现所选择主题的风格和特点	0.1～0.2	0.3～0.4	0.5或更多
	动作与音乐须协调一致	0.1～0.2	0.3～0.4	0.5或更多
	基本姿态和技术正确，动作优美	0.1～0.2	0.3～0.4	0.5或更多
集体 表演和团队 精神3分	表现力与热情	0.1～0.2	0.3～0.4	0.5或更多
	队形	0.1～0.2	0.3～0.4	0.5或更多
	一致性（每次）	0.1	0.2	0.3
	表现力与热情	扣至0.3	0.4～0.5	0.6或更多
个人/表演2分	表现力与热情	扣至0.3	0.4～0.5	0.6或更多

2.3　裁判长减分

裁判长对比赛的过程进行组织和监控，并对下列情况进行减分，每项均减0.2分：被叫到后20秒内未出场；参赛人数不符合规定；成套时间不足或超过；着装不符合规定；比赛时掉物或装束散落。

第三章　不安全动作

3.1　不安全动作

各种竞技体操和技巧运动的翻转和抛接动作；过度背弓；无支撑体前屈；仰卧翻臀；头绕环和过度头后仰；膝转；足尖起；仰卧直腿起坐、仰卧直腿举腿、仰卧两头起；臀部低于膝关节的深蹲；高难度的托举动作。

3.2　关于难度动作

在成套动作中不鼓励出现竞技健美操中的难度动作，如出现类似的动作，将不予加分，并对出现的错误动作进行减分。

第四章　纪律与处罚

4.1　裁判员纪律与处罚

严格按照国家体育总局关于全国体育竞赛裁判纪律有关规定执行。

4.2　参赛者纪律与处罚

**4.2.1　**裁判示意后1分钟未出场者，取消比赛资格。

**4.2.2　**拒绝领奖者取消所有成绩与名次。

**4.2.3　**检录三次未到者取消该项比赛资格。

**4.2.4　**对不遵守大会其他纪律、不尊重裁判员和大会工作人员、有意干扰比赛者将视情况给予以下处罚：警告；取消比赛资格；取消健美操等级指导员资格；终身取消比赛资格。

第五章　特殊情况处理

运动员在遇到以下特殊情况时，应立即停止做动作并向裁判长反映，在问题解决后重做，在成套动作结束后提出的要求将不被接受：播放错音乐；由于音响设备而出现的音乐问题；由于设备问题而出现的干扰——灯光、舞台、会场。

第三节　体育舞蹈

本节概述了体育舞蹈的渊源，介绍了其基本知识：舞种、舞程线、角度、方位等；讲解了基本技术：标准握持、舞姿、舞步等。

一、体育舞蹈概述

体育舞蹈也称"国际标准交谊舞"（以下简称国标舞），集娱乐、运动、艺术于一体，是以男女为伴的一种步行式双人舞。

体育舞蹈的发展经历了原始舞、公众舞、民间舞、宫廷舞、交际舞、新旧国际标准交谊舞等演变过程。早在殷商乐舞"韶"中，便有"相与连臂踏歌行"的集体舞之说。18世纪20年代后，英国皇家舞蹈教师协会对原"舞种""舞步""舞姿"等进行了规范整理，制定了比赛方法，形成了国际标准交谊舞。1847年，在德国柏林举行了第一届世界标准交谊舞锦标赛。1992年，国标舞曾被列为奥运会表演项目。

二、体育舞蹈的基础知识

1. 舞种

国标舞按舞蹈的风格和技术结构，分为摩登舞（现代舞）和拉丁舞两大类。摩登舞包括华尔兹、维也纳华尔兹、探戈、狐步和快步舞5种，拉丁舞包括伦巴、恰恰恰、桑巴、牛仔和斗牛舞5种。每个舞种均有各自的舞曲、舞步及风格，根据各舞种的乐曲和动作要求，编排成各自的成套动作。

（1）摩登舞

① 华尔兹。华尔兹（Waltz）也称圆舞，是体育舞蹈中历史最悠久，生命力最强的舞蹈形式，有"舞中之后"的美誉。其动作风格庄重典雅、舒展大方、华丽多姿、飘逸优美。音乐3/4拍，每分钟30～32小节，舞步为一拍一步，每音乐小节跳三步。但前进并合步（追步）、前进锁步、后退锁步等步伐中每小节跳4步。

② 探戈。探戈（Tango）起源于非洲中西部的民间舞蹈"探戈诺"舞，据传为情人之间的秘密舞蹈，有"舞中之王"的美誉。其动作风格刚劲挺拔、热烈狂放且变化无穷，沉稳中见激越，奔放中显顿挫，在"情绪抑制"的内向中具有丰富的"引诱性"。其伴奏音乐为4/4拍，每分钟28～34小节。

③ 狐步舞。狐步舞（Slow Foxtrot）起源于美国舞蹈，20世纪初从美国逐渐流行于世界。其动作风格流动感强、轻盈恬适、舒展流畅、平稳大方、悠闲从容。其伴奏音乐为4/4拍，每分钟28～36小节。

④ 快步舞。快步舞（Quick Step）是一种快速四拍子舞蹈，由美国民间舞演变而来，早期吸收了狐步舞动作，后又引入了芭蕾舞的小动作。其动作风格轻快活泼、圆滑流利、富于激情、洒脱自由、奔放灵活、快速多变、饱含动力感和表现力。其伴奏音乐为4/4拍，每分钟50～52小节，基本节奏是慢慢快快（SSQQ），慢快快慢（SQQS）。

⑤ 维也纳华尔兹。维也纳华尔兹（Viennese Waltz）俗称快三步，起源于奥地利地区的农民舞蹈，又称"快乐尔兹"。其动作风格流畅华丽，轻松明快，翩跹回旋，活泼奔放。其伴奏音乐称为圆舞曲，3/4拍，每分钟56～60小节，第1拍为重拍，第4拍为次重拍。基本步伐是6拍走6步，2小节为1循环，第1小节为1次起伏。

（2）拉丁舞

① 伦巴。伦巴（Ruba）起源于古巴，最初是表现男女爱情的哑剧舞蹈。其动作风格浪漫奔放、性感热情、曼妙婀娜，被称为拉丁美洲音乐和舞蹈的精神与灵魂。其伴奏音乐是4/4拍，每分钟27～29小节。舞步从第4拍起跳，由一个慢步和两个快步组成。四拍走三步，慢步占二拍（第4拍和下一小节的第一拍），快步各占一拍（第二拍和第三拍）。胯部摆动三次。

② 桑巴。桑巴（Samba）被称为巴西的"国舞"，是一种集体性的交谊舞蹈，源自非洲的黑人舞蹈，原指一种激昂的肚皮舞。男舞者钟情于脚下各种灵巧的动作，两脚飞速移动或旋转。女舞者则以上身的抖动以及腹部与臀部扭动为主。其动作风格狂放不羁，动作幅度很大、节奏强烈，给人以激情似火的感觉。桑巴舞沿舞程线方向绕场移动，是一种行进性舞

蹈，伴奏音乐是 2/4 拍或 4/4 拍，每分钟 48 ~ 56 小节。

③ 恰恰恰。恰恰恰（Cha - Cha - Cha）是模仿企鹅的动作创编而成的舞蹈，借此表达青年男女之间追逐嬉戏的情景。其起源于非洲，传入拉丁美洲后，在古巴获得了很大发展。其动作风格风趣诙谐、热烈俏美、步法利落、花哨紧凑。伴奏音乐是 4/4 拍，每拍跳 5 步，每分钟 29 ~ 32 小节。

④ 斗牛舞。斗牛舞（Psao Doble）即帕索多布累，也称西班牙一步舞，起源于西班牙，是模仿西班牙斗牛士的动作创编而成的舞蹈，主要表现斗牛士的强壮和豪迈气概。其动作风格澎湃激昂、雄壮强悍、动静鲜明、敏捷顿挫。伴奏音乐是 2/4 拍，每分钟 60 ~ 62 小节，一拍一步，八拍一循环。

⑤ 牛仔舞。牛仔舞（Jive）又称为捷舞、摆舞、吉特巴、水兵舞，起源于美国西部，原是美国西部牛仔跳的踢踏舞。其动作风格快速粗犷、自由奔放、热情欢快。伴奏音乐是 4/4 拍，每分钟 40 ~ 44 小节，每小节有 2 拍或 4 拍，六拍为一个舞步。

2. 舞程线

如图 4 - 20 所示，跳舞中为避免互相碰撞，规定跳舞者必须按逆时针方向前进，这个行进线路被称为舞程线。其中，长的两条为 A 线，短的两条为 B 线。

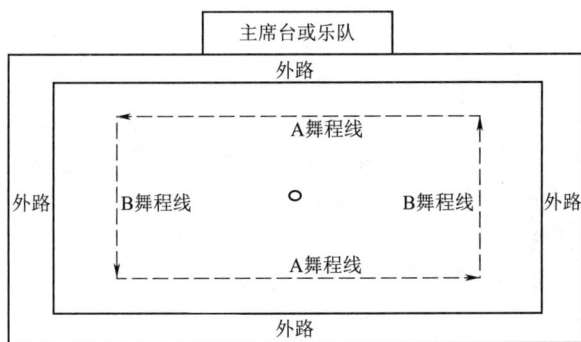

图 4 - 20　舞程线

3. 方位

如图 4 - 21 所示，以舞场正前方（多为乐队演奏台）为基点，定为"1 点"，每顺时针移动 45°则变动一个方位，依此类推，分别称为 2 ~ 8 号位。

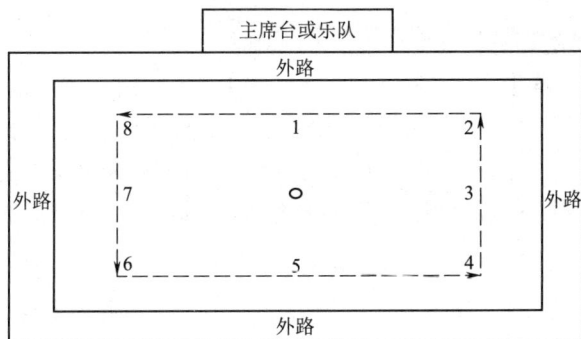

图 4 - 21　方位

4．角度

如图 4-22 所示，交谊舞中，舞者旋转的方向有左转和右转，旋转的角度一般分为45°、90°、135°、180°、225°、270°、315°、360°。

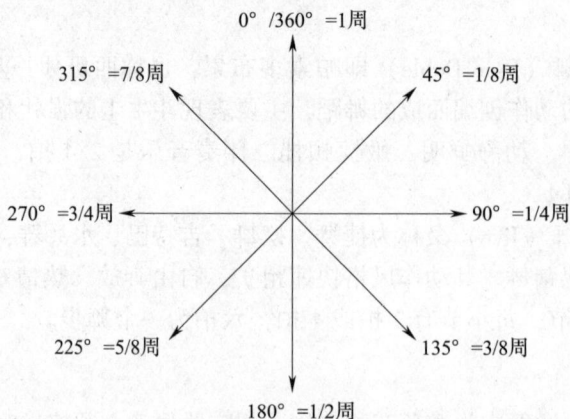

图 4-22　角度

三、体育舞蹈的基本技术

1．标准握持

标准握持，应当使共舞双方形成整体性结构，融为一体。它不仅关系到造型的优美，而且影响着信息的传递、重心的稳定、用力方法的正确与统一，以及特殊技巧的运用等一系列问题。在现代交谊舞蹈中，除探戈之外，所有舞种的标准握持都是一样的。其要点如下。

① 脚。双脚平行并拢，切忌不可"八"字形张开；右脚尖对准舞伴的两脚之间；重心集中于前脚掌且不能抬起脚跟。

② 手。男舞者的右手掌心向里，扶在女舞者左侧腰部的上方，五指并拢，肘与指尖形成一条直线，大臂与肩膀呈椭圆形展开；女舞者左手轻放在男舞者右大臂三角肌处，四指并拢，用虎口定位；男舞者左手和女舞者右手相握。

③ 躯干。在保持双方肩横线平行的前提下，各自的头部向左侧转动45°，双眼平视前方。女舞者上体后展约15°，呈挺拔式弯曲，表现出女性特有的曲线美。

2．舞姿

舞姿泛指舞者跳舞的姿态，是舞步变化的基础。

合对位舞姿（闭式舞姿），又称 C. P.（closedposition），"合"指两舞者交手握抱，"对"指面对面，泛指男女面对双手扶握的身体位，女舞者应偏向男舞者右侧约1/3。

散式舞姿，又称 P. P.（promenadeposition），指男士的右侧与女士的左侧身体紧密贴靠，身体的另一侧略向外展开呈"V"形的站立或行进的身体位置。双方的视点集中在握手的延伸方向。

3．舞步

① 直步——面向舞程线，双脚并拢，脚尖正对正前方，脚跟正对正后方，前进或后退。

② 横步——以直步为参考点，向脚外侧方向平移。

③ 切步——以直步为参考点，运步时，动作脚内侧朝向前进方向。

④ 扣步——以直步为参考点，运步时，动作脚外侧朝向前进方向。

⑤ 擦步——当动力脚从一个开位向另一个开位移动时，必须先与主力脚靠拢，且重心不变。

⑥ 滑步——舞步由三步组成，在第二步双脚并拢。

⑦ 锁步——两脚前后交叉。

⑧ 蹉蹬步——前进暂时受阻，而重心停留于一脚后时间超过一拍的舞步。

⑨ 逗留步——身体运动或旋转受阻时，双脚几乎静止不动的舞步。

⑩ 轴转——脚掌的旋转，另一脚处于或前或后的反身动作位置。

重要提示

交谊舞的三要素：舞姿、音乐、舞步。其中，舞姿是最重要的，其次是音乐，最后是舞步。

阅读材料

国际体育舞蹈联合会竞赛规则

1. 团体舞锦标赛可有以下两种形式：标准舞和拉丁舞。

2. 比赛着装。

标准舞部分：男子服装必须为黑色或藏蓝色。

拉丁舞部分：允许男子穿彩色的服装，但每队的所有男队员必须服装颜色统一。不允许使用道具。

3. 标准舞比赛队的动作编排必须是基于华尔兹、探戈、维也纳华尔兹、慢狐步舞和快步舞，并最多可选16小节任何其他舞包括拉丁舞。

4. 拉丁舞比赛队的动作编排必须是基于桑巴、恰恰恰、伦巴、斗牛舞、牛仔舞和任何其他拉丁节奏，并最多可选16小节其他任何舞包括标准舞。

5. 标准舞的每段独舞将严格限制在8小节以内，在整个舞蹈编排中最多24小节。此规则不适用于拉丁舞，在拉丁舞中独舞通常作为一部分。

两种舞中都不允许有托举动作。

注：托举动作是指一名舞者在舞伴的协助或支持下双脚同时离地的动作。

6. 在所有比赛中，参赛队应由6对或8对选手组成。在同一比赛中，任何人不得参加超过一队的比赛。

7. 在比赛中的任何阶段，各队队员最多可以有4名替补。

8. 包括入场和出场每队的表演不得超过6分钟。在此6分钟内，将评判不超过4分半钟的表演，表演的开始和结束应有明确的指示。

未遵守这些要求的队可由主席决定取消比赛资格。

9. 比赛必须安排来自不同国家的不少于7名有团体舞经验的裁判。

10. 应使用磁带或其他音响设备。

11. 必须为各队的彩排做充足的安排，为各队在舞厅安排充足的时间带音乐排练。

12. 必须任命一名主席。他必须参加彩排并警告违反规则的队。如有参赛队在比赛中违反规则，他有权和裁判们协商后取消该队的比赛资格。

在比赛时只允许使用彩排时的动作编排和音乐，比赛时不允许更换服装。

13. 当比赛参赛队超过 5 支时，必须举行第二轮比赛。

第四节　健　美　运　动

本节介绍了肌肉健美的练习动作，概述了健美训练的原则。

一、肌肉健美的练习动作

1. 颈部肌肉练习动作

① 前后颈屈伸。两手交叉放脑后，头稍后仰，两手用力将头向前压，同时，头部紧张对抗，至下颌贴近胸前为止。稍停，头向上抬起，两手施以适当的反抗力，至头稍后仰为止。

② 侧向颈屈伸。用右手紧靠头部右侧，用力将头部推向左侧肩方向，同时头部对左手施以一定的反抗力。稍停后，头部向中间还原，同时，右手对头部施以一定的反抗力。头部向右侧屈伸，动作与此相同，方向相反。

③ 颈绕环。两脚自然分开站立，上体保持挺胸、收腹的姿势，两臂自然下垂。头部缓慢、用力、均匀、充分地向四周转动。每绕环一周后再向反方向绕环。

2. 胸部肌肉练习动作

① 卧推。卧推因体姿不同，分为平卧推、上斜卧推和下斜卧推。

如图 4-23 所示，平卧推时，练习者仰卧在长凳上，两手持杠铃，将横杠放在胸部乳头以上（女子触胸即可）。两手握杠，初练习时可采用中握距，以后逐渐加宽至宽握距。如使用较重的重量，可请两人协助把杠铃抬起，或者把杠铃预先放在卧推架上来练习，垂直向上推起，至两臂伸直，稍停，再放下至胸上。将杠铃放置胸部时，胸要挺起，用力上推时，要胸肌发力，头、背不得离开架子。

② 仰卧飞鸟。身体仰卧，两臂开合，状如飞鸟，故称为"仰卧飞鸟"。根据仰卧体姿，可分为平卧飞鸟、上斜飞鸟和下斜飞鸟。

如图 4-24 所示，平卧飞鸟时，练习者仰卧于长凳上，两脚分开，平踏在地上，两手持哑铃，掌心相对，然后两臂向上伸直与身体垂直，肘微屈，用胸肌伸展力将哑铃向两侧尽可能外展下放，到达最低点后稍停；然后再用胸肌收缩力沿原路线将哑铃内收上举成起始姿势。向两侧分臂时，肘关节可微屈，但必须缓缓下落至体侧之下。做此练习时，要缓慢下降，尤其在接近最低点时，更要慢一点，避免造成肩带扭伤；上举或下降时，两臂要在肩关节的垂直面上移动，不可偏前或偏后。

③ 双杠臂屈伸。如图 4-25 所示，练习者直臂支撑在双杠上，身体自然下垂，然后屈双臂缓慢降下身体至不能再降低为止，稍停后以胸大肌和肱三头肌收缩用力撑起身体至两臂伸直，稍停再重复练习。撑起身体时，应挺腰、收腹、抬头、下颌前伸，胸大肌极力绷紧。动作要慢，即慢慢屈臂下降和缓缓伸臂撑起。如果徒手能做 15 次以上，可在双足或腰部钩挂重物，以增强锻炼的效果。

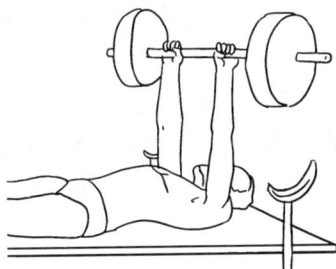

图 4-23 卧推

图 4-24 仰卧飞鸟

④ 俯卧撑。如图 4-26 所示，两手掌支撑在地上，手指向前，两臂伸直略向前倾，与肩成 10°~15°夹角，两脚踝靠拢两腿向后伸直，以脚尖支地，全身挺起，头稍仰起，目视前方，屈臂使身体下降至两臂完全弯曲，随即以胸大肌的收缩力量，使两臂伸直还原。若肘部贴近体侧，对胸大肌的内侧部和下胸部刺激较大；若两肘外展，则有助于发达上胸部。如果感觉轻松易做，可加高放脚的位置，使身体重心前倾，或背上放置重物，以此增加难度。

图 4-25 双杠臂屈伸

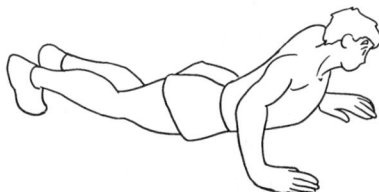

图 4-26 俯卧撑

3. 背部肌肉练习动作

① 提肘上拉。如图 4-27 所示，两手握持杠铃，手心向后，握距略窄于肩宽，两臂下垂伸直，身体正直，然后耸肩并上提肘，将杠铃上提到胸部最高处稍停，再徐徐还原。耸肩与提肘同时协调进行，两肘应尽量向上高抬，杠铃始终应贴近身体上下运动，动作要慢，特别是还原时要缓缓回位。

② 并握划船。如图 4-28 所示，两脚开立与肩同宽，横杠从腿间穿过，上体前屈与地面平行，两手一前一后并握杠铃，两腿自然伸直（或稍屈），两臂放松下垂，挺胸，头稍

图 4-27 提肘上拉

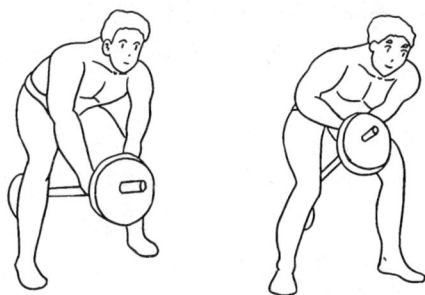

图 4-28 并握划船

仰起，目前视，随即屈臂用背阔肌的收缩力量，将杠铃向上提起至接近胸骨处，使背阔肌极力收紧，稍停，用力控制背阔肌，将杠铃徐徐放下还原。

③颈后引体向上。如图4-29所示，两手握单杠，手心朝前，腰背部以下放松，两小腿伸直或交叉，用背阔肌和肱二头肌的收缩力将身体向上拉引，直到颈后贴近横杠。然后，放松下降身体时，肌肉拉长收缩，缓缓下降身体，直到完全放松为止。做动作时一定不要借用身体振动的力量向上引体，应保持身体自然放松。

④负重后展体。如图4-30所示，俯卧在长凳上，髋关节与长凳端沿齐平，两腿并拢由同伴压住，两手在颈后扶持杠铃片、哑铃或实心球等重物，然后上体前屈，接着挺身向后展体，稍停后再还原成上体前屈姿势。上体前屈时背部肌肉放松，向上抬起上体时要抬头挺胸，背阔肌充分收紧，使身体呈反弓形。

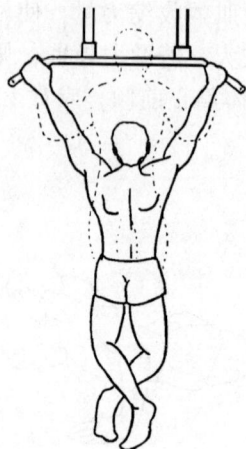

图4-29　颈后引体向上　　　　　　图4-30　负重后展体

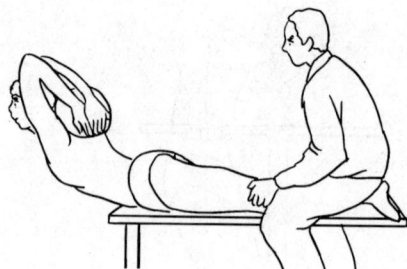

4. 肩部肌肉练习动作

①俯身飞鸟。如图4-31所示，两脚开立稍宽于肩，腿伸直，上体前弓与地面平行，两手握哑铃，两臂自然下垂于腿前。然后两臂伸直分别向两侧举起哑铃至略高于肩处，稍停后按举起路线还原成开始姿势。上体尽量保持平稳，不要上下起伏摆动，动作速度均匀、缓慢，肘关节允许稍弯曲。格外要注意的是，在上举和下放哑铃时，上体不要上下摆动。

②颈后推举。如图4-32所示，两脚开立，两手采用宽握距握持杠铃置于肩上。然后挺胸、紧腰将杠铃向头后上方推起，直至两臂伸直，稍停后再按推起路线缓缓回落至颈后肩上。上举和下放时，身体不要摆动，头可适当前收。上举要举到两臂完全伸直，下落时要徐徐下落。

③前平举。如图4-33所示，两脚开立，与肩同宽，两手持哑铃，两臂下垂体前，挺胸收腹，直立，以肩部肌群的收缩力，直臂将哑铃提举至体前，与肩齐高。静止片刻后，再以肩部肌力控制住哑铃，使其缓慢下落，经原路还原。也可持哑铃做交替练习。

④侧平举。如图4-34所示，两脚开立，两手握哑铃分别置大腿两侧，挺胸收腹，两手臂提哑铃侧平举至与肩同高，稍停后按上举线路徐徐还原。动作速度尽量均匀缓慢，特别是下落时要控制速度，进行充分退让性练习。

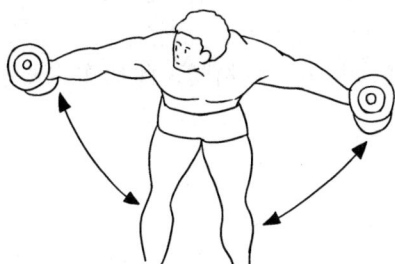

图 4 – 31　俯身飞鸟

图 4 – 32　颈后推举

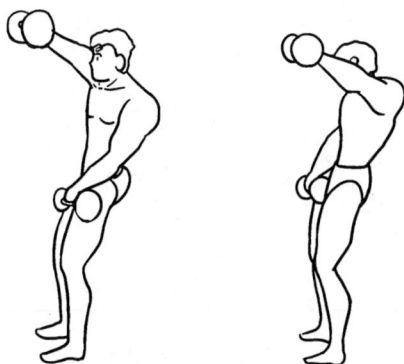

图 4 – 33　前平举

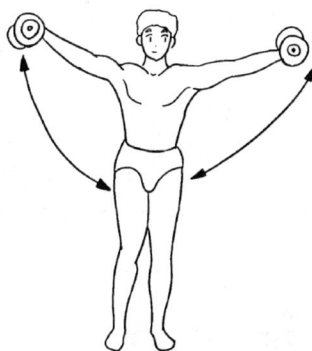

图 4 – 34　侧平举

5. 臂部肌肉练习动作

① 胸前弯举。如图 4 – 35 所示，两脚开立与肩同宽，两手握杠铃，自然下垂于大腿前侧，然后两臂同时用力屈肘，将杠铃向上弯举至胸前，稍停后慢慢伸肘下落还原。在此动作中，身体应基本固定，不得前后摆动借力，大臂要紧贴上体，慢举慢落。

② 俯立臂屈伸。如图 4 – 36 所示，练习者两脚左右开立与肩同宽，俯身使上体与地面平行，一手手心向前握持哑铃，上臂贴近体侧，前臂自然下垂，另一手支撑在凳上或同侧膝盖上，然后持铃向后上方伸前臂，将哑铃向后上方抬起，伸直手臂，略停还原。

图 4 – 35　胸前弯举

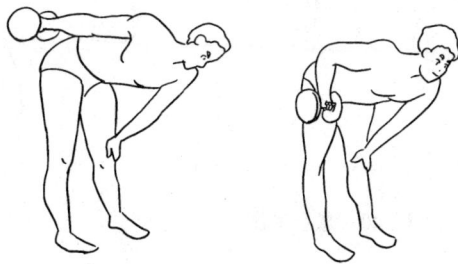

图 4 – 36　俯立臂屈伸

③ 颈后臂屈伸。如图 4 – 37 所示，站立或坐姿，两手握杠铃（正、反握均可）高举于头上，然后屈肘将杠铃慢慢向颈后放落至最低处，这时两肘尖朝上，两上臂与地面垂直，稍

停后两臂用力将杠铃慢慢上举还原。

④ 腕弯举。如图 4－38 所示，练习者坐在凳上或半蹲，两手掌心向前正握杠铃（或手背向前反握杠铃），将腕关节垫放凳子上或膝盖处，手腕悬空，然后手腕用力向上弯起，直至不能再屈为止，稍停后手腕逐渐放松成开始姿势。

⑤ 手指俯卧撑。练习者十指张开撑地，其他动作与俯卧撑相同。此动作主要锻炼手臂肌、指伸肌等。

6. 腹部肌肉练习动作

① 两头起。如图 4－39 所示，练习者仰卧在垫子上，腹部肌肉收缩，两腿和上体同时抬起，使手脚在肚脐上方汇合，手触脚尖，稍停，然后两腿和上体同时各按原路线还原。

  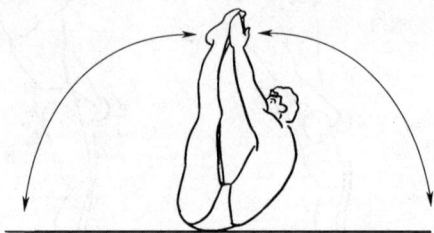

图 4－37　颈后臂屈伸　　图 4－38　腕弯举　　　　　图 4－39　两头起

② 悬垂举腿。如图 4－40 所示，练习者两手正握单杠，握距与肩同宽，身体自然，然后腹部与腿部肌肉收缩，两腿伸直上举，使两脚触及单杠，慢放还原。为发达腹内、外斜肌，可在悬垂屈膝上举的同时，两腿向两侧做转腰动作。

③ 侧卧侧身起坐。如图 4－41 所示，两手抱头侧卧于垫上，同伴压住双脚，练习者侧身起坐至最高处，然后再慢慢还原。

 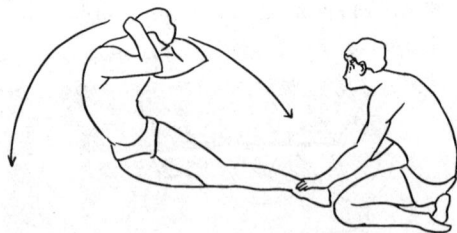

图 4－40　悬重举腿　　　　　　　图 4－41　侧卧侧身起坐

④ 体侧举。如图 4－42 所示，两脚开立，右手持哑铃，拳眼向前，下垂于体侧。随即上体向左侧屈体至极限，稍停，恢复原状态，再循环练习。左手持哑铃方法同上。上体向左、右侧屈体时，动作速度要平稳、缓慢，两腿伸直，不要弯曲。上体向不持哑铃的一侧屈时，持哑铃的手臂应完全放松，紧靠体侧。

7. 腿部肌肉练习动作

① 负重深蹲。如图4-43所示，练习者将杠铃置于颈后肩上，两手正握扶持杠铃，两脚平行开立略宽于肩，然后抬头、挺胸慢慢屈膝下蹲至大腿低于水平线，静止片刻；然后缓慢起立还原至直立姿势。

② 深蹲跳跃。如图4-44所示，将杠铃放在颈后肩上，两手握住横杠，两脚并立，稍屈膝，利用屈膝的反弹力使身体向上跃起，两脚同时向两侧分开蹲下（两脚间距离与肩同宽），大腿贴住小腿的同时迅速向上跳起。

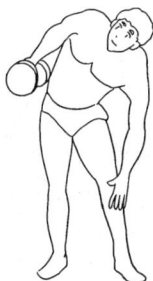

图4-42　体侧举　　　　图4-43　负重深蹲　　　　图4-44　深蹲跳跃

③ 腿后弯举。如图4-45所示，将哑铃等重物绑在脚上，俯卧在凳上使胸腹部和大腿紧贴凳面，两手抓住凳端，随即以股二头肌的收缩力量，将重物弯举至小腿与大腿垂直，使股二头肌彻底收缩，静止片刻，然后缓慢还原。躯干要始终紧贴凳面，不得晃动。

④ 坐姿腿屈伸。如图4-46所示，练习者坐在凳上，两脚托住脚柄滚筒，然后用力向上抬脚伸直膝关节，使大小腿在一条直线上，稍停，慢慢还原。如果没有腿屈伸器或综合健身器，可以把重物（如杠铃片）绑在足踝处。

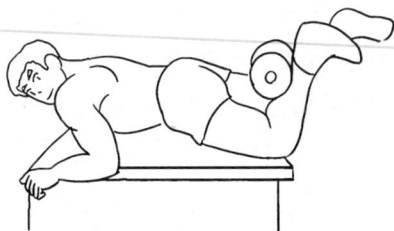

图4-45　腿后弯举　　　　　　　　图4-46　坐姿腿屈伸

⑤ 负重提踵。如图4-47所示，将杠铃置于颈后肩上（或两手持哑铃下垂于体侧），两脚平行开立，使脚掌站在垫木上，脚跟露在垫木外，然后尽力提起脚跟至最高位置，略停顿，慢降至着地。

⑥ 摇绳纵跳。如图4-48所示，即直腿跳绳。动作要点是，直膝前踢跳过绳，脚后跟不得着地。

图 4-47　负重提踵　　　　　　　　　　　图 4-48　摇绳纵跳

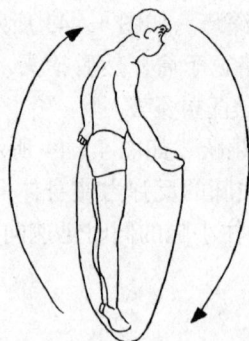

二、健美训练的原则

了解和掌握健美运动训练的原则，是进行健美训练、健美身心、增强体质、发达肌肉、美化体形体态的重要环节，它对健美运动的科学训练手段与方法的实施，有着直接的指导作用。

1. 超负荷原则

超量负荷能给人体带来超量恢复，即超量负荷的刺激会给肌肉带来疲劳，经过短时的恢复和营养，机体的机能会获得比原来水平还高的飞跃，会使肌肉获得更快的生长与发育。超量负荷的刺激要适当，应控制在人体能够承受的范围内，这样可以防止受伤或过度训练。

2. 循序渐进原则

人体对环境的适应是一个缓慢的由量变到质变的过程，健美训练也是如此。初级练习者应根据自身情况，合理设计和选择健美训练计划，安排训练内容。经过一段时期的训练，再逐步增加训练的内容、方法和运动量。如不根据自己的实际情况，盲目地追求大运动量，突然加大练习重量，身体就不能很好地适应，甚至导致伤病。

3. 均衡发展原则

健美的身体应该是从头到脚，从内到外，每个部位肌肉之间都协调发展，身体的比例匀称，各器官系统平衡全面发展。因此，健美训练应根据人体的生理特点，采用各种有效的训练方法，使身体各部位肌肉群、各器官的机能以及身体各方面素质都得到全面均衡的发展。

4. 持之以恒原则

根据有机体的超量恢复原理，由于运动负荷造成的机体的异化作用刺激了同化作用的加强，加上食物营养的及时补充，机体的能源储备和机能能力不仅可以达到运动前的水平，而且会超过运动前的水平，这也就是健美运动训练的精髓所在。如果在超量恢复阶段不持续进行训练，机体就会进入复原阶段。机体原先所获得的训练效果就会消失。由此可以看出，健美训练最忌"三天打鱼，两天晒网"和"一曝十寒"。

第五节　瑜　　伽

一、瑜伽的起源和概念

"瑜伽"起源于古印度，"瑜伽"一词来自梵文的译音"Yoga"，意思是"连接""统一"，其原意为"和谐"。它最初是古代婆罗门教（印度教的前身）为实现解脱而采用的一种修行方式。古印度瑜伽修行者在大自然中修炼身心时，无意中发现各种动物与植物天生具有治疗、放松、睡眠和保持清醒的方法，患病时能不经治疗而自然痊愈，于是古印度瑜伽修行者根据动物的姿势观察、模仿并亲自体验，创立出一系列有益身心的体位法，这些姿势历经 5000 多年的锤炼，教给人们的治愈法让世世代代的人从中受益。瑜伽作为一种健身方式，现已风靡全球，当今的瑜伽已不仅属于哲学和宗教的范畴，它有着更广泛的含义和更强大的生命力，我们现在知道的瑜伽，主要是用来增进健康和心智健康的练习方法。

二、瑜伽的锻炼价值

1. 有效预防慢性病

外在的身体疲倦可以通过双手按摩达到舒缓。与肌肉和骨骼一样，人体的脏器也会产生疲倦感，而借助瑜伽的各种体位法，配合腹式呼吸，能够按摩身体的内脏器官，提升内脏功能，促进血液循环，使腺体分泌平衡，关节灵活，增强神经系统功能、提高免疫力，从而远离慢性病。

2. 消除疲劳和紧张

站立和坐姿不正确的人，或是长期因工作及生活压力而处于精神紧张状态的人，比一般人更容易感到倦怠。通过有意识的呼吸，得以排除体内的废气、虚火，消除疲劳和紧张感。

3. 减脂、塑造体型、延缓生理衰老

瑜伽的练习可以从根本上改善人的体质，通过瑜伽的体位法和持之以恒的练习，可以让身体得到显著的变化：美化胸部曲线、使腰部柔软、美化臀部、避免臂肌松弛下垂、美化臂型、消除腹部多余脂肪、预防下半身肥胖、修长腿部、消除大腿和小腿脂肪。练习瑜伽可以使人的心情愉悦，畅通全身经络，活化脏腑机能，调节心情，使人处于平和、喜悦的状态，从而延缓生理衰老的过程，常葆青春。

4. 训练注意力、缓解忧愁和抑郁

练习瑜伽，能使人把注意力集中在一件事上，使身体按照内心的意志去行事。瑜伽通过疏理身体中堵塞的气流来调节紊乱的心绪，当心灵掀开烦躁、忧郁和压力而平静下来的时候，人的注意力就会更集中。当身心完全放松，专注与伸展肢体时，体内就会产生一种让人愉快的"脑内啡呔"安定情绪，释放人体负面情绪，让人处于积极的状态，逐渐达到"身松心静、身心合一"的境界。

三、瑜伽的流派

1. 业瑜伽

业是行为的意思。业瑜伽认为，行为是生命的第一表现，比如衣食、起居、言谈举止，等等。业瑜伽内心倡导将精力集中于内心世界，通过内心的精神活动，引导更加完善的行为。瑜伽师认为人最好的朋友和最大的敌人都是他本身，只有完全的奉献和皈依，才能使自己的精神、情操、行为达到和谐的最终境界。

2. 智瑜伽

智瑜伽认为知识有高低之别，寻常人所说的知识仅仅局限于生命和物质的外在表现。这种低等的知识可以通过直接或间接的途径获得，然而智瑜伽所寻求的知识，则要求瑜伽者转眼向内看，透过一切事物的本质，去体验和理解创造万物之神——梵。通过朗读古老的经典，理解书中的真正意义，获得神圣的真谛，凭借瑜伽实践提升生命之气，打开头顶的梵穴轮，让梵进入身体获得无上智慧。

3. 哈他瑜伽

在哈他（Hatha）这个词中。"哈"的意思是太阳，"他"指的是月亮，哈他代表男与女、日与夜、阴与阳、柔和刚，以及其他相辅相成的两个对立面的平衡。哈他瑜伽认为，人体包括两个体系，一个是精神体系，另一个是肌力体系。在通常情况下，如果这两个体系失调不太严重时，通过休息便可自然恢复平衡；但是如果不能主动自我克制和调节，这种失调会日益加剧并导致精神和肌体上的疾病。体位法可以打破原有的紊乱，消除肌体不安定的因素，通过调息来清除体内神经系统的滞障，控制身体的能量并加以利用。

4. 王瑜伽

如果说哈他瑜伽是打开瑜伽之门的钥匙，那王瑜伽就是通往精神世界的必由之路。哈他瑜伽重在体式和制气，王瑜伽偏于意念和调息。通常使用莲花坐等一些体位法进行冥想，摒弃了大多数严格的体位法，用意念感受身体的运动，控制气流在体内流通，使精神完全沉浸在无限深邃的寂静中。

5. 昆达利尼瑜伽

又称蛇王瑜伽，昆达利尼派认为，人体周身存在 72 000 条气脉，七大梵穴轮，一根主通道和一条处在休眠状态的圣蛇。通过打通气脉，使生命之气唤醒那条蛇，使它穿过所有的梵穴轮到达体外，一旦昆达利尼蛇冲出头顶的梵穴轮，即可获得出神入化的三摩地。昆达利尼瑜伽对人的要求很高，它是瑜伽中难以练习的方法，只有持之以恒方可获得力量。

6. 双人瑜伽

在瑜伽热潮中，双人瑜伽也渐渐备受关注。顾名思义，双人可以是夫妻、父母、朋友、情侣，甚至是想提高工作配合程度的同事或者增加合作机会的生意伙伴。跟个人修习相比，双人瑜伽更重视分享、交流、互助，在增加瑜伽乐趣的同时，练习者之间的爱、友情、信任、合作精神也随之提高。双人瑜伽由于很多身体的接触，在动作选择和设计上要因人而异。

四、瑜伽练习注意事项

（1）选择一个安静、室内通风良好的房间练习，若有条件，选择室外练习更佳，练习时间可选择每天的清晨、中午或是晚上，最好是饭后一个半小时空腹练习，并排空膀胱、肠道，练习后半小时可进食。

（2）练习时最好赤脚，服装选择棉麻类面料，剪裁尽量简单宽松，以保证透气性和练习时肌体不受约束。尽量少带饰物，如耳环、发卡之类的。

（3）不要在硬地板或太软的床上练习，练习时应在地上铺一条毯子或者专用的瑜伽垫。

（4）练习时的热身很重要，一开始不要做难度较大的动作，关注自己的身体状况，最好先做一些瑜伽热身练习，循序渐进，避免身体受到伤害。练习过程中保持安静，避免交谈，排除杂念，睁眼闭眼都可以，把注意力集中在体内所产生的感觉上，可播放舒缓的音乐。

（5）练习中所有的体式都要通过鼻腔呼吸，而不要用嘴呼吸，动作应与呼吸协调，千万不能屏住呼吸进行体位练习。

（6）在完成瑜伽体式练习后，应躺下进行挺尸式放松休息10～15分钟，这样可以驱除疲劳，放松身心。

五、瑜伽的呼吸、冥想

瑜伽的呼吸

瑜伽的呼吸分为腹式呼吸、胸式呼吸和完全式呼吸。

1. 腹式呼吸

腹式呼吸是瑜伽练习中最为简单和有效的呼吸练习，是所有呼吸技巧的基础，任何一个体式基本上都可以练习腹式呼吸：双手交叉，置于脑后的颈部，呼气时低头，双肘靠近，腹部内收，把气逼出来，吸气时抬头，双肘打开，腹部隆起，腹腔充满空气。呼吸要尽量平稳、深沉、悠长。初学者也可以选择仰卧的姿势来体会腹式呼吸。

功效：腹式呼吸可以安抚神经，调节循环和呼吸系统，为身心减压，在深长呼吸时，腹部的器官得到按摩，内脏和腺体得到调整。

2. 胸式呼吸

胸式呼吸以肺的中上部分进行呼吸，感觉是胸部在张缩鼓动，腹部相对不动。可将双手放在肋骨的两侧，吸气，收缩腹部，胸廓的下部升高并向两侧扩张，肩部也会随着抬高，腹部向内朝脊椎的方向收回，吸气越深，腹部收得越紧，呼气时放松，肋骨向下并内收。

功效：胸式呼吸可加强腹肌力量，降低心跳频率。

3. 完全式呼吸

以坐姿或者仰卧的姿势来练习，将腹式呼吸和胸式呼吸结合起来就形成了完全式呼吸。先轻轻吸气，吸到腹部的位置，当小腹充满气体时，继续吸气让整个胸阔也膨胀起来，肩部稍提起，慢慢呼气放松胸部的位置，再放松腹部的位置。一定要在完全掌握腹式呼吸和胸式呼吸之后再练习完全式呼吸法。初学者练习完全式呼吸时易感觉头晕，调整为自然呼吸即可恢复。

功效：完全式呼吸的气息是腹式呼吸和胸式呼吸的叠加，可以使血氧含量增加，血液得到更好的净化，注意力得到增强，神经系统得到镇静，内心变得清澈。

瑜伽的冥想

冥想是瑜伽中最珍贵的一项技法，是实现入定的途径。它是在健康的意识状态下把注意力集中在当下时刻的能力，一定要在一个幽静的环境，不受外界干扰的地方，这样更容易集中注意力，练习时的姿势一定要舒适，可以长时间确保稳定不动且不疲倦的姿势，练习前先做几个缓慢深长的呼吸，让自己内心静下来，进入冥想状态。初学者练习时间不要太长，等到精神具备忍耐寂寞的能力，再逐渐增加时间，刚开始冥想时可能会有很多杂念，不要因此烦躁不安。

瑜伽冥想的方法

1. 烛光冥想

在幽暗的房间点上蜡烛，保持坐姿，闭上双眼，感觉到舒适和稳定后，睁开眼睛，专注地凝视火焰最明亮的部分，不要眨眼，直到眼睛疲倦，就慢慢闭上眼睛，放松。闭上眼睛后，继续感受火焰在眉心之间，直到余像消失，再睁开眼睛凝视火焰，这样反复练习10分钟。

2. 语音冥想

最为常用的 om 唱诵冥想，它被称为宇宙一切声音的组成。第一个发 ao 的音，感觉声音在腹部振动，接着发 ou 的音，声音在胸腔振动，最后发 en 的音，感觉声音在头颅振动。语音冥想能够让练习者净化心灵，安定情绪。

六、瑜伽课程编排的基本原则

瑜伽和其他的体育项目练习不同，它没有快速、突然及用力的动作，也不会有粗重的呼吸；瑜伽体式需要缓慢，步骤分明。练习者做体式时尽量放松，集中注意力，感受身体给予的反应。瑜伽是一项有氧运动，长时间持之以恒地练习瑜伽，人的灵活性、平衡性、柔韧性以及力量都会得到充分的锻炼，同时毅力、专注力、耐心也会得到加强。许多初学者在体位法练习的过程中急于求成，常常会在做体式的时候出现身体抖动，面目狰狞，以致拉伤肌肉，这种情况下应该合理地安排练习内容和练习进度，不要急于求成，要做到有的放矢，遵循基本原则。

1. 目的明确，高低原则

明确目的，通过瑜伽的练习，使人的身体、心灵、道德得到修行，提高生活质量。不要强迫身体必须去应对高难度的动作，而是根据身体的实际情况选择合适的体位，因为每个人的耐受力和适应性都不同，所以要做到因人而异，不要强求一致，根据个人体质在不伤害身体的情况下慢慢完善体位。

2. 对称性原则

哈他瑜伽注重的是身体的阴与阳平衡的练习，我们在练习的过程中要注重左右、前后、力量和柔韧的平衡练习。

3. 循序渐进原则

机体从安静状态进入工作状态时，要依照运动负荷由大到小、技术动作由简到难、强度由低到高、运动量从小到大的循序渐进原则来进行。瑜伽的动作有上百种，瑜伽练习者并不是都要掌握这些动作，实际上，瑜伽的练习不受年龄、身体状况的限制。由于各种体式不同，难度也不同，对于初学瑜伽者在做体位时会觉得很难，只要遵循渐进原则，选择正确的练习方法，持之以恒就会感觉到瑜伽带给身体的变化。

4．全面性原则

健身要从整体出发，全面锻炼，人体的各器官、各部位、身心、活动能力是息息相关、相互促进的。不能单单为了身体某一部位进行单一的练习，而忽视了其他身体部位的练习，否则身体的其他部位就会失去平衡，造成身体不必要的伤害。

七、瑜伽的基本动作

（一）瑜伽坐姿

① 简易坐（散盘）：腰背挺直，坐于垫子上，双腿交叉，右脚压在左腿下方，挺直脊背，收紧下颌，眼睛看向前方一个位置，两手掌心向下轻放在膝盖处。

② 莲花坐：弯曲左膝，将左脚放在右腿的大腿的根处，弯曲右膝，将右脚放在左腿上贴近大腿根部，双膝向两侧地面靠近，类似盘坐，脚心朝上，挺直脊背，收紧下颌，保持正常呼吸。

③ 半莲花坐：弯曲左膝，将左脚放在右腿上贴近大腿根部，脚心朝上，可两腿交换做；挺直脊椎收紧下颌。（初学者可采用这一坐姿）

④ 雷电坐：两膝靠拢，两脚跟指向外，伸直背部，臀部放在两个分离的脚跟之间。两手轻放在膝盖处。（初学者可用手握拳支撑在臀部后方）

（二）瑜伽的体式

1．拜日式

预备姿势：两脚并拢，两手垂直于体侧，自然呼吸。

① 两手在胸前合十，两脚并拢，眼睛看向前方一个点或轻轻地闭上眼睛。

② 吸气，两手掌心由前至上伸展手臂，打开手臂，上体慢慢后仰。

③ 呼气时，上体向前弯曲，两手从身体的极限范围处抓住脚跟或者放于地板上，膝盖始终不能弯曲，头部尽量靠近小腿。

④ 吸气的同时左脚向后伸展，两掌和右脚在地板上保持不动，同时慢慢抬头向后弯曲上体，胸部向前。

⑤ 呼气，右脚向后，两脚并拢，抬起臀部，两脚压实地板，两臂和两腿伸直。

⑥ 弯曲两肘，弯曲两腿使膝盖着地，胸部尽量贴紧地面，下颌触地，身体俯卧于地板。

⑦ 呼气，将胸部前移，直到腹部、大腿接触到地面，同时伸直手臂，上身抬起，头部后仰。

⑧ 吸气，弓背，两臂和两腿伸直撑于地板。

⑨ 呼气，弯曲左膝，向前迈一大步至两手掌之间，左脚脚趾与指尖平行，抬头向上看，脊柱向后弯曲。

⑩ 吸气，右脚收回与左脚并拢，伸直双腿，双手抓住脚踝，慢慢呼气，使头尽量靠近双膝。

⑪ 吸气，两手臂伸直，掌心向前，由前至上抬起，上体也随之慢慢抬起，带动身体后仰。

⑫ 呼气，手臂经两侧慢慢打开并收回，两手胸前合十，恢复到预备姿势。

2. 合掌立脚式

① 重心分布在两脚上，双手自然垂落在体侧，抬头挺胸，小腹内收，不要耸肩。

② 吸气，双手合十在胸前，肘部抬高，眼睛看向前方，呼气，感受身体的放松。

③ 吸气时，双手掌心相对举过头顶，呼气时，指尖向上延伸，收紧尾骨，伸展脊柱，收紧下颌。

3. 风吹树式

① 两脚并拢，双手自然下垂落于体侧，吸气时，两臂侧平举，脚尖脚跟稳稳地踩于地板上，脊柱向上伸直。

② 呼气，收紧小腹，右臂向上伸直举过头顶，指尖找天花板，左臂落于体侧，保持身体平衡，两肩平行。

③ 呼气时，腰部以上部位在右臂的带动下，慢慢向左弯曲，拉直腰腹和手臂，头部转向上方。保持两个呼吸。

④ 吸气时身体慢慢回到原来的站立位置，放下右臂，反方向练习。

4. 幻椅式

① 两脚自然打开与肩同宽，重心在两脚之间，双手垂直于体侧，收紧小腹，眼睛看向前方，脊柱伸直，保持自然呼吸。

② 吸气，双臂向上伸直，头微微抬起；呼气，收紧尾骨，伸展双臂和脊椎，脚跟踩紧地面，保持两个呼吸。

③ 呼气，收紧臀部，膝盖弯曲，臀部后坐，想象臀部下方有一把椅子，稳稳地坐在椅子上，保持自然呼吸。

5. 双角式

① 双脚大大地打开，双手自然垂直于体侧，吸气，双臂经两侧向上伸展，夹住耳朵。

② 呼气时，双臂向前下方伸展，双手放在两腿之间，再次吸气，抬头看向前方，背部尽量向前伸展。

③ 呼气，弯曲双肘，头顶轻触地面，背部尽量与地面垂直；吸气，手掌放在地面上，手臂伸直；呼气抬头看向前方，延伸背部，再次吸气，双臂由前至上慢慢带回身体，呼气，手臂自然下落。

6. 鸟王式

① 两脚并拢站立在垫子上，手臂自然下垂放于体侧，腹部稍收，脊柱竖直。

② 双膝弯曲，抬起左腿，从右腿的前方跨过右膝，用左脚的脚背勾住右小腿，身体的中心在两腿之间，初学者可用脚尖点地，维持身体的平衡。

③ 向上抬起双臂，左臂从前方压过右臂，肘关节交叠，双手掌心相对。

④ 身体保持平衡后，吸气，下蹲，上体前倾，腹部靠近大腿，保持3次呼吸。恢复到最初姿势，再做反方向练习。

7. 双腿头碰膝式

① 双脚并拢向前伸直，腰背挺直，脚尖朝上，坐于垫子上，两手放于体侧。

② 吸气，手臂上举，掌心向前，保持腰背直立，感觉到脊椎的伸展，两臀均匀地落于垫子上。

③ 呼气，手臂带动腰背向下向前倾，腹部收紧，双腿伸直，膝盖始终不能弯曲。

④ 再次呼气，身体在呼气过程中继续前倾，胸部尽量贴近双腿，保持背部伸直，两手环抱脚掌处，并保持 5 个呼吸。

8. 鸽子式

① 直腿并腿坐，弯曲左膝，左脚靠近会阴处，脚背贴地，右脚打开向外伸直，小腿向后。

② 吸气，左手向上与右手相扣，将右脚尖放于右肘窝处，眼睛看向右脚尖。

③ 吸气，双手抬起相扣，头部看向左上方，胸腔向外打开，保持 3 个呼吸；呼气时放下右脚，回到最初姿势，左右脚交换练习。

9. 花环式

① 山式站立，腰背直立，双腿并拢，双手垂直于体侧。

② 身体下蹲，双臂前平举，双膝打开尾骨下收，伸展上半身；身体前倾手臂向后弯曲，环抱膝盖，脚跟下压，控制好身体平衡。

③ 呼气时身体继续下压，头触地，保持 3 个呼吸，放松身体。

10. 下犬式

① 双手撑地跪立在垫子上，成四角板凳状，五指自然打开，使手掌紧贴地面，吸气时，由手部至肩部拉紧肌肉，呼气，收拢肩胛。

② 保持双臂伸直，吸气，提臀，伸直双腿，双脚打开比肩宽，脚跟尽量落地，保持背部伸直。

11. 战士一式

① 脚掌平行，以正位站立，手臂自然垂落于体侧。脊椎往上延伸、拉高、腰背挺直，肩放平，胸腔微微打开，收紧下臂。

② 吸气，右脚向前迈出一大步，脚尖朝前，左脚跟稍向外旋转，稳定住身体，双手叉腰，脊柱向上伸直，自然呼吸，目视前方。

③ 呼气，右脚膝盖弯曲成 90 度，左脚掌稳稳踩住地面，当右大腿与地面平行时，吸气，双臂向上伸直，十指打开。脊柱保持往天空方向延伸，尾骨向下内收，左腿往后方充分伸直。

12. 战士二式

① 正立，双脚打开约两个肩宽，双臂打开侧平举，双肩放平，脊椎保持向上伸直，感觉自头顶有一股拉力，带动身体向上。

② 右脚跟往右转动 90 度，左脚稍向内转，身体保持面向前方，不要左右转动。吸气，尾骨内收，帮助身体向上，保持平衡。

③ 吸气，弯曲右膝，身体保持向上伸直，双臂继续保持在同一直线向两侧延伸。头部转向右侧，眼睛看向右手指尖的方向。

④ 吸气，抬高右臂，身体在右臂的带动下往上延伸，左臂落在左腿上，保持 3 个呼吸的时间。吸气时收回身体，换边练习。

13. 战士三式

① 正立在垫子上，双脚打开约两个肩宽，双臂在体侧平伸，放平肩膀，脊椎保持向上伸直。吸气，右脚跟往右转动90度，左脚稍向内转，身体保持面向前方。

② 身体转向右侧，双臂向头顶上方延伸，掌心相对；呼气，弯曲右腿，上身在保持伸直的状态下缓慢前倾。左脚脚尖点地，左脚跟微微上抬，使双臂、颈部、背部、腿部都处在一条直线上，保持2~3次呼吸时间。

③ 吸气，将身体重量转移到右脚脚掌上；呼气伸直右膝，抬高左腿，双臂朝体前延伸，以盆骨为中心，保持身体水平延展，眼睛看向地面，保持3个呼吸，收回身体，换腿练习。

14. 舞者式

① 山式站立，面朝前方，左腿往后弯曲，左手从内侧抓住前脚掌，帮助左脚跟尽量靠近臀部。

② 吸气，抬高右臂向上伸直，左手拉左脚，使左脚向后与右膝平行，右腿伸直，保持身体平衡。

③ 呼气，上半身从髋关节处稍向前倾，左腿向后抬高，左肩后转，胸腔打开，保持髋部不要外翻，伸展脊柱。

④ 呼气，上半身向下弯曲，左腿向上伸，左髋部下压，右臂向前伸直，保持身体平衡。保持3个呼吸，身体回到原位，换另一边练习。

15. 头倒立式

① 双膝并拢，屈膝跪地，身体前倾，前额触地，双手十指交叉相握，两手臂成正三角形，中心移至肘部，抬起臀部，保持背部平直。

② 头顶部放在手臂形成的三角形内，头顶地，双手抱住后脑，脚尖点地，慢慢蹬直膝盖，双脚向头部慢慢靠近。

③ 臀部慢慢抬高，直到后背垂直于地面，牢牢固定头部和肘部，收紧腹部肌肉，先弯曲右腿膝盖，再弯曲左腿，保持身体平衡。

④ 双脚离地后，先向上伸直左腿，再伸直右腿，双腿伸使身体成一条垂直线，保持自然呼吸，感觉血液回流时收回身体。

思考与练习

1. 健美操的基本动作有哪些？
2. 健美运动的练习方法有哪些？
3. 瑜伽体位动作练习时应如何配合呼吸？
4. 瑜伽练习的注意事项有哪些？
5. 瑜伽编排的基本原则是什么？

活动与探索

若条件允许，可举办小型的单项比赛。

第五章
武术

本章介绍了武术的起源、分类和基本功。讲解了太极拳的渊源、主要身型身法及二十四式太极拳的动作要领。

第一节　武　　术

本节概述了武术的起源与发展，阐释了武术的分类：按其运动形式可分为功法运动、套路运动和搏斗运动，也可按其依附地域或以二分法进行分类。讲解了武术的基本功，主要包括肩臂功、腿功、腰功和桩功等。介绍了武术的基本动作：手型、步型、手法、步法、腿法、平衡和跳跃动作等。

一、武术的渊源

武术（Martial Arts）是以技击动作为主要内容，以套路和格斗为运动形式，注重内外兼修，增强体质、培养意志的中华传统体育项目。

武术萌芽于祖先与野兽的搏斗。随着部落战争的不断激化，攻防格斗技术不断积累。自卫本能的升华、猎取食物的需求和实战技术的积累为武术发展奠定了基础。青铜兵器的使用，战车、机弩的发明，刀、剑、钩、钺、戟的出现，武器向多样化发展，使得武术的技击性进一步突出。从单纯的军事技术到带有健身色彩的民间体育运动，从相击形式的搏斗到舞练形式的演练，从单练、对练到套路，武术的内容不断充实。

狭义的武术特指中华武术，它是中华民族的宝贵遗产，以中国传统文化为基础，在其源远流长的发展过程中，摄养生之精髓，集技击之大成，攻防自卫，养身健体，具有"内外合一""神形兼备""尚武崇德"的特点。中国武术历史悠久，受到了古代道家、儒家、释家等诸家思想的影响，得到了传统医学、杰出兵法、哲学思辨等理论的熏陶，以阴阳五行学说为基础，形成了独特的武学文化，既包括讲礼守信、尊师重道、行侠仗义的道德标准，又富含博大精深、攻防兼备的动作套路。

我国武术代表团曾多次出访，以精湛的技艺和表演在众多国家和地区引起强烈反响，

"武术热"风靡全球。1990年国际武术联合会（简称国际武联）在北京成立，1994年该组织被国际单项体育联合会接纳为会员，2002年其在国际奥委会第113次全会上被正式承认。1990年第十一届亚运会将武术列为正式比赛项目，2008年第二十九届奥运会将武术作为特别竞赛项目。原国际奥委会主席萨马兰奇先生指出：作为中国传统体育项目之一的武术现已超越国界，许多国家成千上万的爱好者聚集一起，他们相互交流，探讨武术的体育价值及道德观念，以教育年轻人。现任国际奥委会主席罗格先生曾明确表示：欢迎武术进入奥林匹克大家庭。

二、武术的分类

我国武术运动根深叶茂，流派众多。战国时代的《司马法》中记有"长兵""短兵"的分法。戚继光在《纪效新书》中介绍拳技时则使用了打、踢、跌、拿4种技法的概念。清初黄宗羲又提出了内家拳、外家拳的分类概念。此外，民间还流传着"南拳""北腿"的说法。

1. 按运动形式分类

（1）功法运动

功法运动是以单个武术动作作为主体进行练习，以达到增强专项体能或健体目的的运动。其包括内功（内养功）、外功（外壮功）、轻功（弹跳）、硬功（击打和抗击打）等，既是套路运动和搏斗运动的基础，又是极好的锻炼方法。例如，习浑元桩可以调心、调身、调息，站马步桩可以增强腿力等。

（2）套路运动

套路运动是指以踢、打、摔、拿、击、刺等技击动作作为主要内容，以攻守进退、动静疾徐、刚柔虚实等矛盾运动的变化规律编成的整套练习形式。按其练习形式可分为单练、对练、集体演练3种类型。

单练是指单人练习的套路运动，包括徒手拳术与器械。徒手拳术种类众多，有长拳、南拳、太极拳、形意拳、八卦拳、通背拳、劈挂拳等。器械又可分为短器械、长器械、双器械和软器械4种。短器械主要有刀、剑等；长器械主要有棍、枪等；双器械主要有双刀、双剑、双钩、双枪、双鞭等；软器械主要有三节棍、九节鞭、流星锤等。

对练是由两人或两人以上，在预定条件下进行的假设性攻防练习套路，包括徒手对练、器械对练、徒手与器械对练等。

集体演练指6人或6人以上徒手或持器械同时进行练习的演练形式，有一定的集体造型和队形变化，可有音乐伴奏。

（3）搏斗运动

搏斗运动，是两人在一定条件下，按照一定的规则，运用相应的攻防技法，斗智、斗勇、较技、较力的对抗性练习形式，如散打、推手、短兵等。

2. 按依附地域分类

传统的武术流派往往是依托不同的山川名胜而自然形成的，并传承至今，如少林派（嵩山）、武当派、峨眉派、青城派、华山派、崆峒派、天山派等。

3. 按二分法来分类

按技术、技击风格的不同，兴盛地域的差异等，民间多以二分法，通过比较对武术进行分类，如南拳与北腿、长拳与短打、内家拳与外家拳等。

三、武术基本功

武术的基本功是发展某项专门素质的基础功法。它能有效地提高关节的伸展性和灵活性，增强韧带的柔韧性和肌肉的力量，既是武术入门必不可缺的基础功夫，又是提高体能和武术技能的必要手段。

按人体的身体部位可划分为：肩臂功、腿功、腰功和桩功。

1. 肩臂功

肩臂功，主要是加大肩关节的活动范围并增进韧带的柔韧性，发展肩臂部肌肉力量，提高上肢运动的伸展、敏捷、松长、转环等能力。

练习方法主要有压肩、吊肩、转肩、绕肩等。

（1）压肩

如图5-1所示，开步（两脚平行，左右站立）站立，与肩同宽或稍宽，上体前俯，手握肋木，下振压肩。也可两人面对面站立，互相扶按肩部，做体前屈振动压肩动作。要点：挺胸、塌腰、收髋，两臂、两腿伸直；振幅逐步加大，压点集中于肩部。

（2）吊肩

如图5-2所示，并步（两脚内侧相靠）站立，背对肋木，两手反臂抓握，然后下蹲，两臂拉直或悬空吊起。要点：两臂伸直，肩部放松。

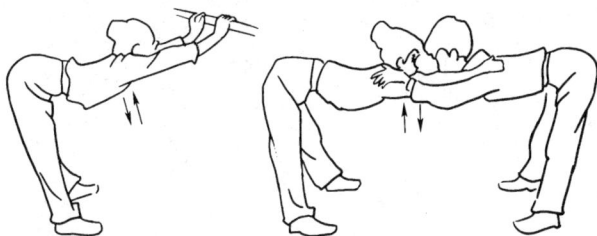

图5-1 压肩　　　　　　　　　　　　　　　　图5-2 吊肩

（3）转肩

如图5-3所示，开步站立，两手正握棍于体前。以肩关节为轴，两臂伸直上举经头顶绕至体后，再从体后向上绕至体前。要点：两臂始终伸直；两手握棍距离应由宽到窄，一般与肩同宽。

（4）绕肩

单臂绕环，呈左弓步姿势，左手按于左膝上（也可两脚开立，左手叉腰），右臂上举，由上向后、向下、向前环绕，为后绕环（见图5-4）；右臂由上向前、向下、向后环绕，为前绕环。左右臂交替练习。要点：臂要伸直，肩应放松，贴身画立圆，逐渐加速。

双臂绕环有3种，3种都要两脚开立，与肩同宽。① 前后绕环，如图5-5所示，两臂垂于体侧，依次由下向前、向上、向后做绕环。数次后，再做反方向的绕环。② 左右绕环，如图5-6所示，左右两臂同时向右、向上、向左、向下绕环。数次后，再做反方向绕环。③ 交叉绕环，如图5-7所示，两臂直臂上举，左臂前绕环，同时右臂后绕环。数次后，再做反方向绕环。要点：松肩、探臂，画立圆绕环。

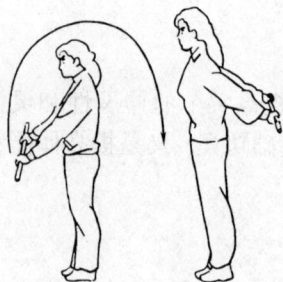
图 5-3 转肩

图 5-4 绕肩

图 5-5 前后绕环

图 5-6 左右绕环

图 5-7 交叉绕环

2. 腿功

腿功主要是拉长腿部的肌肉和韧带,加大髋关节和膝关节的活动范围,发展腿部的柔韧性、灵活性、协调性和力量等素质。练习方法主要有压腿、搬腿、劈腿等。

(1) 压腿

① 正压腿。如图 5-8 所示,右腿直立支撑,将左脚跟放在与髋同高或稍高的肋木上,脚尖勾紧,两手扶按在膝关节上(或双手抱脚),立腰、收髋、挺膝,上体前屈,向前、向下做压振动作。左右腿交替练习。要点:逐渐加大振幅,先以前额、鼻尖触及脚尖,然后过渡到下颌触及脚尖,以提高腿的柔韧性。

② 侧压腿。如图 5-9 所示,身体侧对肋木,右腿伸直支撑,脚尖外展。左脚跟放在肋木上,脚尖勾紧,右臂上举,左掌附于右胸前,立腰、展髋,上体向左侧压振。左右腿交替练习。要点:逐步加大振幅,直到右手握左脚掌、上体侧卧在左腿上。

图 5 - 8　正压腿

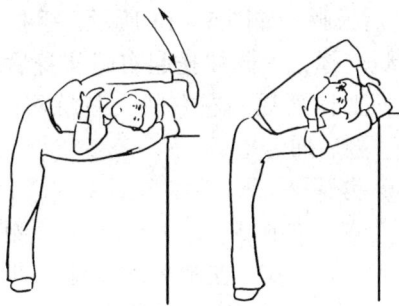

图 5 - 9　侧压腿

③ 后压腿。如图 5 - 10 所示，背对肋木，右腿支撑，左脚背放在肋木上，脚面绷直，上体后仰做压振动作。左右腿交替练习。要点：挺胸、展髋、腰后屈。

④ 仆步压腿。如图 5 - 11 所示，右腿屈膝全蹲，左腿挺膝伸直，脚尖里扣。两脚全脚掌着地，两手分别抓握两脚外侧，呈仆步向下压振。左右腿交替练习。要点：挺胸、塌腰、沉髋，左右移动不宜过快，臀部尽量贴近地面。

图 5 - 10　后压腿

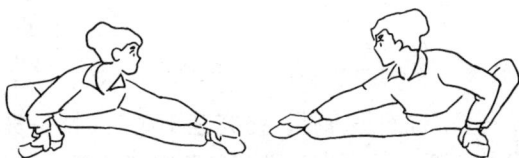

图 5 - 11　仆步压腿

（2）扳腿

① 正扳腿。如图 5 - 12 所示，右腿直立与上体保持正直，左腿屈膝提起，右手托握左脚外侧，左手抱膝。然后，左腿挺膝向前上方举起，脚尖勾紧。也可由同伴托住脚跟上扳。左右腿交替练习。要点：挺胸、立腰、收髋；上扳高度应由低到高。

② 侧扳腿。如图 5 - 13 所示，左腿直立与上体保持正直，右腿屈膝提起，右手经小腿内侧托住脚跟，然后将右腿向右上方扳起，左臂上举亮掌。也可由同伴托住脚跟向侧上扳腿。左右腿交替练习。要点：挺胸、立腰，髋关节放松。

图 5 - 12　正扳腿

图 5 - 13　侧扳腿

③后扳腿。如图 5－14 所示，手扶一定高度的物体或肋木，左腿支撑，由同伴托起右腿从身后向上扳举，挺膝，脚尖绷直，上体后屈。左右腿交替练习。要点：挺胸、塌腰、髋放正、腰后屈。

（3）劈腿

①竖叉。如图 5－15 所示，两臂侧平举或扶地，两腿前后分开成一条直线。左腿后侧着地，脚尖勾起，右腿内侧或前侧着地。要点：挺胸、立腰、沉髋、挺膝。

②横叉。如图 5－16 所示，两臂侧平举或在体前扶地，两腿左右分开成一条直线，两腿内侧着地。要点：挺胸、立腰、展髋、挺膝。

图 5－14　后扳腿

图 5－15　竖叉

图 5－16　横叉

3. 腰功

俗语曰："练拳不练腰，终究艺不高"。腰是贯通上下肢体的枢纽，是表现身法技巧的关键。腰功主要发展脊椎和腰部各肌肉群的柔韧性和弹性，加大腰部的活动范围。练习方法主要有俯腰、甩腰、涮腰、下腰等。

（1）俯腰

①前俯腰。如图 5－17 所示，并步站立，两手手指交叉，直臂上举，掌心朝上。上体前俯，两掌心尽量贴地。也可两手分别抱住两脚跟腱部位，头贴近腿部，持续一定时间后再站立，如图 5－18 所示。要点：两腿挺膝伸直，挺胸、塌腰、收髋，尽力向前折体。

②侧俯腰。如图 5－19 所示，基本同前俯腰，但两手手指交叉在脚外侧触地，向左或向右转体。要点：两腿挺膝伸直，两脚不可移动，上体尽量下屈。

图 5－17　前俯腰 1

图 5－18　前俯腰 2

图 5－19　侧俯腰

（2）甩腰

如图 5－20 所示，开步站立，两腿挺膝伸直，两臂上举。以腰、髋关节为轴，上体做前后屈的甩动动作，两臂也随之摆动。要点：快速、紧凑而有弹性。

（3）涮腰

如图 5-21 所示，两脚开立，略宽于肩，上体前俯，两臂向左前下方伸出。然后以髋关节为轴，向前、向右、向后、向左翻转绕环一周。左右交替练习。要点：尽量增大绕环幅度。

图 5-20 甩腰 图 5-21 涮腰

（4）下腰

如图 5-22 所示，两脚开立，与肩同宽，两臂伸直上举。腰向后屈，抬头、挺胸、顶腰，两手撑地呈桥形。要点：挺膝、挺髋、挺胸、腰向上顶，桥弓要大；脚跟不可离地。

4．桩功

桩功是以静站的方式锻炼气息、修养意念、增强力量并形成动作动力定型的锻炼方法。通过桩功练习能增加并稳固下肢力量，使内劲饱满，气血畅活，达到壮内强外的效果。练习方法主要有马步桩、虚步桩、浑元桩（升降桩和开合桩）等。

图 5-22 下腰

第二节 初级三路长拳

预备式：

一、虚步亮掌

1．右脚向右后方撤步成左弓步。右掌向右、左上、向前画弧，掌心向上；左臂屈肘，左掌提至腰侧，掌心向上；目视右掌。

2．右腿微屈，重心后移。左掌经胸前从右臂上向前穿出伸直；右臂屈肘，右掌收至腰侧，掌心向上；目视左掌。

3．重心继续后移，左脚稍向右移，脚尖点地，成左虚步。左臂内旋向左、向后画弧成勾手，勾尖向上；右手继续向后、向右、向前上画弧，屈肘抖腕，在头前上方成亮拳（即横掌），掌心向前，掌指向左；目视左方。

如图 5-23 所示。

图 5 - 23 预备势、虚步亮掌

要点：

1. 头要端正，下颌微收，挺胸，塌腰，收腹。

2. 三个动作必须连贯。成虚步时，重心落于右腿上，右大腿与地面平行。左腿微屈，脚尖点地。

二、并步对拳

1. 右腿蹬直，左腿提膝，脚尖里扣，上肢姿势不变。两掌同高，掌心均向上。

2. 左脚向前落步，重心前移。左臂屈肘，左勾手变掌经左肋前伸；右臂外旋向前下落于左掌右侧，两掌同高，掌心均向上。

3. 右脚向前上一步，两臂下垂后摆。

4. 左脚向右脚并步，两臂向外向上经胸前屈肘下按，掌变拳，拳心向下，停于小腹前。目视左侧。

如图 5 - 24 所示。

图 5 - 24 并步对拳

要点：并步后挺胸、塌腰。对拳、并步、转头要同时完成。

第一段

一、弓步冲拳

1. 左脚向左上一步，脚尖向斜前方；右腿微屈，成半马步。左臂向上向左格打，拳眼向后，拳与肩同高；右拳收至腰侧，拳心向上；目视左拳。

2. 右腿蹬直成左弓步；左拳收至腰侧，拳心向上；右拳向前冲出，高于肩平，拳眼向上；目视右拳。

如图 5 – 25 所示。

第一段

图 5 – 25 弓步冲拳

要点：成弓步时，右腿充分蹬直，脚跟不要离地。冲拳时，尽量转腰顺肩。

二、弹腿冲拳

重心前移至左腿，右腿屈膝提起，脚面绷直，猛力向前弹出伸直，高与腰平；右拳收至腰侧；左拳向前冲出。目视前方。

如图 5 – 26 所示。

要点：支撑腿可微屈，弹出的腿要用爆发力，力点达于脚尖。

三、马步冲拳

右脚向前落步，脚尖里扣，上体左转；左拳收至腰侧，两腿下蹲成马步；右拳向前冲出；目视右拳。

如图 5 – 27 所示。

要点：成马步时，大腿要平，两脚平行，脚跟外蹬，挺胸、塌腰。

图 5 – 26 弹腿冲拳

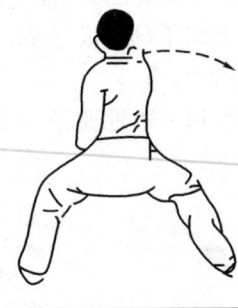

图 5 – 27 马步冲拳

四、弓步冲拳

1. 上体右转90°，右脚尖外撇向斜前方，成半马步；右臂屈肘向右格打，拳眼向后；目视右拳。

2. 左腿蹬直成右弓步；右拳收至腰侧；左拳向前冲出；目视左拳。

如图 5 – 28 所示。

图 5 - 28　弓步冲拳

要点：成弓步时，左腿充分蹬直，脚跟不要离地。冲拳时，尽量转腰顺肩。

五、弹腿冲拳

重心前移至右腿，左腿屈膝提起，脚面绷直，猛力向前弹出伸直，高与腰平；左拳收至腰侧。右拳向前冲出；目视前方。

如图 5 - 29 所示。

要点：支撑腿可微屈，弹出的腿要用爆发力，力点达于脚尖。

六、大跃步前穿

1. 左腿屈膝；右拳变掌内旋，以手背向下挂至左膝外侧，上体前倾；目视右手。

2. 左脚向前落步，两腿微屈；右掌继续向后挂，左拳变掌，向后向下伸直；目视右掌。

3. 右腿屈膝向前提起，左腿立即猛力蹬地向前跃出；两掌向前向上划弧摆起；目视左掌。

4. 右腿落地全蹲，左腿落地向前铲出成仆步；右掌变拳抱于腰侧，左掌由上向下画弧成立掌，停于右胸前；目视左脚。

如图 5 - 30 所示。

要点：跃步要远，落地要轻，落地后立即接着做下一个动作。

图 5 - 29　弹腿冲拳

图 5 - 30　大跃步前穿

七、弓步击掌

右腿猛力蹬直成左弓步；左掌经左脚面后画弧至身后成勾手，左臂伸直，勾尖向上；右拳由腰侧变掌向前推出，掌指向上，掌外侧向前；目视右掌。

如图 5 – 31 所示。

八、马步架掌

1. 重心移至两腿中间，左脚脚尖里扣成马步，上体右转。右臂向左侧平摆，稍屈肘；同时左勾手变掌由后经左腰侧从右臂内向前上穿出，掌心均朝上；目视左手。

2. 右掌立于左胸前；左臂向左上屈肘抖腕亮掌于头部左上方，掌心向前；目右转视。

如图 5 – 32 所示。

图 5 – 31　弓步击掌　　　　　图 5 – 32　马步架掌

要点：成马步时，大腿要平，两脚平行，脚跟外蹬，挺胸、塌腰。

第二段

一、虚步栽拳

1. 右脚蹬地，屈膝提起；左腿伸直，以前脚掌为轴向右后转体180°。右掌由左胸前向下经右腿外侧向后画弧成勾手；左臂随体转动并外旋，使掌心朝右；目视右手。

2. 右脚向右落地，重心移至右腿，下顿成左虚步；左掌变拳下落于左膝上，拳眼向里，拳心向后；右勾手变拳，屈肘向上架于头右上方，拳心向前；目视左方。

如图 5 – 33 所示。

二、提膝穿掌

1. 右腿稍伸直。右拳变掌收至腰侧、掌心向上；左拳变掌右下向左向上画弧盖压于头上方，掌心向前。

2. 右腿蹬直，左腿屈膝提起，脚尖内扣；右掌从腰侧经左臂内侧向右前上方穿出，掌心向上；左掌收至右胸前成立掌；目视右掌。

如图 5 – 34 所示。

要点：支撑腿与右臂充分伸直。

图 5 – 33　虚步栽拳

三、仆步穿掌

右腿全蹲，左腿向左后方铲出成仆步。右臂不动，左掌由右胸前向下经左腿内侧，向左脚面穿出。

要点：目随左掌转视。

如图 5 – 35 所示。

图 5 – 34　提膝穿掌

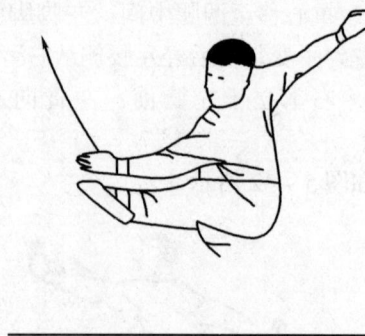

图 5 – 35　仆步穿掌

四、虚步挑掌

1. 右腿蹬直，重心前移至左腿，成左弓步；右掌稍下降，左掌随重心前移挑起。

2. 右脚向左前方上步，左腿半蹲，成右虚步；身体随上步左转 180°；在右脚上步的同时，左掌由前向上向后画弧成立掌，右掌由后向下向前上挑成立掌，指尖与眼平；目视右掌。

如图 5 – 36 所示。

图 5 – 36　虚步挑掌

要点：上步要快，虚步要稳。

五、马步击掌

1. 右脚落实，脚尖外撇，重心稍升高并右移；左掌变拳收至腰侧；右掌俯掌向外捋手。

2. 左脚向前上一步，以右脚为轴向右后转体 180°，两腿下蹲成马步。左掌从右臂上成立掌向左侧击出；右掌变拳收至腰侧。

如图 5 – 37 所示。

图 5－37　马步击掌

要点：右手做搂手时，先使臂稍内旋、腕伸直，手掌向下向外转，接着臂外旋，掌心经下向上翻转同时抓握成拳。收拳和击掌动作要同时进行。

六、叉步双摆掌

1. 重心稍右移，同时两掌向下向右摆，掌指均向上；目视右掌。

2. 右脚向左腿后插步，前脚掌着地；两臂继续由右向上向左摆，停于身体左侧，均成立掌，右掌停于左肘窝处；目随双掌转视。

如图 5－38 所示。

图 5－38　叉步双摆掌

要点：两臂要画立圆，幅度要大，摆掌与后插步配合一致。

七、弓步击掌

1. 两腿不动。左掌收至腰侧，掌心向上；右掌向上向右画弧，掌心向下。

2. 左腿后撤一步，成右弓步。右掌向下向后伸直摆动，成勾手，勾尖向上；左掌成立掌向前推出。

要点：目视左掌。

如图 5－39 所示。

八、转身踢腿马步盘肘

1. 两脚以前脚掌为轴向左后转体 180°。在转体的同时，左臂向上向前画半立圆。

2. 上动不停，两脚不动，右臂由后向上向前画半立圆，左臂由前向下向后画半立圆。

图 5 - 39　弓步击掌

3. 上动不停，右臂向下成反臂勾手，勾尖向上；左臂向上成亮拳，掌心向前上方；右腿伸直，脚尖勾起，向额前踢。

4. 右脚向前落地，脚尖里扣；右手不动，左臂屈肘下落至胸前，左掌心向下；目视左掌。

5. 上体左转90°，两腿成马步；同时左掌向前向左平捋变拳收至腰侧，右勾手变拳，右臂伸直，由体后向右向前平摆，至体前时屈肘，肘尖向前，高于肩平，拳心向下；目视肘尖。

如图 5 - 40 所示。

图 5 - 40　转身踢腿马步盘肘

要点：两臂抡动时要画立圆，动作连贯。盘肘时要快速有力，右肩前顺。

第三段

一、歇步抡砸掌

1. 重心稍升高，右脚尖外撇；右臂由胸前向上向右抡直；左拳向下向左，使臂抡直；目视右拳。

2. 上动不停，两脚以前脚掌为轴，向右后转体180°；右臂向下向后抡摆、左臂向上向前随身体转动。

3. 紧接上动，两腿全蹲成歇步；左臂随身体下蹲向下平砸，拳心向上，臀部微屈；右臂伸直向上举起；目视左拳。

如图 5 - 41 所示。

要点：抡臂动作要连贯完成，画成立圆。歇步要两腿交叉全蹲，左腿大、小腿靠紧，臀部贴于左小腿外侧，膝关节在右小腿外侧，脚跟提起；右脚尖外撇，全脚着地。

第三段

图 5 - 41 歇步抡砸拳

二、仆步亮掌

1. 左脚由右腿后抽出前上一步，左腿蹬直，右腿半蹲，成右弓步；上体微向右转；左拳收至腰侧，右拳变掌向下经胸前向右横击掌；目视右掌。

2. 右脚蹬地屈膝提起，上体右转；左拳变掌从右掌上向前穿出，掌心向上；右掌平收至左肘下。

3. 右脚向右落步，屈膝全蹲，左腿伸直成仆步；左掌向下向后画弧微屈，抖腕成亮掌，掌心向前。

4. 头随右手转动，至亮掌肘，目视左方。

如图 5 - 42 所示。

图 5 - 42 仆步亮掌

要点：仆步时左腿充分伸直，脚尖里扣，右腿全蹲，两脚脚掌全部着地。上体挺胸塌腰，稍左转。

三、弓步劈拳

1. 右腿蹬地立起；左腿收回并向左前方上步。右掌变拳收至腰侧，左勾手变掌由下向前上经胸前向左做搂手。

2. 右腿经左腿前方向左绕上一步，左腿蹬直成右弓步。左手向左平搂后再向前挥摆，虎口朝前。

3. 在左手平搂的同时，右拳向后平摆，然后再向前向上做抡劈拳，拳高与耳平，拳心向上，左掌外旋接扶右前臂。目视右拳。

如图 5 - 43 所示。

图 5 –43   弓步劈拳

要点：左右脚上步稍带弧形。

四、换跳步弓步冲拳

1. 重心后移，右脚稍向后移动；右拳变掌臂内旋以掌背向下画弧挂至右膝内侧；左掌背贴靠右肘外侧，掌指向前；目视右掌。

2. 右腿自然上抬，上体稍向左扭转；右掌挂至体左侧，左掌伸向右腋下；目随右掌转视。

3. 右脚以全脚掌用力向下震踩，与此同时，左脚急速离地抬起；右手由左向上向前搂盖而后变拳收至腰侧；左掌伸直向下、向上、向前屈肘下按，掌心向下；上体右转，目视左掌。

4. 左脚向前落步，右腿蹬直成左弓步；右拳向前冲出，拳高与肩平；左掌藏于右腋下，掌背贴靠腋窝；目视右拳。

如图 5 – 44 所示。

图 5 –44   换跳步弓步冲拳

要点：换跳步动作要连贯、协调。震脚时腿要弯曲，全脚掌着地，左脚离地不要高。

五、马步冲拳

上体右转90°，重心移至两腿中间，成马步；右拳收至腰间，左掌变拳向左冲出，拳眼向上；目视左拳。

如图 5 – 45 所示。

六、弓步下冲拳

右脚蹬直，左腿弯曲，上体稍向左转，成左弓步；左拳变掌向下经体前向上架于头左上方，掌心向上，右拳自腰侧向左斜下方冲出；目视右拳。

如图 5 – 46 所示。

图 5 – 45　马步冲拳　　　　　　　　图 5 – 46　弓步下冲拳

七、叉步亮掌侧踹腿

1. 上体稍右转。左掌由头上下落于右手腕上，右拳变掌，两手交叉成十字。目视双手。

2. 右脚蹬地并向左腿后插步，以前脚掌着地；左掌由体前向下向后画弧成勾手，勾尖向上；右掌由前向右向上画弧抖腕亮掌，掌心向前；目视左侧。

3. 重心移至右腿，左腿屈膝提起，向左上方猛力踹出；上肢姿势不变，目视左侧。

如图 5 – 47 所示。

图 5 – 47　叉步亮掌侧踹腿

要点：叉步时上体稍向右倾斜，腿、臂的动作要一致。侧踹高度不能低于腰，大腿内旋，着力点在脚跟。

八、虚步挑拳

1. 左脚在左侧落地。右掌变拳稍后移，左勾手变拳由体后向左上挑，拳背向上。

2. 上体左转180°，微含胸前俯；左拳继续向前向上画弧上挑，右拳向下向前画弧挂至右膝外侧，同时右膝提起；目视右拳。

3. 右脚向左前方上步，脚尖点地，重心落于左脚，左腿下蹲成右虚步；左拳向后划弧收至腰侧，拳心向上；右拳向前屈臂挑出，拳眼斜向上，拳与肩同高；目视右拳。

如图 5 –48 所示。

第四段

一、弓步顶肘

1. 重心升高，右脚塌实；右臂内旋向下直臂画弧以拳背下挂至右膝内侧，左拳不变；目视前下方。

2. 左腿蹬直，右腿屈膝上抬；左拳变掌，右拳不变，两臂向前向上划弧摆起；目随右拳转视。

3. 左脚蹬地起跳，身体腾空，两臂继续画弧至头上方。

4. 右脚先落地，右腿屈膝，左脚向前落步，以前脚掌着地；同时两臂向右向下屈肘停于右胸前，右拳变掌，左掌变拳；右掌心贴靠左拳面。

5. 左脚向左上一步，左腿屈膝，右腿蹬直成左弓步；右掌推左拳，以左肘尖向左顶出，高于肩平；目视前方。

如图 5 –49 所示。

图 5 –48　虚步挑拳

图 5 –49　弓步顶肘

要点：交换步时不要过高，但要快；两臂抡摆时要成圆弧。

二、转身左拍脚

1. 以两脚前脚掌为轴向右后转体 180°；随着转体，右臂向上、向右、向下画弧抡摆，同时左拳变掌向下、向后、向前上抡摆。

2. 左腿伸直向前上踢起，脚面绷平；左掌变拳收至腰侧，右掌由体后向前拍击左脚面。

如图 5 –50 所示。

要点：右掌拍脚跟时手掌稍横过来，拍脚要准确而响亮。

三、右拍脚

1. 左脚向前落地，左拳变掌向下向后摆，右掌变拳收至腰侧。

2. 右腿伸直向前上踢起，脚面绷平；左拳变掌由后向上向前拍击右脚面。

如图 5 –51 所示。

要点：右掌拍脚跟时手掌稍横过来，拍脚要准确而响亮。

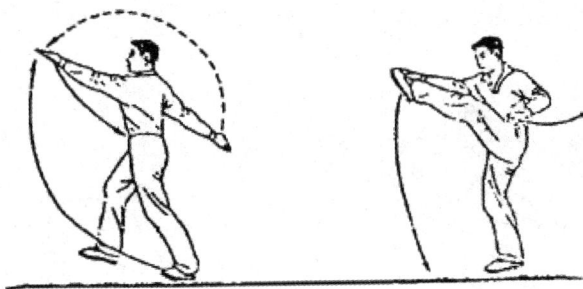

图 5 - 50 转身左拍脚

图 5 - 51 右拍脚

四、腾空飞脚

1. 右脚落地。

2. 左脚向前摆起，右脚猛力蹬地跳起，左腿屈膝继续前上摆；同时右拳变掌向前向上摆起，左掌先上摆而后下降拍击右掌背。

3. 右腿继续上摆，脚面绷平；右手拍击右脚面，左掌由体前向后上举。

如图 5 - 52 所示。

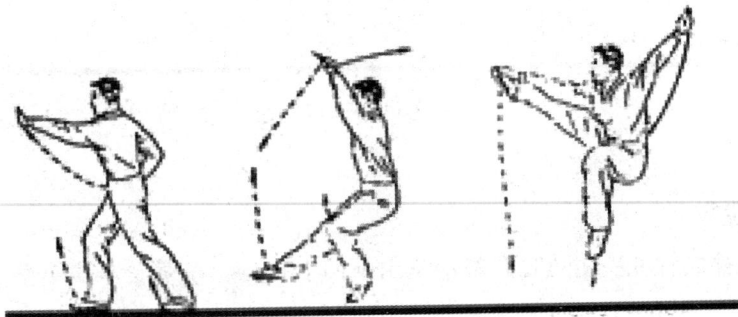

图 5 - 52 腾空飞脚

要点：蹬地要向上，不要太向前冲，左膝尽量上提。击响要在腾空时完成，右臂伸直成水平。

五、歇步下冲拳

1. 左、右脚先后相继落地；左掌变拳收至腰侧。

2. 身体右转 90°，两腿全蹲成歇步；右拳抓握、外旋变拳收至腰侧；左拳由腰侧向下方冲出，拳心向下；目视左拳。

如图 5 - 53 所示。

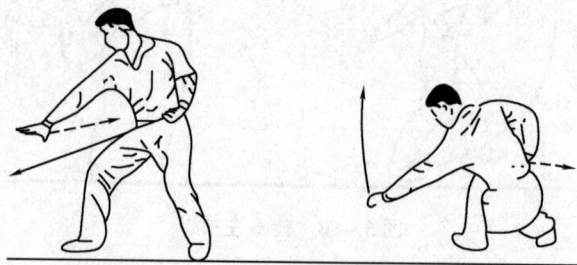

图 5 - 53　歇步下冲拳

六、仆步抢劈拳

1. 重心升高，右臂由腰侧向体后伸直，左臂随身体重心升高向下摆起。

2. 以右脚前脚掌为轴，左腿屈膝提起，上体左转270°，左拳由前向后下画立圆一周；右拳由后向下向前上画立圆一周。

3. 左腿向后落一步，屈膝全蹲，右腿伸直，脚尖里扣成右仆步；右拳由上向下抢劈，拳眼向上；左拳后上举；目视右拳。

如图 5 - 54 所示。

图 5 - 54　仆步抢劈拳

要点：抢臂时一定要画立圆。

七、提膝挑掌

1. 重心前移成右弓步；同时右拳变掌由下向上抢摆，左拳变掌稍下落，右掌心向左，左掌心向右。

2. 左、右臂在垂直面上由前向后各画立圆一周；右臂伸直停于头上，掌心向左，掌指向上，左臂伸直停于身后成反勾手；同时右腿屈膝提起，左腿挺膝伸直独立；目视前方。

如图 5 - 55 所示。

要点：抢臂时要画立圆。

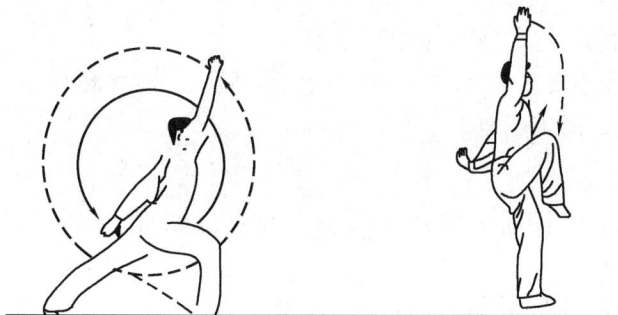

图 5-55 提膝挑掌

八、提膝劈掌弓步冲拳

1. 下肢不动；右掌由上向下猛劈伸直，停于右小腿内侧，用力点在小指一侧；左勾手变掌，屈臂向前停于右上臂内侧，掌心向左；目视右掌。

2. 右脚向右后落地；身体右转90°；同时左掌变拳收至腰侧，右臂内旋向右画弧做劈掌。

3. 上动不停，左腿蹬直成右弓步；右手抓握变拳收至腰侧，左拳由腰侧向左前方冲出；目视左拳。

如图 5-56 所示。

图 5-56 提膝劈掌弓步冲拳

收势：

一、虚步亮掌

1. 右脚扣于左膝后，两拳变掌，两臂右上左下屈肘交叉于体左前；目视右掌。

2. 右脚向右后落步，重心后移，右脚半蹲，上体稍右转；同时右掌向上、向右、向下画弧停于左腋下；左掌向左、向上画弧停于右臂上与左胸前，两掌心左下右上。

3. 重心继续后移，左脚稍向右移，脚尖点地，成左虚步；左臂内旋向左、向后画弧成勾手，勾尖向上；右手继续向后、向右、向前上画弧，屈肘抖腕，在头前上方成亮拳（即横掌），掌心向前，掌指向左；目视左方。

如图 5-57 所示。

要点：

1. 头要端正，颌微收，挺胸，塌腰，收腹。

2. 三个动作必须连贯。成虚步时，重心落于右腿上，右大腿与地面平行。左腿微屈，脚尖点地。

二、并步对拳

1. 左腿后撤一步，同时亮掌从两腰侧向前穿出伸直，掌心向上。

2. 右脚后撤一步，同时两臂分别向体后下摆。

3. 左脚后退半步向右脚并拢；两臂由后向上经体前屈臂下按，两掌变拳，停于腹前，拳心向下，拳面相对；目视左方。

4. 左脚向右脚并步，两臂向外、向上经胸前屈肘下按，掌变拳，拳心向下，停于小腹前；目视左侧。

如图 5 – 58 所示。

图 5 – 57　虚步亮掌

图 5 – 58　并步对拳

要点：并步后挺胸、塌腰。对拳、并步、转头要同时完成。

第三节　二十四式太极拳

二十四式太极拳又称作简化太极拳，其动作分 8 组，共 24 个。

第一组：① 起势；② 左右野马分鬃；③ 白鹤亮翅。

第二组：④ 左右搂膝拗步；⑤ 手挥琵琶；⑥ 左右倒卷肱。

第三组：⑦ 左揽雀尾；⑧ 右揽雀尾。

第四组：⑨ 单鞭；⑩ 左云手；⑪ 单鞭。

第五组：⑫ 高探马；⑬ 右蹬脚；⑭ 双峰贯耳；⑮ 转身左蹬脚。

第六组：⑯ 左下势独立；⑰ 右下势独立。

第七组：⑱ 左右穿梭；⑲ 海底针；⑳ 闪通臂。

第八组：㉑ 转身搬拦捶；㉒ 如封似闭；㉓ 十字手；㉔ 收势。

如图 5 – 59 所示，身体自然直立，两脚并拢；头正颈直，下颌微收，眼平视，口轻闭，舌抵上颚；两臂自然垂于体侧，手指微屈；全身放松，呼吸自然，精神集中。

1. 起势

① 两脚开立。如图 5 – 60（a）所示，左脚缓缓提起（不超过右踝的高度）向左横跨半步，与肩同宽，脚尖、脚跟依次落地，成开立步。

② 两臂前举。如图 5 – 60（b）、图 5 – 60（c）所示，两臂缓缓向前平举，至高、宽同肩。手心向下，指尖向前。

图 5 – 59 站立姿势

③ 屈膝按掌。如图 5 – 60（d）所示，上体保持正直，两腿缓缓屈膝半蹲；同时两掌轻轻下按，落于腹前；掌膝相对。

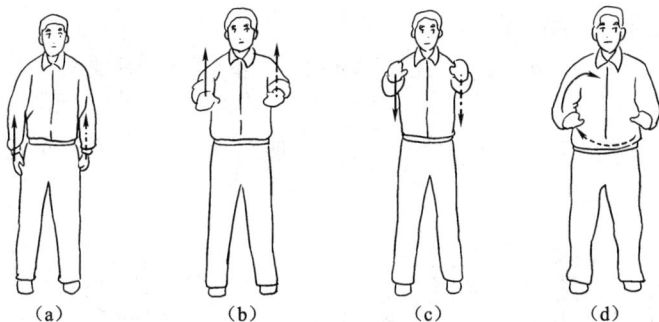

(a)　　　　　(b)　　　　　(c)　　　　　(d)

图 5 – 60 起势

要点：眼向前平视；两肩下沉，两肘松垂，手指自然微屈；屈膝、松腰、敛臀，身体重心落于两腿中间；落臂按掌与屈膝下蹲的动作要协调一致；两臂前举时吸气，向下按落时呼气。

2. 左右野马分鬃

（1）左野马分鬃

① 收脚抱球。如图 5 – 61（a）和图 5 – 61（b）所示，上体微右转，身体重心移至右腿上；同时右手向右、向上、向左画弧，右臂平屈于右胸前，掌心向下，手指微屈，左手向下、向右画弧，逐渐翻转至右腹前，掌心向上，两掌心上下相对呈抱球状；左脚随即收到右脚内侧，脚尖点地（即脚前掌着地，下同），呈左丁步；目视右手。

② 转体迈步。如图 5 – 61（c）和图 5 – 61（d）所示，上体缓缓左转，左脚向左前侧迈出一步，左腿自然伸直，脚跟着地；同时左、右手分别向左上、右下分开；视线随左手移动。

③ 弓步分掌。如图 5 – 61（e）所示，随转体左脚全掌逐渐踏实，左腿屈膝前弓，身体重心逐渐前移至左腿，右腿自然伸直，右脚跟后蹬稍外碾，呈左弓步；同时两手继续分开，左手高与眼平，掌心斜向上，右手落于右胯旁，掌心向下，指尖朝前；两肘微屈，保持弧形；目视左手。

（2）右野马分鬃

① 后坐翘脚。如图 5 – 61（f）所示，上体慢慢后坐，右腿屈膝，身体重心后移至右腿；左腿自然伸直，膝微屈，脚尖翘起；目视左手。

② 收脚抱球。如图 5 - 61（g）和图 5 - 61（h）所示，身体左转，左脚尖随之外摆（40°~60°），左脚全掌踏实，屈膝弓腿，身体重心移至左腿，右脚跟进收至左脚内侧，脚尖点地；同时左手翻转画弧至左臂胸前平屈，右手向左上前摆至左手下，两掌心相对在胸前左侧呈抱球状；目视左手。

③ 转体迈步。如图 5 - 61（i）所示，动作说明与"（1）左野马分鬃"中"转体迈步"相同，只是左右式相反，且转体幅度稍小。

弓步分掌。如图 5 - 61（j）所示，动作说明与"（1）左野马分鬃"中"弓步分掌"相同，只是左右式相反。

（3）左野马分鬃

① 后坐翘脚。如图 5 - 61（k）所示，动作说明与"（2）右野马分鬃"中"后坐翘脚"相同，只是左右式相反。

② 收脚抱球。如图 5 - 61（l）、图 5 - 61（m）所示，动作说明与"（2）右野马分鬃"中"收脚抱球"相同，只是左右式相反。

③ 转体迈步。如图 5 - 61（n）所示，动作说明与"（1）左野马分鬃"中"转体迈步"相同。

④ 弓步分掌。如图 5 - 61（o）所示，动作说明与"（1）左野马分鬃"中"弓步分掌"相同。

（a）　　　　（b）　　　　（c）　　　　（d）　　　　（e）　　　　（f）　　　　（g）　　　　（h）

（i）　　　　（j）　　　　（k）　　　　（l）　　　　（m）　　　　（n）　　　　（o）

图 5 - 61　左右野马分鬃

要点：上体舒松正直，松腰松胯；身体转动时要以腰为轴；做弓步时，迈出脚先脚跟着地，然后过渡至全脚掌，脚尖向前，膝不可超过脚尖，后腿自然伸直，前后脚尖成45°~60°夹角（下同）；野马分鬃式弓步时，前后脚的脚跟应分在中轴线的两侧，两脚横向距离（身体的正前方为纵轴，其两侧为横向）10~30厘米；转体、弓腿和分手要协调一致；进步时先进胯，使两腿虚实分明；抱球时为吸气，转体迈步、弓步分掌时为呼气。

3. 白鹤亮翅

① 跟步抱球。如图 5 - 62（a）所示，上体微左转，右脚脚跟先离地，向前跟进半步，

前脚掌着地，落于左脚后（约20厘米），身体重心仍在左腿；同时左手翻掌向下，左臂平屈于左胸前，右手翻掌向上，向左上画弧至左腹前，与左手呈抱球状；目视左手。

②后坐转体。如图5–62（b）所示，上动不停（表示动作与动作之间的连贯性），上体稍右转，右脚全脚掌踏实，右腿屈蹲，重心移至右腿；同时两手向右上、左下分开；视线随右手移动。

③虚步分掌。如图5–62（c）所示，上动不停，上体稍向左转，面向前方（前进方向），左脚稍向前移，脚尖点地，膝微屈，呈左虚步；同时右手继续向右上画弧至右额前，掌心斜向左后方，指尖稍高于头，左手下按至左胯前，掌心向下，指尖朝前；目视前方。

图5–62 白鹤亮翅

要点：上体舒松正直；转体、分掌和步型的调整要协调一致，同时完成；转动动作要以腰带臂，虚步动作要收腹敛臀；抱球过程吸气，转体分掌过程呼气。

4. 左右搂膝拗步

（1）左搂膝拗步

①转体摆臂。如图5–63（a）、图5–63（b）和图5–63（c）所示，上体微左转再右转；左脚收至右脚内侧，脚尖点地；同时右手体前下落，由下经右胯侧向右肩外侧画弧，至与耳同高，掌心斜向上，肘微屈，左手由下向上，经面前再向右下画弧至右肩前，肘部略低于腕部，掌心斜向下；目视右手。

②弓步搂推。如图5–63（d）和图5–63（e）所示，上动不停，上体左转，左脚向左前方迈出，呈左弓步，身体重心移至左腿；同时右手内旋回收，经右耳侧向前推出于右肩前方，高与鼻平，掌心向前，指尖朝上，左手向下经左膝前搂过（即向左画弧搂膝），按于左胯侧稍前，掌心向下，指尖朝前；目视右手。

（2）右搂膝拗步

①后坐翘脚。如图5–63（f）所示，右腿屈膝，上体后坐，身体重心移至右腿，左腿自然伸直，脚尖翘起，略向外撇（约40°）；同时右臂微收，掌心旋向左前方，左手开始画弧外展；目视右手。

②摆臂跟脚。如图5–63（g）和图5–63（h）所示，上体左转，左脚掌逐渐踏实，左腿屈膝前弓，身体重心移至左腿，右脚跟至左脚内侧，脚尖点地；同时两手继续翻掌画弧，左手向左上摆举至左肩外侧，与耳同高，掌心斜向上，右手随转体向上经面前，向左下摆至左肩前，肘部略低于腕部，掌心斜向下；目视左手。

③弓步搂推。如图5–63（i）和图5–63（j）所示，动作说明与"（1）左搂膝拗步"中"弓步搂推"相同，只是左右式相反。

（3）左搂膝拗步

① 转体摆臂。如图 5 - 63（k）所示，与"（2）右搂膝拗步"中"后坐翘脚"相同，唯左右相反。

② 摆臂跟脚。如图 5 - 63（l）和图 5 - 63（m）所示，与"（2）右搂膝拗步"中"摆臂跟脚"相同，唯左右相反。

③ 弓步搂推。如图 5 - 63（n）和图 5 - 63（o）所示，动作说明与"（1）左搂膝拗步"中"弓步搂推"相同。

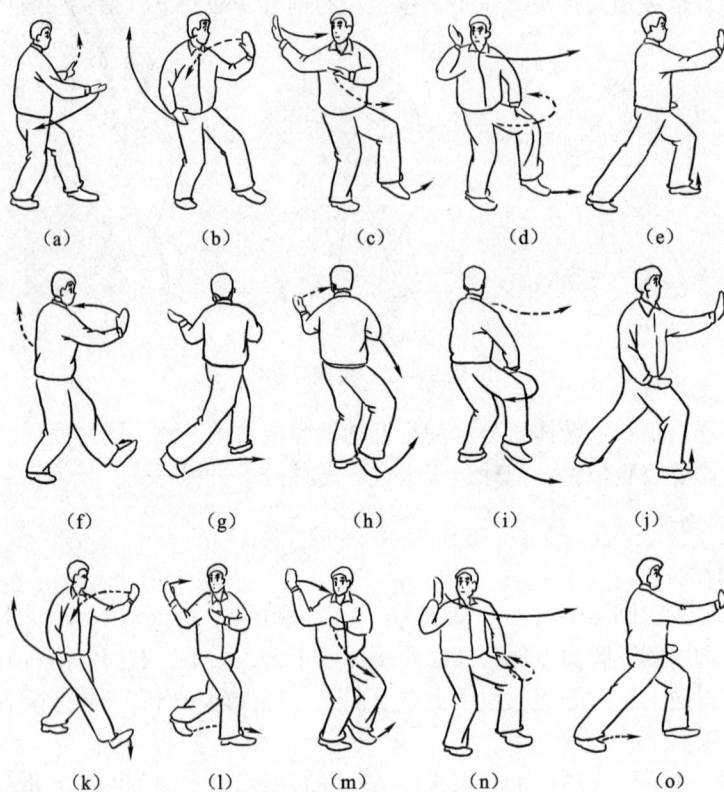

(a)　　　(b)　　　(c)　　　(d)　　　(e)

(f)　　　(g)　　　(h)　　　(i)　　　(j)

(k)　　　(l)　　　(m)　　　(n)　　　(o)

图 5 - 63　左右搂膝拗步

要点：推掌时，上体舒松正直，松腰松胯，沉肩垂肘，坐腕舒掌；搂膝拗步成弓步时，两脚跟的横向距离约 30 厘米（同肩宽）；两手推搂和转体弓腿必须协调一致，同时完成；转体摆臂、后坐翘脚、摆臂跟脚动作过程中吸气，弓步搂推动作过程中呼气。

5. 手挥琵琶

① 跟步展臂。如图 5 - 64（a）所示，右脚跟进半步，以前脚掌着地，落于左脚内后约 20 厘米处；同时右臂稍向前伸展，腕关节放松；目视右手。

② 后坐引手。如图 5 - 64（b）所示，上体后坐，右脚全脚掌踏实，身体重心移至右腿；上体稍向右转，左脚跟离地；随转体左手由左下向前上弧形挑举，高与鼻平，肘微屈，掌心斜向下，右手屈臂后引，收于左肘里侧，掌心斜向下；目视左手。

③ 虚步合臂。如图 5 - 64（c）所示，上体微向左回转，但仍保持稍向右侧身状；左脚稍向前移，脚跟着地，膝微屈，呈左虚步；同时，两臂外旋，屈肘合抱，左手与鼻相对，掌

心向右，右手与左肘相对，掌心向左，犹如怀抱琵琶；目视左手。

要点：身体姿势平稳自然，胸部放松，沉肩垂肘；上肢与下肢动作应协调一致；在做图 5 – 64（a）到图 5 – 64（b）动作时吸气，做图 5 – 64（b）到图 5 – 64（c）动作时呼气。

（a）　　　　　　　（b）　　　　　　　（c）

图 5 – 64　手挥琵琶

6. 左右倒卷肱

（1）左倒卷肱

① 转体撤掌。如图 5 – 65（a）和图 5 – 65（b）所示，上体右转；两手翻转向上，右手向下撤引，经腰侧向右后上方画弧，至与耳同高，掌心斜向上，肘微屈；目随转体先右视，再转看左手。

② 提膝屈肘。如图 5 – 65（c）所示，上体微向左回转，左腿屈膝提起，脚尖自然下垂；同时右臂屈肘卷回，右手收向右耳侧，掌心斜向前下方；目视前方。

③ 退步推掌。如图 5 – 65（d）所示，上动不停，上体继续微向左回转至朝前；左脚向后略偏左侧退一步，脚前掌先着地，然后全脚掌踏实，屈膝微蹲，身体重心移至左腿，右脚跟离地，并以前脚掌为轴随转体将脚扭正（脚尖朝前），膝微屈，呈右虚步；同时右手经耳侧向前推出，高与鼻平，左臂屈肘收至左胯旁，掌心向上；目视右手。

（2）右倒卷肱

① 转体撤掌。如图 5 – 65（e）所示，上体稍左转；左手向左肩外侧引举，腕与肩同高，掌心斜向上，肘微屈，右手随之翻掌向上；目随转体先左视，再转看右手。

（a）　　　　　　（b）　　　　　　（c）　　　　　　（d）

（e）　　　　　　　（f）　　　　　　　（g）

图 5 – 65　左右倒卷肱

② 提膝屈肘。如图 5 – 65 (f) 所示，动作说明与"(1) 左倒卷肱"中"提膝屈肘"相同，只是左右式相反。

③ 退步推掌。如图 5 – 65 (g) 所示，动作说明与"(1) 左倒卷肱"中"退步推掌"相同，只是左右式相反。

(3) 左倒卷肱

动作说明与"(1) 左倒卷肱"相同。

(4) 右倒卷肱

动作说明与"(2) 右倒卷肱"相同。

要点：前推和后撤的手臂均应画弧线；退左脚略向左后斜，退右脚略向右后斜，避免两脚成一条直线；最后退右脚时，脚尖外撤的角度应略大些，以便于接下来做"左揽雀尾"的动作；转体撤掌和提膝屈肘时吸气，退步推掌时呼气。

7. 左揽雀尾

① 转体抱球。如图 5 – 66 (a)、图 5 – 66 (b) 和图 5 – 66 (c) 所示，上体右转，左脚收至右脚内侧，脚尖点地，成左丁步，重心落于右腿；同时右手由胯侧向右后上方画弧屈臂于右胸前，掌心向下，左手由体前画弧下落至右腹前，掌心向上，两手相对呈抱球状；目视右手。

② 弓步掤臂。如图 5 – 66 (d) 和图 5 – 66 (e) 所示，上体左转，左脚向左前方上步，屈膝，右腿自然蹬直，身体重心前移至左腿，呈左弓步；同时左臂向左前方平屈掤出（即左臂平屈成弧形，用前臂外侧和手背向左侧推出），高与肩平，掌心向内，右手向右下方画弧落按于右胯旁，掌心向下，指尖朝前；目视左前臂。

③ 转体伸臂。如图 5 – 66 (f) 所示，上体稍向左转；左前臂内旋，左手前伸翻掌向下，右前臂外旋，右手翻掌向上，经腹前向前上伸至左前臂下方；目视左手。

④ 转体后将。如图 5 – 66 (g) 所示，上动不停，上体右转；右腿屈蹲，上体后坐，左腿自然伸直，身体重心移至右腿；同时两手经腹前向右后上将，直至右手掌心斜向上，高与耳平，左臂平屈于胸前，掌心向内；目视右手。

⑤ 弓步前挤。如图 5 – 66 (h) 和图 5 – 66 (i) 所示，上体微左转，左腿屈膝前弓，右腿自然蹬直，重心前移呈左弓步；同时右臂屈肘回收，右手经面前附于左腕内侧，掌心向内，左掌心向外，双手同时向前慢慢挤出，与肩同高，两臂呈半圆形；目视左腕。

⑥ 后坐收掌。如图 5 – 66 (j)、图 5 – 66 (k) 和图 5 – 66 (l) 所示，左前臂内旋，左掌下翻，右手经左腕上方向前伸出，掌心向下，两手左右分开，与肩同宽；然后上体后坐，屈右膝，左腿自然伸直，脚尖翘起，身体重心移至右腿；同时两臂屈肘，两手画弧回收至腹前，掌心均向前下方；目视前方。

⑦ 弓步按掌。如图 5 – 66 (m) 所示，上动不停，左脚掌踏实，左腿屈膝前弓，右腿自然蹬直，身体重心前移呈左弓步；同时两手向前、向上推按，与肩同宽，腕高与肩平，掌心向前，指尖朝上，两肘微屈；目视前方。

要点：左揽雀尾中包括掤、将、挤、按4种击法；上体舒松正直，松腰松胯；动作处处带弧，以腰为主宰，带动手臂运动；掤臂、松腰与弓腿，后坐与引将，前挤、转腰与弓腿，按掌与弓腿，均要协调一致；转体抱球时吸气，掤式时呼气，将式时吸气，挤式时呼气，后坐收掌时吸气，按式时呼气。

图 5 – 66　左揽雀尾

8. 右揽雀尾

① 转体抱球。如图 5 – 67（a）和图 5 – 67（b）所示，上体右转并后坐，屈右膝，左腿自然伸直，脚尖内扣，身体重心后移至右腿；同时右手经面前平摆右移，掌心向外，两臂成侧平举；视线随右手移动。

如图 5 – 67（c）和图 5 – 67（d）所示，上体微左转，屈左膝，右脚收至左脚内侧，脚尖点地，呈右丁步，重心回移到左腿；同时左臂平屈胸前，掌心向下，右手由体侧右下向上翻掌画弧至左腹前，掌心向上，两手相对呈抱球状；目视左手。

② 弓步掤臂。如图 5 – 67（e）和图 5 – 67（f）所示，动作说明与"7. 左揽雀尾"中"② 弓步掤臂"相同，只是左右式相反。

③ 转体伸臂。如图 5 – 67（g）所示，动作说明与"7. 左揽雀尾"中"③ 转体伸臂"相同，只是左右式相反。

④ 转体后捋。如图 5 – 67（h）所示，动作说明与"7. 左揽雀尾"中"④ 转体后捋"相同，只是左右式相反。

⑤ 弓步前挤。如图 5 – 67（i）和图 5 – 67（j）所示，动作说明与"7. 左揽雀尾"中"⑤ 弓步前挤"相同，只是左右式相反。

⑥ 后坐收掌。如图 5 – 67（k）、图 5 – 67（l）和图 5 – 67（m）所示，动作说明与"7. 左揽雀尾"中"⑥ 后坐收掌"相同，只是左右式相反。

⑦ 弓步按掌。如图 5 - 67（n）所示，动作说明与"7. 左揽雀尾"中"⑦ 弓步按掌"相同，只是左右式相反。

图 5 - 67　右揽雀尾

要点：与"7. 左揽雀尾"相同。

9. 单鞭

① 转体扣脚。如图 5 - 68（a）和图 5 - 68（b）所示，上体左转并后坐，左腿屈膝微蹲，右膝自然伸展，右脚尖翘起内扣，身体重心移至左腿；同时左手经面前至身体左侧平举，肘微垂，掌心向左，指尖朝上，右手向下经腹前向左画弧至左肋前，臂微屈，掌心向后上方；视线随左手移动。

② 丁步勾手。如图 5 - 68（c）和图 5 - 68（d）所示，上体右转，屈右膝，左脚收至右腿内侧，脚尖点地，身体重心移至右腿；同时右手逐渐翻掌，并向右上方画弧，经面前至身体右侧时变勾手，勾尖朝下，腕高与肩平，肘微垂，左手向下经腹前向右上画弧至右肩前，掌心转向内；视线随右手移动，最后目视右勾手。

③ 弓步推掌。如图 5 - 68（e）和图 5 - 68（f）所示，上体左转，左脚向左前方迈出，呈左弓步，身体重心移至左腿；同时左掌经面前翻掌向前推出，掌心向前，腕与肩平，左掌、左膝、左脚尖上下相对；视线随左手移转，最后目视左手。

要点：上体保持正直，松腰；上下肢动作应协调一致；在做图 5 - 68（a）、图 5 - 68（b）和图 5 - 68（c）动作时吸气，做图 5 - 68（d）、图 5 - 68（e）和图 5 - 68（f）动作时呼气。

10. 云手

（1）云手一

① 转体扣脚。如图 5 - 69（a）、图 5 - 69（b）和图 5 - 69（c）所示，身体渐向右转，右腿屈膝半蹲，左脚尖翘起、内扣、着地，身体重心回移至右腿；同时左手下落经腹前向右上画弧至右肩前，掌心斜向后，右手松勾变掌，掌心向右前方；目视右手。

图 5 - 68　单鞭

② 收步云手。如图 5 - 69（d）和图 5 - 69（e）所示，上体左转，身体重心随之左移；右脚提起，收至左脚内侧（相距 10 ~ 20 厘米），前脚掌先着地，全脚掌逐渐踏实，两脚平行，两膝微屈；同时左手画弧经面前向左运转，至身体左侧时，内旋外撑，掌心向外，腕与肩平；右手下落经腹前向左上方画弧，至左肩前，掌心斜向里；目视左手。

（2）云手二

① 开步云手。如图 5 - 69（f）、图 5 - 69（g）和图 5 - 69（h）所示，上体右转，左脚向左横跨一步，脚尖向前，前脚掌先着地，全脚掌逐渐踏实，身体重心移至右腿；同时右手经面前向右画弧，至身体右侧时，内旋外撑，掌心向外，腕与肩平；左手向下经腹前向右上方画弧，至右肩前；目视右手。

② 收步云手。动作说明与"（1）云手一"中"收步云手"相同。

（3）云手三

① 开步云手。动作说明与"（2）云手二"中"开步云手"相同。

② 收步云手。动作说明与"（1）云手一"中"收步云手"相同。

图 5 - 69　云手

要点：云手左右各做 3 次，左云手时收右脚，右云手时跨左脚；视线随云手移动；身体转动以腰为轴，松腰松胯，重心应稳定；两臂随腰而动，要自然圆活，速度应缓慢均匀；最后右脚落地时，脚尖微内扣，以便于接做"单鞭"的动作；转体扣脚和开步云手时吸气，收步云手时呼气。

11. 单鞭

① 转体勾手。如图 5 - 70（a）、图 5 - 70（b）和图 5 - 70（c）所示，上体右转，左脚跟离地，身体重心移至右腿；同时右手经面前向右划弧至身体右侧，内旋、五指屈拢变成勾手，勾尖朝下，左手向下经腹前向右上划弧至右肩前，掌心斜向内；视线随右手移动，最后目视右勾手。

② 弓步推掌。如图 5 - 70（d）和图 5 - 70（e）所示，动作说明与"9. 单鞭"中"③ 弓步推掌"相同。

（a）　　　　（b）　　　　（c）　　　　（d）　　　　（e）

图 5 - 70　单鞭

要点：与"9. 单鞭"相同。

12. 高探马

① 跟步翻掌。如图 5 - 71（a）所示，上体微向右转，右脚跟进半步，前脚掌先着地，全脚掌逐渐踏实，屈膝后坐，身体重心移至右腿，左脚跟提起；同时右勾手变掌外旋，两掌心翻转向上，两肘微屈；目视左手。

② 虚步推掌。如图 5 - 71（b）所示，上体微向左转，左脚稍向前移，脚尖点地，膝微屈，成左虚步；同时右臂屈肘，右手经耳侧向前推出，腕与肩平，掌心向前，左手收至左腰前，掌心向上；目视右手。

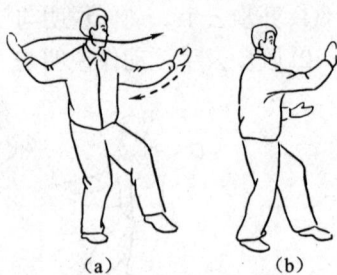

（a）　　　　（b）

图 5 - 71　高探马

要点：上体舒松正直；上下肢动作应协调一致；跟步翻掌时吸气，虚步推掌时呼气。

13. 右蹬脚

① 弓步分掌。如图 5 - 72（a）、图 5 - 72（b）和图 5 - 72（c）所示，左脚提起向左前侧方迈出，脚尖稍外撇，成左弓步，身体重心前移至左腿；同时左手前伸至右腕背面，两腕背对交叉，腕与肩平，左掌心斜向后上，右掌心斜向前下；随即两手分开，经两侧向腹前划弧，肘微屈；目视前方。

② 收脚抱手。如图 5 - 72（d）所示，上动不停，右脚跟进，收至左脚内侧，脚尖点地；同时两手下落经腹前由外向内上画，相交合抱于胸前，右手在外，掌心均向内；目视右前方。

③ 蹬脚分掌。如图 5 - 72（e）和图 5 - 72（f）所示，右腿屈膝上提，右脚向右前方慢慢蹬出，脚尖朝上，力贯脚跟；同时两手翻掌左右划弧分开，经面前至侧平举，肘微屈，腕与肩平，掌心均斜向外；右臂与右腿上下相对；目视右手。

要点：身体重心要稳定；分掌与蹬脚动作要同时进行、协调一致；图 5 – 72（a）和图 5 – 72（b）的动作过程为吸气，图 5 – 72（c）到图 5 – 72（d）的动作过程为呼气，图 5 – 72（d）到图 5 – 72（e）的动作过程为吸气，图 5 – 72（e）到图 5 – 72（f）的动作过程为呼气。

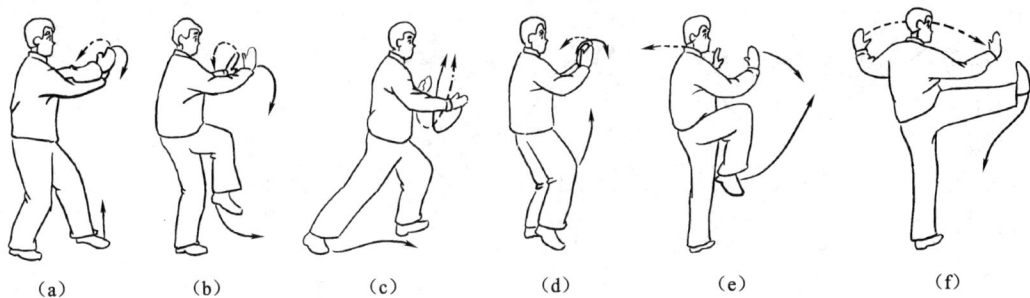

（a）　　　（b）　　　（c）　　　（d）　　　（e）　　　（f）

图 5 – 72　右蹬脚

14. 双峰贯耳

① 屈膝并掌。如图 5 – 73（a）和图 5 – 73（b）所示，右小腿回收，屈膝平举，脚尖自然下垂；同时左手摆至体前，两手并行由体前向下画弧，落于右膝上方，掌心均翻转向上；目视前方。

② 迈步落手。如图 5 – 73（c）所示，右脚向前方落下，脚跟着地；同时两手继续下落至两胯旁，掌心均斜向上；目视前方。

③ 弓步贯拳。如图 5 – 73（d）所示，右脚掌逐渐踏实，右腿屈膝前弓成右弓步，身体重心移至右腿；同时两手继续向后画弧，并内旋握拳，从两侧向前、向上画弧形摆至面部前方，高与耳齐，宽约与头同，拳眼斜向下，两臂微屈；目视右拳。

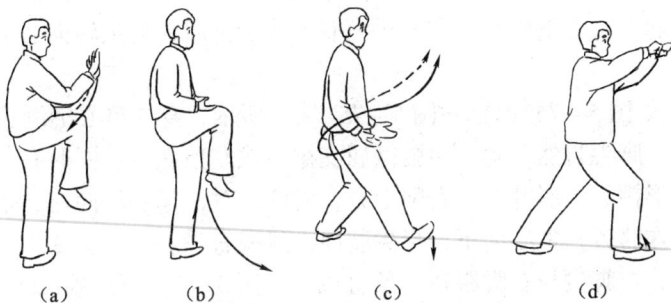

（a）　　　（b）　　　（c）　　　（d）

图 5 – 73　双峰贯耳

要点：头颈正直，松腰松胯，沉肩垂肘，两拳松握；弓步与贯拳要协调一致，同时完成；屈膝并掌到迈步落手时吸气，迈步落手到弓步贯拳时呼气。

15. 转身左蹬脚

① 转体分掌。如图 5 – 74（a）和图 5 – 74（b）所示，上体向左后转，左腿屈膝后坐，右脚尖内扣（约 90°），身体重心移至左腿；同时两拳变掌，向左右两侧分开平举，掌心斜向外，肘微屈；目视左手。

② 收脚抱手。如图 5 – 74（c）和图 5 – 74（d）所示，上动不停，右腿屈膝后坐，左脚

收至右脚内侧，脚尖点地，身体重心回移至右腿；同时两手下落经腹前向上画弧，交叉合抱于胸前，左手在外，两掌心皆向内；目视前方。

③ 蹬脚分掌。如图 5－74（e）和图 5－74（f）所示，动作说明与"13. 右蹬脚"中"③ 蹬脚分掌"相同，只是左右式相反。

图 5－74 转身左蹬脚

要点：与"13. 右蹬脚"相同。

16. 左下势独立

① 收腿勾手。如图 5－75（a）和图 5－75（b）所示，左腿回收平屈，小腿稍内扣，脚尖自然下垂；随之上体右转；同时右掌变勾手，勾尖朝下，左手向上、向右经面前画弧下落，立于右肩前，掌心斜向后；目视右勾手。

② 仆步穿掌。如图 5－75（c）和图 5－75（d）所示，右腿慢慢屈膝下蹲，左脚向左侧偏后伸出，脚尖内扣，成右弓步，上体左转，右腿继续向下全蹲成左仆步；同时左手外旋下落，向左下沿左腿内侧向前穿出，掌心向外；目视左手。

③ 弓步立掌。如图 5－75（e）所示，左脚以脚跟为轴，脚尖外摆，左腿屈膝前弓，右脚尖内扣，右腿自然蹬直，身体重心前移；上体微向左转并随步型转换向前起身；同时左臂继续前伸，立掌挑起，掌心斜向右，右勾手内旋下落于身后，勾尖转向后上方，右臂伸直成斜下举；目视左手。

④ 提膝挑掌。如图 5－75（f）和图 5－75（g）所示，身体重心继续前移，右腿慢慢屈膝提起，与腹同高，脚尖自然下垂，左腿微屈支撑，成左独立式；同时右勾手变掌，下落经右腿外侧向体前弧形挑起，屈臂立于右腿上方，肘膝相对，掌心斜向左，指尖朝上，腕与肩平，左手下按落于左胯旁，掌心向下，指尖朝前；目视右手。

要点：仆步时，左脚尖与右脚跟在一条直线上；图 5－75（f）到图 5－75（b）的动作过程为吸气，图 5－75（c）到图 5－75（d）的动作过程为呼气，图 5－75（d）到图 5－75（e）的动作过程为吸气，图 5－75（f）到图 5－75（g）的动作过程为呼气。

17. 右下势独立

① 落脚勾手。如图 5－76（a）和图 5－76（b）所示，右脚落于左脚右前方，脚尖点地，然后以左脚前掌为轴脚跟内转，身体随之左转；同时左手向左后侧提起，成勾手平举，勾尖朝下，腕与肩平，臂微屈；右手随转体经面前向左划弧至左肩前，掌心斜向后；目视左勾手。

② 仆步穿掌。如图 5－76（c）和图 5－76（d）所示，动作说明与"16. 左下势独立"中"② 仆步穿掌"相同，只是左右式相反。

图5-75　左下势独立

③ 弓步立掌。如图5-76（e）所示，动作说明与"16.左下势独立"中"③ 弓步立掌"相同，只是左右式相反。

④ 提膝挑掌。如图5-76（f）和图5-76（g）所示，动作说明与"16.左下势独立"中"④ 提膝挑掌"相同，只是左右式相反。

图5-76　右下势独立

要点：右脚尖触地后要稍提起，再向下仆腿；其他均与"左下势独立"相同。

18.左右穿梭

（1）左穿梭

① 落脚转体。如图5-77（a）和图5-77（b）所示，上体左转，左脚向左前落地（先以脚跟着地，再全脚掌踏实），脚尖外摆，两腿屈膝，成半坐盘式，身体重心略前移；同时左手内旋屈臂于左胸前，掌心向下，右手外旋摆至腹前，掌心向上；目视左手。

② 收脚抱球。如图 5 - 77 （c） 所示，上体继续左转，右脚收到左脚内侧，脚尖点地，身体重心移至左腿；同时两手左上右下成抱球状；目视左手。

③ 弓步架推。如图 5 - 77 （d）、图 5 - 77 （e） 和图 5 - 77 （f） 所示，上体右转，右脚向右前方迈出，呈右弓步，身体重心前移；同时右手内旋，向前、向上画弧，举架于右额前，掌心斜向上；左手先向左下画弧至左肋前，再向前上推出，与鼻同高，掌心向前；目视左手。

（2） 右穿梭

① 收脚抱球。如图 5 - 77 （g） 和图 5 - 77 （h） 所示，右脚尖稍向外撇，左脚收至右脚内侧，脚尖点地，身体重心移至右腿；同时右臂屈肘落于右胸前，掌心向下，左手外旋，向下、向右画弧下落于右腹前，掌心向上，两手右上左下在右胸前成抱球状；目视右手。

② 弓步架推。如图 5 - 77 （i）、图 5 - 77 （j） 和图 5 - 77 （k） 所示，动作说明与 "左穿梭" 中 "3 弓步架推" 相同，只是左右式相反。

（a）　　（b）　　（c）　　（d）　　（e）　　（f）

（g）　　（h）　　（i）　　（j）　　（k）

图 5 - 77　左右穿梭

要点：身体正直，重心平稳；架推掌和前弓腿动作要协调一致；弓步时，两脚跟的横向距离同搂膝拗步式，约 30 厘米；落脚转体和收脚抱球时吸气，弓步架推时呼气。

19. 海底针

① 跟步提手。如图 5 - 78 （a） 所示，上体稍向右转，右脚向前跟进半步，右腿屈膝微蹲，左脚稍提起，身体重心移至右腿；同时右手下落经体侧向后、向上屈臂提至右耳侧，掌心斜向左下，指尖斜向前下，左手经体前下落至腹前，掌心向下，指尖斜向右前方；目视右前方。

② 虚步插掌。如图 5 - 78 （b） 所示，上动不停，上体稍左转；左脚稍向前移，脚尖点地成左虚步；同时右手向斜前下方插出，掌心向左，指尖斜向前下，左手向下、向后画弧，经左膝落至左大腿侧，掌心向下，指尖朝前；目视前下方。

要点：右手前下插掌时，上体稍前倾，松腰松胯，收腹敛臀，不可低头；跟步提手时吸起，虚步插掌时呼气。

20. 闪通臂

① 提脚提手。如图 5 - 79（a）所示，左腿屈膝，左脚微提起；同时右手经体前上提至肩，掌心向左，指尖朝前；左手向前、向上画弧至右腕内侧下方，掌心向右，指尖斜向上；目视前方。

② 迈步分手。如图 5 - 79（b）所示，上体稍右转，左脚向左前方迈出，脚跟着地；同时右手上提内旋，掌心翻向外；目视右前方。

③ 弓步推掌。如图 5 - 79（c）所示，上体继续右转，左脚掌踏实，左腿屈弓呈左弓步，重心前移；同时左手向前推出，掌心向前，高与鼻平，肘微屈；右手屈臂上举，圆撑于右额前上方，掌心斜向上；目视左手。

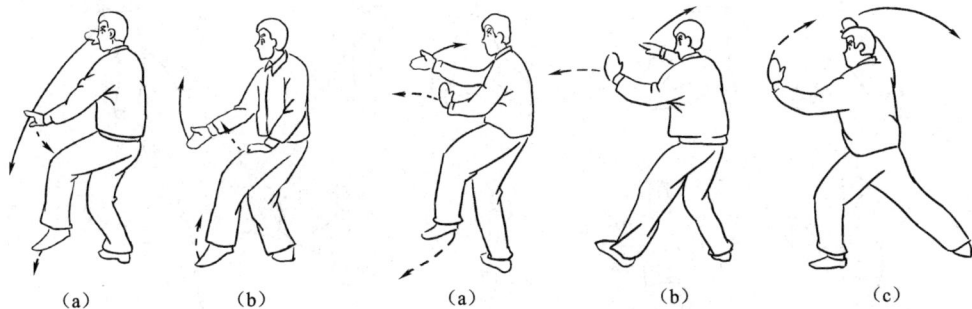

图 5 - 78　海底针　　　　　　　　　图 5 - 79　闪通臂

要点：上体正直，松腰沉胯；推掌、撑掌和弓腿动作要协调一致；弓步时，两脚跟横向距离不超过 10 厘米；提脚提手时吸气，迈步分手和弓步推掌时呼气。

21. 转身搬拦捶

① 转体扣脚。如图 5 - 80（a）所示，上体右转，右腿屈膝后坐，左脚尖翘起内扣，身体重心移至右腿；同时两手向右画弧，右手呈右侧举，左手至头左侧，掌心均向外；目视右手。

② 坐身握拳。如图 5 - 80（b）所示，上体继续右转，左腿屈膝后坐，右脚跟离地，以脚前掌为轴微向内转，身体重心回移至左腿；同时右手继续向下、向左画弧，经腹前屈臂握拳，摆至左肋旁，掌心向下；左手继续上举至左额前上方，掌心斜向前上；目视右前方。

③ 摆步搬拳。如图 5 - 80（c）和图 5 - 80（d）所示，上动不停，身体右转至面向前方；右脚提收到左踝内侧（不触地），再向前垫步迈出，脚尖外撇，脚跟先着地，随即全脚掌踏实；同时右拳经胸前向前翻转搬出（即右手经胸前以肘关节为轴，向上、向前搬打），高与肩平，掌心向上，拳背为力点，肘微屈；左手经右前臂外侧下落，按于左胯旁，掌心向下，指尖朝前；目视右拳。

④ 转体收拳。如图 5 - 80（e）所示，上体微向右转，右腿屈膝，重心前移，左脚跟提起；同时左拳经体侧向前上画弧，右拳内旋回收至体侧，掌心转向下，右臂平屈于胸前右侧；目视前方。

⑤ 上步拦掌。如图 5 - 80（f）和图 5 - 80（g）所示，上动不停，左脚向前上步，脚跟着地；同时左手向前上画弧拦出，高与肩平，掌心斜向右，指尖斜向上；右拳向右摆，内旋屈收于右腰旁，掌心转向上；目视左手。

⑥ 弓步打拳。如图 5 - 80（h）所示，身体稍左转，左脚掌踏实，左腿屈弓呈左弓步，

重心前移；同时右拳向前打出，高与胸平，拳眼向上，肘微屈；左手微收，附于右前臂内侧，掌心向右，指尖斜向上；目视右拳。

要点：上、下肢动作应协调一致；"搬"要先按后搬，在体前画立圆，并与右脚外撇提落相配合；"拦"以腰带臂平行绕动向前平拦，并与上步动作相配合；"捶"，拳要螺旋形向前冲出，应与弓步动作相配合，同时完成；图5-80（a）和图5-80（b）为吸气，图5-80（b）、图5-80（c）和图5-80（d）为呼气，图5-80（d）、图5-80（e）、图5-80（f）和图5-80（g）为吸气，图5-80（g）和图5-80（h）为呼气。

（a） （b） （c）

（d） （e） （f） （g） （h）

图5-80 转身搬拦捶

22. 如封似闭

① 穿手翻掌。如图5-81（a）和图5-81（b）所示，右拳变掌，两掌心翻转向上，左掌经右手前臂下向前伸出；两手交叉，随即分别向两侧分开，与肩同宽；目视前方。

② 后坐收掌。如图5-81（c）和图5-81（d）所示，上动不停，右腿屈膝，上体慢慢后坐，左脚尖翘起，身体重心移向右腿；同时两臂屈肘回收，两手翻转向下，沿弧线经胸前内旋向下按于腹前，掌心斜向下；目视前方。

③ 弓步推掌。如图5-81（e）和图5-81（f）所示，上动不停，左脚掌踏实，左腿屈膝成呈弓步，重心前移；同时两手向上、向前推出，臂微屈，腕与肩平，掌心均向前；目视前方。

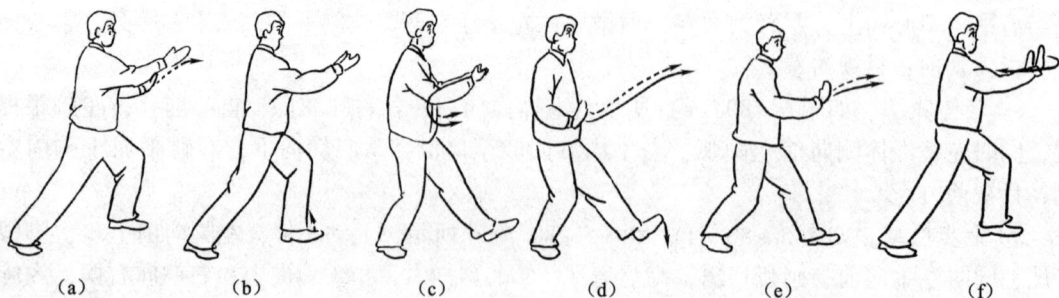

（a） （b） （c） （d） （e） （f）

图5-81 如封似闭

要点：上体保持正直；两手距离不超过两肩；穿手翻掌时吸气，后坐收掌和弓步推掌时呼气。

23. 十字手

① 转体分掌。如图 5 – 82（a）和图 5 – 82（b）所示，上体稍右转，右腿屈膝后坐，脚尖稍外撇，左腿自然带直，脚尖内扣，呈右侧弓步，身体重心移向右腿；同时右手随转体经面前向右平摆画弧，与左手呈两臂侧平举，肘微屈，掌心均向前；目视右手。

② 收脚合抱。如图 5 – 82（c）和图 5 – 82（d）所示，上动不停，上体稍左转，左腿屈膝，右脚尖内扣，脚跟离地，身体重心移至左脚；随即右脚轻轻提起向左回收，前脚掌先着地，进而全脚掌踏实，脚距与肩同宽，脚尖朝前，两腿慢慢伸直呈开立步，身体重心移到两腿中间；同时两手下落经腹前再向上画弧，交叉合抱于胸前，腕与肩平，两臂撑圆，两掌心均向内，右手在外，成十字手；目视前方。

（a）　　　　　（b）　　　　　（c）　　　　　（d）

图 5 – 82　十字手

要点：动作要虚实分明；两手向外分开时吸气，两手向下画弧时呼气，两手向上向里合抱交叉时吸气。

24. 收势

① 翻掌分手。如图 5 – 83（a）所示，两手向外翻掌，掌心向下，左右分开，与肩同宽；目视前方。

② 垂臂落手。如图 5 – 83（b）和图 5 – 83（c）所示，两臂慢慢下落至两胯外侧，自然下垂，松肩垂肘；目视前方。

③ 并步还原。如图 5 – 83（d）所示，左脚提起与右脚并拢，两脚尖向前，恢复呈预备姿势；目视前方。

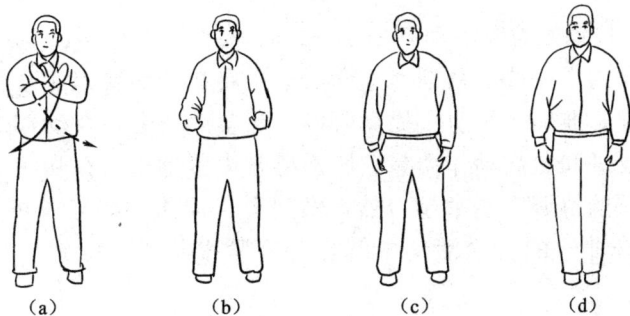

（a）　　　　　（b）　　　　　（c）　　　　　（d）

图 5 – 83　收势

要点：全身放松；两掌下按的过程呼气，动作完成后，应再进行 3 ~ 4 次深呼吸。

第四节　健身气功八段锦

健身气功八段锦以其简单易学、健身效果明显等特点深受广大练功群众喜爱。为了进一步促进健身气功八段锦的规范性，更好地满足功法展示活动的要求，对健身气功八段锦整体风格、各式动作要领、易犯错误和纠正方法做如下归纳，供广大习练者参考。

健身气功八段锦整体风格：

（一）动作方面

健身气功八段锦是以肢体运动为主要特点的导引术，它通过肢体运动强壮筋骨，调理脏腑，疏通经络，调和气血，从而达到强身健体的目的。其功法特点主要表现为势正招圆。整套动作看似横平竖直、柔和缓慢，但却方圆相应、松紧结合，健身气功八段锦的每式中均体现了这一风格。如"左右开弓似射雕"一式，两手自胸前开弓至两侧，再由两侧弧形下落，动作以横平为起点，以半圆为路径，在方正中体现开弓时抻拉之力，回收时松柔之美。上述八段锦的功法特点是在动作进入熟练阶段后，自然而然进入的一种求松静、分虚实、讲刚柔、知内劲的状态。在初学阶段要掌握每一式的动作要领（将在下文细述），先求动作完整，再求动作圆活，先体会柔和缓慢，再体会动静相兼。

（二）呼吸方面

健身气功八段锦在练习时采用逆腹式呼吸，同时配合提肛呼吸。具体方法是：吸气时提肛、收腹、隔肌上升，呼气时隔肌下降、松腹、松肛。与动作结合时遵循起吸落呼、开吸合呼、蓄吸发呼的呼吸原则，在每一段主体动作中的松紧与动静的变化交替处采用闭气。如"两手托天理三焦"一式，两手上托时，吸气；保持抻拉时，闭气；两手下落时，呼气。在动作的初学阶段，要以自然呼吸为主，不要刻意追求呼吸的细、匀、深、长，不要刻意追求呼吸与动作的配合，不要让呼吸成为心理负担，以免出现头晕、恶心、心慌、气短等现象。要因人而异，量力而行，动作与呼吸的配合要顺其自然，在循序渐进中进入不调而自调的状态。

（三）意念方面

练习健身气功八段锦时意念活动不是守一，而是意想动作过程，不同的习练阶段，其意念活动也是不一样的。在练功初期，意念活动主要在动作要点和动作规格上，这一阶段动作要正确，路线要准确；在功法提高阶段，意念活动主要在动作的风格特点和呼吸的配合上，要不断改进和提高动作质量，肌肉感觉由紧到松；在功法熟练自如阶段，意念活动随呼吸、动作的协调而越来越自然，做到形与神和，意与气和。在松静、愉悦的心理条件下，在似守非守的意念活动中解除各种紧张状态，做到功法自然流畅，从容自如。

预备势

动作要领：两臂侧起时掌心向后，在体侧 45° 时转掌心向前；合抱于腹前时立项竖脊，舒胸实腹，松腰敛臀，放松命门，中正安舒，如坐高凳。

健身气功八段锦第一式：两手托天理三焦。三焦，是指人体上、中、下三焦，属于六腑之一，位于胸腹之间，其中胸膈以上为上焦，胸膈与脐之间为中焦，脐以下为下焦。人体三焦主司疏布元气和流行水液。这一式为两手交叉上托，拔伸腰背，提拉胸腹，可以促使全身上下的气息流通，水液布散，从而周身都得到元气和津液的滋养。如图5－84所示。

动作要领：两掌向上至胸部时，翻掌上托，舒胸展体，抬头看手；抻拉时下颌微收，头向上顶，略有停顿，脊柱上下对拉拔长，力由夹脊发，上达两掌；两掌下落时要松腰沉髋，沉肩坠肘，松腕舒指，保持上体中正。

健身气功八段锦第二式：左右开弓似射雕。这一式展肩扩胸，左右手如同拉弓射箭式，招式优美；可以抒发胸气，消除胸闷，疏理肝气，治疗胁痛；同时消除肩背部的酸痛不适。对于那些长期伏案工作，压力较大的白领人士，练习它可以增加肺活量，充分吸氧，增强意志，精力充沛。

动作要领：两腕交搭时沉肩坠肘，掌不过肩；开弓时力由夹脊发，扩胸展肩，坐腕竖指，充分转头，侧拉之手五指要并拢屈紧，臂与胸平，八字掌侧撑需立腕、竖指、掌心涵空。略停两秒，保持抻拉，有开硬弓射苍鹰之势。如图5－85所示。

图5－84 两手托天理三焦　　　　　图5－85 左右开弓似射雕

健身气功八段锦第三式：调理脾胃须单举。脾胃，是人体的后天之本，气血生化的源泉。中医认为，脾主升发清气，胃主消降浊气。这一式中，左右上肢松紧配合的上下对拉拔伸，能够牵拉腹腔，对脾胃肝胆起到很好的按摩作用，并辅助它们调节气机，有助于消化吸收，增强营养。

动作要领：单臂上举和下按时，要力达掌根，舒胸展体，拔长腰脊，要有撑天挂地之势。如图5－86所示。

健身气功八段锦第四式：五劳七伤往后瞧。五劳，是心、肝、脾、肺、肾五脏的劳损；七伤，是喜、怒、忧、思、悲、恐、惊的七情伤害。五劳七伤，犹如今天的亚健康；长期劳顿，没有及时休养生息，终究造成损伤的累积。这一式，转头扭臂，调整大脑与脏腑联络的交通要道——颈椎（中医称为天柱）；同时挺胸，刺激胸腺，从而改善了大脑对脏腑的调节能力，并增强免疫和体质，促进自身的良性调整，消除亚健康。

动作要领：两掌伏按时立项竖脊，两臂充分外旋，展肩挺胸，转头不转体。如图5－87所示。

图 5-86　调理脾胃须单举

图 5-87　五劳六伤往后瞧

健身气功八段锦第五式：摇头摆尾去心火。心火者，思虑过度，内火旺盛。要降心火，须得肾水，心肾相交，水火既济。这一式，上身前俯，尾闾摆动，使心火下降，肾水上升，可以消除心烦、口疮、口臭、失眠多梦、小便热赤、便秘等症候。

动作要领：马步扶按时要悬项竖脊、收髋敛臀、上体中正；侧倾俯身时，颈部与尾闾对拉拔长；摇头时，颈部尽量放松，动作要柔和缓慢，摆动尾闾间力求圆活连贯。如图 5-88 所示。

健身气功八段锦第六式：两手攀足固肾腰。这一式前屈后伸，双手按摩腰背下肢后方，使人体的督脉和足太阳膀胱经得到拉伸牵扯，对生殖系统、泌尿系统以及腰背部的肌肉都有调理作用。

动作要领：双手反穿经腋下尽量旋腕，俯身摩运时脊柱节节放松，至足背时要充分沉肩；起身时两掌贴地面前伸拉长腰脊，手臂主动上举带动上体立起。如图 5-89 所示。

图 5-88　摇头摆尾去心火

图 5-89　两手攀脚固肾腰

健身气功八段锦第七式：攒拳怒目增气力。中医认为，肝主筋，开窍于目。这一式马步冲拳，怒目瞪眼，均可刺激肝经系统，使肝血充盈，肝气疏泄，强健筋骨。对那些长期静坐卧床少动之人，气血多有郁滞，尤为适宜。

动作要领：马步下蹲时要立身中正，马步的高低可根据自己腿部的力量灵活掌握；左右冲拳时怒目瞪眼，同时脚趾抓地，拧腰顺肩，力达拳面，旋腕要充分，五指用力抓握。如图 5-90 所示。

健身气功八段锦第八式：背后七颠百病消。这一式动作简单，颠足而立，拔伸脊柱，下落振身，按摩五脏六腑。俗话说：百步走不如抖一抖。这一式下落振荡导致全身的抖动，十分舒服，不仅可以有利于消除百病，也正好可以作为整套套路的收功。

动作要领：提踵时脊柱节节拉长，脚趾抓地，脚跟尽量抬起，两腿并拢，提肛收腹，头向上顶，略有停顿，保持平衡；下落时沉肩，颠足时身体放松，咬牙，轻震地面。如图5-91所示。

图 5-90　攒拳怒目增气力

图 5-91　背后七颠百病消

收势

动作要点：体态安详，周身放松，气沉丹田，心情愉悦。

第五节　武术套路竞赛的组织与裁判

一、竞赛的组织工作

武术竞赛是检查武术教学效果与训练水平的有效手段。通过竞赛，可以广泛地交流技艺，扩展视野，达到相互学习、相互促进、增进友谊、共同提高的目的。武术套路竞赛的组织工作主要有如下内容，即制定竞赛规程、成立竞赛组织机构，以及落实各项竞赛事宜和组织裁判队伍等。

（一）制定竞赛规程

竞赛规程是整个比赛的工作依据，是对竞赛组织者和参加者的指导性文件。它是在竞赛前由主办单位根据竞赛的目的和任务而制定的。制定竞赛规程一定要周密细致，用语精炼准确。此文件一定要提前发给各个有关单位及人员，以便他们认真学习，全面理解，早做准备，遵照执行。

竞赛规程一般包括以下内容：① 竞赛名称；② 目的任务；③ 主办单位和承办单位；④ 竞赛日期与地点；⑤ 参加单位和参加办法；⑥ 竞赛项目；⑦ 报名、报到；⑧ 录取名次与奖励办法；⑨ 裁判员和仲裁委员及竞赛监督委员的组成；⑩ 注意事项。以上各项，可以根据竞赛实际情况，酌情增减。

（二）成立竞赛组织机构

单项比赛的组织委员会相当于大型运动会的单项竞赛委员会，是负责整个竞赛工作的临时领导机构，主要由主办单位及参加单位、裁判队伍、仲裁委员会的领导人员组成，决定大会的组织方案，指导大会的竞赛工作。

组委会设立主任委员1人，副主任委员若干人，委员若干人。组委会下设秘书处、竞赛

处、竞赛监督委员会、仲裁委员会、裁判员委员会等，分工负责行政、竞赛、裁判等方面事宜。

1. 秘书处（办公室）

属实际办事机构，主要负责竞赛的宣传教育，安排各项活动、经费预算、生活管理、医疗卫生、安全保卫、组织观众、开幕式、闭幕式等工作。秘书处下设宣传组、总务组、接待组、保卫组、医务组等具体工作室，各有职责，协调配合，为大会服务。

2. 竞赛处

负责人由主管部门分管竞赛工作的领导担任，会同总裁判长、裁判长具体负责大会的竞赛工作，确保竞赛工作的顺利进行。

3. 竞赛监督委员会

由主任、副主任、委员3~5人组成，贯彻公正、公平、公开原则，对仲裁、竞赛工作实行监督、管理。竞赛监督委员会不直接参与仲裁委员会和裁判人员职责范围内的工作，不干涉仲裁委员会、裁判人员正确履行自己的职责，不改变裁判人员、仲裁委员的裁决结果。

4. 仲裁委员会

由主任、副主任、委员3、5人或7人组成。

5. 裁判员委员会

由总裁判长、裁判长、裁判员若干人组成，负责大会竞赛期间的裁判工作。
① 总裁判长1人、副总裁判长1~2人。
② 裁判组设裁判长1人；A组评分裁判员3人；B组评分裁判员3人；C组评分裁判员3人，共10人组成。

二、武术套路竞赛通则

（一）竞赛性质

（1）竞赛类型分为
① 个人赛；② 团体赛；③ 个人及团体赛。
（2）按年龄可分为
① 成年赛；② 青少年赛；③ 儿童赛。

（二）竞赛项目

① 长拳；② 太极拳；③ 南拳；④ 剑术；⑤ 刀术；⑥ 枪术；⑦ 棍术；⑧ 南刀；⑨ 南棍；⑩ 太极剑；⑪ 对练：包括徒手对练、器械对练、徒手与器械对练；⑫ 集体项目。

（三）竞赛年龄分组

① 成年组：18周岁（含18周岁）以上；
② 青少年组：12周岁至18周岁以下；
③ 儿童组：不满12周岁。

（四）申诉

1. 申诉内容与范围

仲裁委员会受理运动队对本队运动员在比赛过程中，对裁判长的扣分和C组评判有异议的申诉。

2. 申诉程序及要求

参赛队如果对裁判评判本队结果有异议，必须在该场该项比赛结束后 15 分钟内，由该队领队或教练向仲裁委员会以书面的形式提出申诉，同时交付 100 美元申诉费。一次申诉仅限一个内容。

仲裁委员会对申诉要进行审议，查看录像，如裁判组评判正确，提出申诉的运动队必须坚决服从。如果因不服而无理纠缠，根据情节轻重，可由仲裁委员会建议国际武联技委会给予严肃处理，直至取消比赛成绩。如判定属于裁判组的错误，仲裁委员会提请国际武联技委会对错判的裁判按有关规定进行处理，并退回申诉费。裁决结果要及时通知有关各方。

（五）比赛顺序的确定

在竞赛委员会和总裁判长的监督下，由编排记录组抽签决定出场顺序。如有预、决赛的比赛，其决赛的出场顺序，则应按预赛成绩的高低，由低到高确定。如预赛排名相同，则抽签决定出场顺序。

（六）检录

运动员须在赛前 40 分钟到达指定地点报到，参加第一次检录，并接受检查服装和器械。赛前 20 分钟进行第二次检录，赛前 10 分钟进行第三次检录。

（七）礼仪

运动员听到上场点名时和完成比赛套路后，应向裁判长行抱拳礼。

（八）计时

运动员由静止姿势开始动作，计时开始；运动员结束全套动作后并步站立，计时结束。

（九）示分

运动员的比赛结果，公开示分。

（十）弃权

运动员不能按时参加检录与比赛，则按弃权论处。

（十一）兴奋剂检测

根据国际奥林匹克宪章的规定和国际奥委会的有关要求，进行兴奋剂检测。

（十二）名次评定

1. 个人单项（含对练）名次

按比赛的成绩高低排列名次。得分最高者为该单项的第一名，次高者为第二名，依次类推。

2. 个人全能名次

按各单项得分总和的高低（或根据规程确定办法）进行评定，得分最高者为全能第一名，次高者为第二名，依次类推。

3. 集体名次

得分最高者为该项目第一名，次高者为第二名，依次类推。

4. 团体名次

根据竞赛规程关于团体名次的确定办法进行评定。

5. 得分相等的处理

① 个人项目得分相等的处理：

a. 以完成动作难度等级高者列前。

b. 以完成高等级难度动作数量多者列前。

c. 以难度得分高者列前。

d. 如仍相等，以演练水平应得分高者列前。

e. 如仍相等，以演练水平扣分少者列前。

f. 如仍相等，名次并列。

g. 如有预、决赛，成绩相等时，以预赛成绩高者列前。若再相等，则以决赛成绩按上述几条评定名次。

h. 如无动作难度组别要求的竞赛项目成绩相等时，则以上述第4、5、6条评定名次。

② 个人全能得分相等时，以比赛中获单项第一名多者列前；如仍相等，则以获得第二名多者列前，依次类推；如获得所有名次均相等，则并列。

③ 集体项目和对练得分相等时，按个人项目第4、5、6条评定名次。

④ 团体总分相等时，以全队获得单项第一名多者列前；如仍相等，则以获得第二名多者列前，依次类推；如获得单项名次均相等，则并列。

（十三）竞赛有关规定

1. 套路完成时间

① 长拳、南拳、剑术、刀术、枪术、棍术、南刀、南棍套路，成年组不得少于1分20秒；青少年（含儿童）不得少于1分10秒。

② 太极拳、太极剑自选套路、集体项目为3~4分钟。太极拳规定套路为5~6分钟。

③ 对练不得少于50秒。

2. 比赛音乐

规程规定配乐的项目必须在音乐（不带歌词）伴奏下进行，音乐可以根据套路的编排自行选择。

3. 比赛服装

裁判员应穿统一的服装，佩戴裁判等级标志；运动员应穿武术比赛服，佩戴号码。

4. 竞赛场地

① 个人项目的场地为长14米、宽8米，场地周围至少有2米宽的安全区。

② 集体项目的场地为长16米、宽14米，场地周围至少有1米宽的安全区。

③ 场地四周内沿，应标明5厘米宽的白色边线。

④ 场地的地面空间高度不少于8米。

⑤ 两个比赛场地之间的距离6米以上。

⑥ 根据实际情况比赛场地应高出地面50~60厘米。

⑦ 场地灯光垂直照度和水平照度在规定范围之内。

思考与练习

1. 武术的分类有哪些？
2. 武术的基本功有哪些？
3. 二十四式太极拳的基本动作有哪些？

活动与探索

若条件允许，可进行武术、长拳、太极拳、气功八段锦表演赛，其规模、规则等可以视具体情况而定。

第六章

跆拳道

本节介绍了跆拳道运动的起源，阐述了跆拳道的基本肢体礼仪、基本步型、基本步法、基本拳法、基本腿法和跆拳道品势，以及跆拳道比赛过程中常用的技战术等。

一、跆拳道运动简介

跆拳道运动是一项起源于朝鲜半岛的古老而又新颖的竞技体育运动，是朝鲜民族在生产和生活实践中发展起来的一项运用手、脚技术和身体能力进行自身修炼和搏击格斗的传统体育项目。跆拳道在朝鲜民族史上已有 3 000 多年的历史，20 世纪 50 年代中期，跆拳道在朝鲜半岛重新崛起，经过 50 余年的努力传播，现在已风靡全球，成为一项新颖的竞技体育项目。

1992 年，跆拳道传入我国，经过 20 多年的发展，可谓硕果累累。目前，已有多位运动员获得世界及其他国际赛事冠军，民间跆拳道场（馆）更是遍及全国，为我国青少年儿童体育锻炼起到了重要作用。

跆拳道的"跆"字在朝鲜语言中意为像台风一样强劲地、猛烈地踢打；"拳"即指拳头，指用拳击打；"道"是指格斗的艺术和一种原理。跆拳道即是使用手脚的技术与方法，通过自身的修炼，以实现人生的武道理想目标。在跆拳道习练过程中，非常注重跆拳道礼仪和道德修养，每一次练习都要求"以礼始，以礼终"，秉承礼仪、廉耻、忍耐、克己、百折不屈的跆拳道精神，这对于培养现代青少年学生具有特殊的教育意义。

跆拳道习练者通常身着白色跆拳道服，腰系不同颜色的腰带进行训练或比赛，跆拳道一般分为十级九段，其中十级至一级为初级，腰系不同颜色的腰带，一段至九段为高级，腰系黑色腰带，通过腰带上标示的横杠区分段位的高低。在跆拳道比赛中，无论段位级别的高低都统一着黑色腰带，由于跆拳道运动主要以腿法进攻为主要进攻手段，比赛双方斗智斗勇，拳来腿往，紧张激烈，具有极高的观赏价值，通过观看比赛，可激发斗志、鼓舞精神、陶冶情操等。

二、跆拳道基本技术

1. 基本肢体礼仪、实战势

（1）站姿、坐姿、鞠躬礼

① 立正：身体直立，两脚并拢，下颌微收，双眼平视，两手握拳自然下垂，贴于大腿

外侧（见图6-1）。

②跨立：立正势开始，右脚向右横跨一步约与肩宽，两脚平行，双手交叉叠于腰后，挺胸收腹，双眼平视（见图6-2）。

③坐姿：两小腿交叉盘腿坐下，双手握拳，拳心向下置于膝盖上，立腰竖颈，目视前方（见图6-3）。

④鞠躬礼：面向敬礼对象并步站立，上体前倾30度，头部前倾15度鞠躬致礼，礼毕还原成立正姿势（见图6-4）。

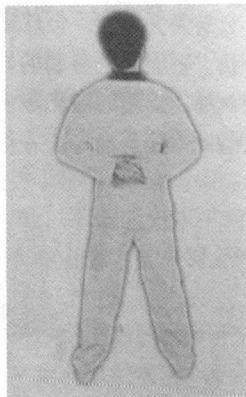

图6-1　　　　　图6-2　　　　　图6-3　　　　　图6-4

（2）实战势

实战势是跆拳道比赛中进攻的开始与结束，左脚在前称为左实战势，右脚在前称为右实战势。以左实战势为例（以下没有特别说明，均指左实战势），两脚前后开立约与肩宽，左脚内扣约45度，右脚前脚掌着地，脚跟稍抬起，两脚横向距离约10厘米，身体重心落于两腿之间；上体直立，斜向45度方向，两手曲臂握拳，拳心相对，左拳高与肩平，右拳置于胸前正中线，与胸口同高，肘关节自然下垂（见图6-5正面、图6-6侧面）。

2. 基本步型、步法

（1）基本步型

①并步：两腿并拢直立，两脚内侧相靠（见图6-7）。

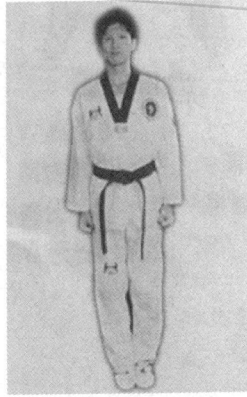

图6-5　　　　　图6-6　　　　　图6-7

② 开立步：两脚左右分开，约与肩宽，平行站立；两手握拳置于两大腿外侧（见图 6 - 8）。

③ 前行步：亦称走步，两脚尖都朝向前方，两腿伸直，形如走路停步，前脚脚尖至后脚脚跟间距三脚长（见图 6 - 9）。

④ 弓步：两脚前后开立，两腿间距约自身三脚长，前腿屈膝半蹲，后腿蹬直，后脚与正前方约成 30 度角，挺胸塌腰，目视前方；左脚在前称为左弓步，右脚在前称为右弓步（见图 6 - 10）。

⑤ 马步：两脚左右分开约自身两脚长的距离，两脚平行，屈膝半蹲，膝关节投影垂线落于脚尖（见图 6 - 11）。

图 6 - 8　　　　　　　图 6 - 9　　　　　　　图 6 - 10　　　　　　　图 6 - 11

⑥ 三七步：两脚前后开立，左脚尖向前，右脚尖向右，两脚连线成 90 度角，前脚脚尖到后脚脚跟约为自身三脚长的距离，两膝弯曲，30% 的重心落于前腿，70% 的重心落于后腿；左脚在前为左三七步，右脚在前为右三七步（见图 6 - 12）。

⑦ 虚步：两脚前后开立，左脚脚尖着地，脚跟提起；右脚脚尖与正前方成 30 度角，两膝弯曲，两脚间距约自身两脚长，重心落于后脚（见图 6 - 13）。

（2）基本步法

① 跳换步：跳换步是左、右实战势相互转换的一种步法；左实战势开始，双脚同时蹬地跳起，微腾空；然后两脚沿直线前后互换，变成右实战势（见图 6 - 14）。

 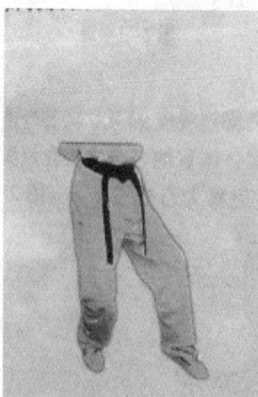 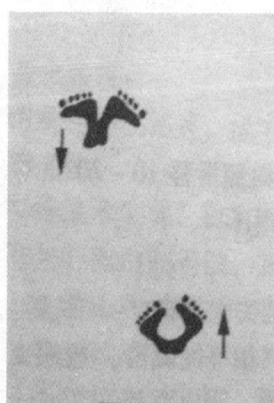

图 6 - 12　　　　　　　图 6 - 13　　　　　　　图 6 - 14

②上步：左实战势准备，以左脚掌为轴，右脚蹬地沿直线迅速向左脚前方迈一步，左脚随之自然转动，成右实战势（见图6-15）。

③撤步：左实战势准备，以右脚掌为轴，左脚蹬地沿直线迅速向右脚后方后撤一步，右脚随之自然转动，成右实战势，撤步是上步的反向运动（见图6-16）。

④滑步：滑步分四种，即前滑步、后滑步、左滑步和右滑步。前滑步：实战势准备，右脚掌发力蹬地，左脚掌轻擦地面向前滑行10～20厘米，右脚随之滑动跟上相同的距离（见图6-17）；后滑步：左脚掌发力蹬地，右脚掌轻擦地面向后滑行10～20厘米，左脚随之向后滑动相同的距离（见图6-18）；左滑步与前滑步相同，只是滑动方向为水平向左（见图6-19）；右滑步与后滑步相同，只是滑动方向为水平向右（见图6-20）。

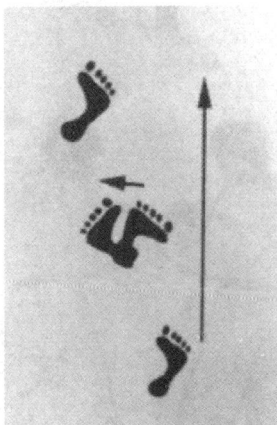
图6-15

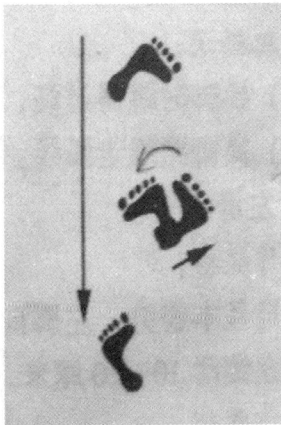
图6-16

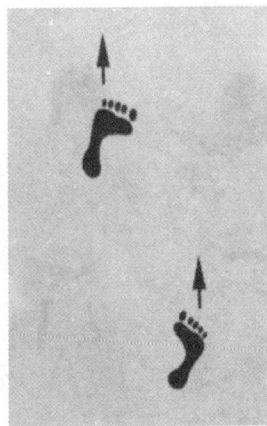
图6-17

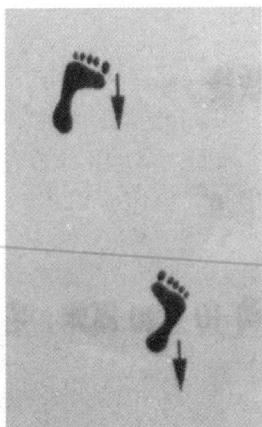
图6-18

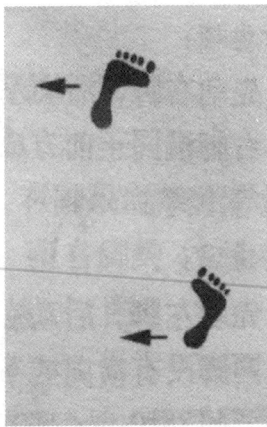
图6-19

图6-20

⑤跳步：主要为前跳步和后跳步。前跳步：实战势开始，右脚向左脚内侧快速跳进一步，重心稍后仰，左髋积极前送，右脚即将落地时左膝快速上提，做佯攻状（见图6-21、图6-22）。后跳步：实战势开始，右脚向后跳一步，脚掌着地，左脚快速向右脚内侧收靠，脚尖点地成左虚步或佯攻状（见图6-21和图6-23）。

⑥前进步：实战势开始，右脚向左脚内侧迈步20～30厘米，在未承受体重时左脚迅速向前迈进相同的距离，是一种快速接近对手的步法（见图6-17）。

⑦ 后退步：实战势开始，与前进步相反，左脚掌向右脚内侧后退 10～20 厘米，右脚随之后退相同的距离，退步后保持实战姿势（见图 6－18）。

3. 基本拳法

在跆拳道比赛中被允许的只有一种拳法——直拳。直拳击打一般很难得分，因此，在跆拳道比赛中很少被运用。

直拳击打：实战势开始，右脚蹬地发力，左脚向前滑动一小步成弓步，左手前臂向左大腿外侧格挡；同时，身体向左猛烈转腰发力，右肩前送，快速出右拳，力达拳面，攻击对方胸部，击打后快速恢复成实战势（见图 6－24）。

  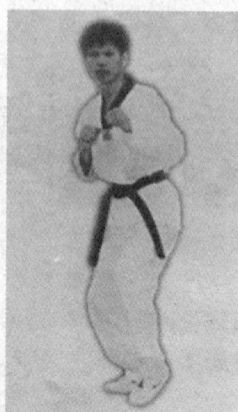 

图 6－21　　　　　　图 6－22　　　　　　图 6－23　　　　　　图 6－24

4. 基本腿法

（1）前踢（见图 6－27）

实战势站立（以左势为例），右脚掌蹬地发力，右腿顺势屈膝提起，大小腿折叠前送，左脚以前脚掌为轴外旋约 90 度，同时，右脚迅速以膝关节为轴伸膝、送髋，将小腿快速向前或前上方踢出，力达脚背或脚前掌。踢击目标后右腿迅速放松弹回，落地还原成左实战势或落于左脚前成右实战势（见图 6－25、图 6－26、图 6－27 和图 6－28）。

 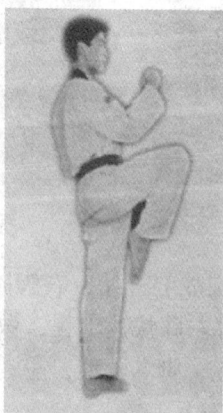  

图 6－25　　　　　　图 6－26　　　　　　图 6－27　　　　　　图 6－28

（2）横踢（见图6－31）

实战势站立，右脚掌蹬地发力，大小腿折叠向上、向前提膝；以左脚掌为轴身体拧转约180度，髋部随之左转，当右膝关节向前抬至水平时（高横踢时大腿高于水平），小腿快速向横方向踢出，击打目标后小腿迅速放松回收、折叠、落地还原成实战势（见图6－29、图6－30、图6－31和图6－32）。

 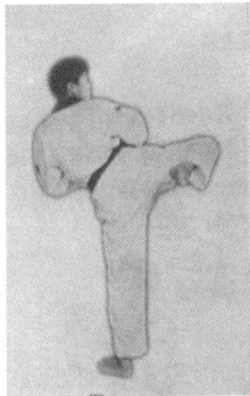  

图6－29　　　　　　　图6－30　　　　　　　图6－31　　　　　　　图6－32

（3）下劈（见图6－35）。

实战势站立，右脚掌蹬地启动，重心稍前移，身体稍左转，右脚屈膝提起，以大腿带动小腿向上举至头部上方；此时，膝关节伸直，大小腿在一条直线上；上体保持正直，腿部稍放松；髋部发力，以脚掌击打目标，放松下落，还原成实战姿势（见图6－33、图6－34、图6－35和图6－36）。

 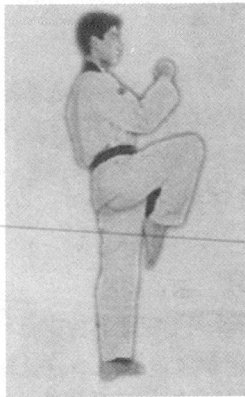 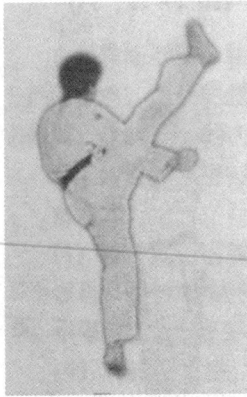 

图6－33　　　　　　　图6－34　　　　　　　图6－35　　　　　　　图6－36

（4）推踢（见图6－39）

实战势站立，右脚蹬地屈膝提起，大小腿折叠压紧向胸腹部靠拢，脚尖勾起，掌心向前；同时，左脚以脚掌为轴外旋约90度，重心落于左脚；动作不停，右脚向正前方直线踢出，力达脚掌或脚跟，踢击目标后，屈膝回收，放松下落，迅速还原成实战姿势（见图6－37、图6－38、图6－39和图6－40）。

图 6 - 37　　　　　　图 6 - 38　　　　　　图 6 - 39　　　　　　图 6 - 40

（5）侧踢（见图 6 - 43）

实战势准备，右脚蹬地起腿，屈膝上提，左脚以脚掌为轴外旋约 180 度，身体随之左转，右大小腿折叠压紧，脚尖勾起，脚掌对准踢击方向；动作不停，右腿快速向前直线踢出，力达脚跟；腿收回，放松下落，还原成实战姿势（见图 6 - 41、图 6 - 42、图 6 - 43 和图 6 - 44）。

 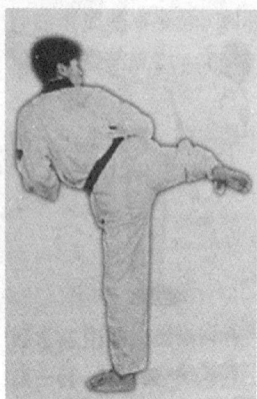  

图 6 - 41　　　　　　图 6 - 42　　　　　　图 6 - 43　　　　　　图 6 - 44

（6）后踢（见图 6 - 47）

实战势站立，左脚以脚掌为轴内旋约 180 度转至脚跟正对踢击方向，身体随腿部转动而转动，右膝屈膝向胸腹部靠拢，大小腿折叠压紧，双眼目视踢击目标；动作不停，右腿利用身体旋转的惯性直线用力踢向攻击目标，重心前移，右腿收回，身体顺势右转，还原成实战姿势（见图 6 - 45、图 6 - 46、图 6 - 47 和图 6 - 48）。

（7）摆踢（见图 6 - 51）

实战势站立，右脚蹬地屈膝提起，左脚以脚掌为轴外旋约 180 度，右脚随即向左前方踢出，动作不停，右小腿快速勾摆，向右侧水平鞭打，击打目标后，随惯性还原成实战姿势（见图 6 - 49、图 6 - 50、图 6 - 51、图 6 - 52 和图 6 - 53）。

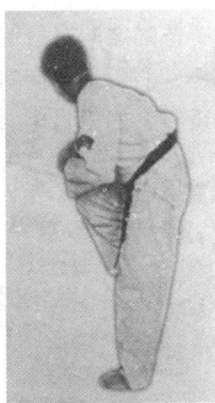

图 6 - 45　　　　　　图 6 - 46　　　　　　图 6 - 47　　　　　　图 6 - 48

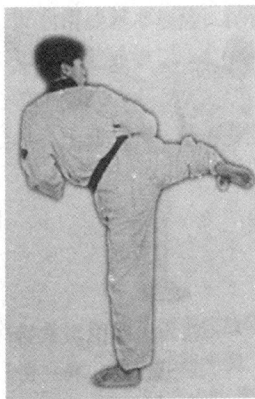
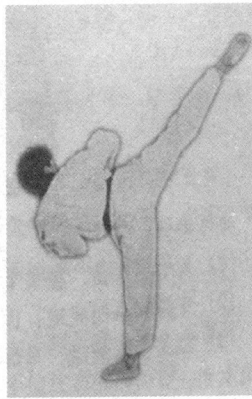

图 6 - 49　　　　　　图 6 - 50　　　　　　图 6 - 51　　　　　　图 6 - 52

（8）旋风踢（见图 6 - 56）

实战势站立，左脚以脚掌为轴，左脚跟向右后方转动约一周，右脚屈膝随身体旋转而摆转，动作不停，当身体转至正对攻击目标时，右脚蹬地跳起左横踢，踢击目标后，右、左脚依次落地还原成实战姿势（见图 6 - 53、图 6 - 54、图 6 - 55、图 6 - 56 和图 6 - 57）。

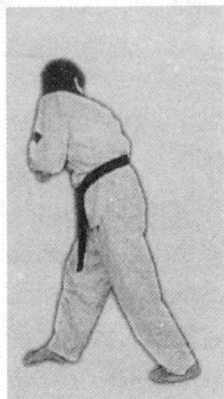

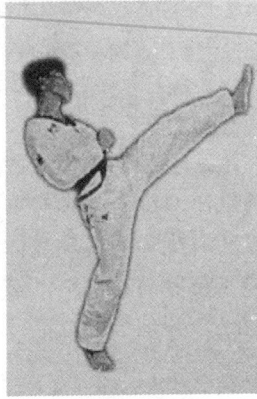

图 6 - 53　　　　　　图 6 - 54　　　　　　图 6 - 55　　　　　　图 6 - 56

（9）后旋踢（见图6-60）

实战势站立，左脚以脚掌为轴内旋约180度，身体随之向右后旋转至背对攻击方向，同时屈膝收腿，微含胸，双眼目视攻击目标；动作不停，右脚随即向右后上方踢出，当右脚接近最高点时用力向右侧水平屈膝鞭打，重心在原地旋转，踢击目标后，右腿随惯性弧线下落于原来位置，还原成实战姿势（图6-57、图6-58、图6-59、图6-60、图6-61和图6-62）。

图6-57

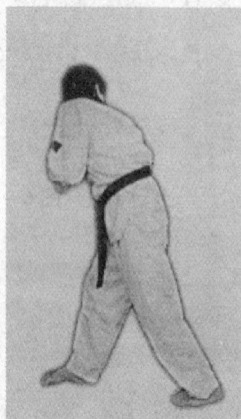

图6-58

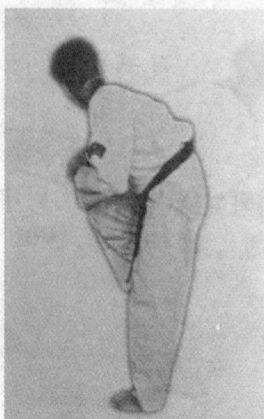

图6-59

图6-60

图6-61

图6-62

5. 跆拳道品势

跆拳道品势类似于武术的套路、空手道的"型"，是习练跆拳道基本技术的有效补充，是跆拳道习练者必须修炼的技术之一，每一势动作都有其具体的攻防含义，长期练习能够有效提高习练者的各项身体素质。跆拳道品势太极一章至太极八章是按照中国八卦图形含义设计的，是段前8级至1级必须修炼的品势。另外，跆拳道1段至九段也分别要修炼不同的品势套路，分别为：高丽、金刚、太白、平原、十进、地跆、天拳、汉水、一如。（本书只介绍太极一章）

太极一章对应八卦中的"乾"卦，演武路线用"☰"来表示，代表万事万物的开始（见图6-63）。

准备姿势：两脚分开约与肩宽，平行站立；双手握拳置于小腹前，手肘弯曲外撑（见图6-64）。站在A点，面向E点，以下同。

第1势

身体左转，左脚转向B点方向（以下简称B）成左前行步，左手下段左格挡，右手握拳于腰间，拳心向上（见图6-65）。

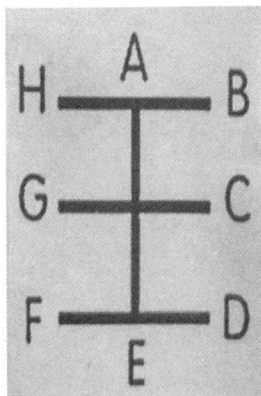
图6-63

图6-64

图6-65

第2势

右脚向前上一步成右前行步，冲右拳攻中段，左拳顺势收于腰间（见图6-66）。

第3势

身体向右后转体180度，右脚向H方向上一步成右前行步，右手下段右格挡（见图6-67）。

第4势

左脚向前上一步成左前行步，冲左拳攻中段，右拳顺势收于腰间（见图6-68）。

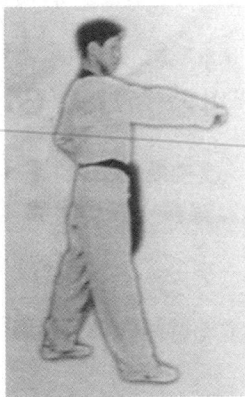
图6-66

图6-67

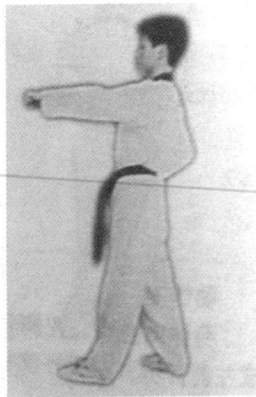
图6-68

第5势

身体左转，左脚向E方向迈一步成左弓步，左手下格挡防左下段（见图6-69）。

第6势

保持身体姿势不变，冲右拳攻中段，左手顺势收于腰间（见图6-70）。

第 7 势

左脚不动，右脚向 G 方向前迈一步成右前行步，左手内格挡防左中段，右手收拳于腰间（见图 6 – 71）。

第 8 势

左脚向 G 方向上一步成左前行步，冲右拳攻中段，左手收拳于腰间（见图 6 – 72）。

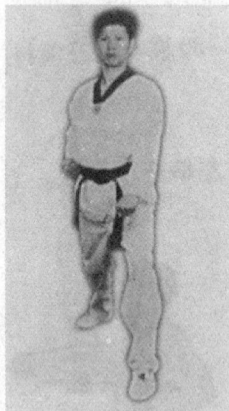   

图 6 – 69　　　　　图 6 – 70　　　　　图 6 – 71　　　　　图 6 – 72

第 9 势

以右脚跟为轴，身体左后转 180 度面向 C 方向，成左前行步，右手内格挡防右中段，左手收拳于腰间（见图 6 – 73）。

第 10 势

右脚向前上一步成右前行步，冲左拳攻中段，右拳顺势收拳于腰间（见图 6 – 74）。

第 11 势

以左脚为轴身体右转，右脚向 E 方向迈一步成右弓步，右手外格挡防右下段（见图 6 – 75）。

第 12 势

保持身体姿势不变，冲左拳攻中段，右拳顺势收于腰间（见图 6 – 76）。

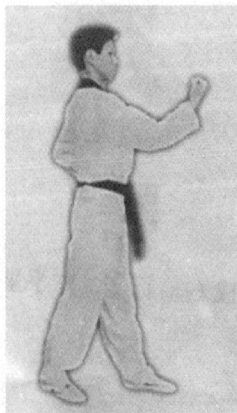   

图 6 – 73　　　　　图 6 – 74　　　　　图 6 – 75　　　　　图 6 – 76

第13势

左脚向 D 方向前迈一步成左前行步，左拳上格挡防左上段，右拳顺势收于腰间（见图6-77）。

第14势

右脚以脚趾根部右前踢，顺势落于右前方成右前行步；同时，冲右拳攻中段（见图6-78和图6-79）。

第15势

以左脚跟为轴，身体向右后转180度，右脚向 F 方向上一步成右前行步，右拳上格挡防右上段，左拳顺势收于腰间（见图6-80）。

 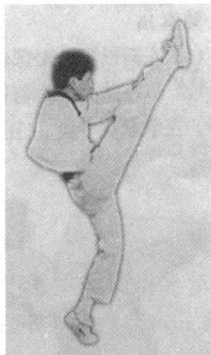  

图6-77　　　　　图6-78　　　　　图6-79　　　　　图6-80

第16势

左脚以脚趾根部左前踢，顺势落于左前方成左前行步；同时，冲左拳攻中段（见图6-81和图6-82）。

第17势

以右脚为轴，身体右转朝向 A 方向，成左弓步，左手下格挡防左下段（见图6-83）。

第18势

右脚向 A 方向上一步，成右弓步，冲右拳攻中段；同时，发声气和（见图6-84）。

收势

以右脚跟为轴，身体向左后转180度，还原成准备姿势。站与起始位置，面向 E 方向（见图6-64）。

  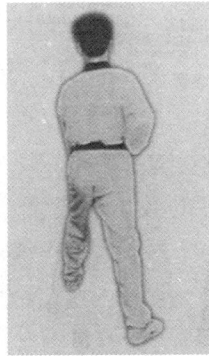 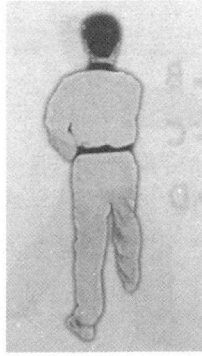

图6-81　　　　　图6-82　　　　　图6-83　　　　　图6-84

三、跆拳道基本战术

凡是涉及比赛、对抗的运动项目，必然要谈到两个基本概念，即战略与战术，跆拳道也不例外。所谓战略，是指针对某系列比赛而制定训练的方案和手段，并有效地实施训练计划的过程。所谓战术，是指在比赛过程中为了战胜对手，充分发挥运动员现有的竞技水平或自身的技术特长而采取的计谋和行动。跆拳道比赛的战术就是运动员为了战胜对手，在临场复杂多变的比赛环境中，根据比赛的规律和各方面的具体情况随机应变，有判断、有目的、有预见性地决定自己对付对手的计策与方法。

以下是跆拳道比赛过程中常被运用到的基本实战战术。

1. 技术战术

技术战术是指运动员利用自身技术全面、熟练的特点，变化运用各种技术，发挥自己的特长、优势技术不断得分，掌握比赛的主动权，抑制对手，以达到取胜对手的目的。技术战术通常用于对手力量、速度、技术水平等实力在自己之下的比赛中，采用主动进攻的方式取得分数，利用技术上的优势主动创造、增加得分机会。

2. 心理战术

比赛开始前，利用情绪、动作和表情等威慑对手，比赛中用气势压倒对手，或利用规则允许和基本允许的各种手段，干扰对方情绪，给对方造成心理负担，使对手技能战术发挥失常，挫伤对方的锐气，发挥自己的优势，在气势上战胜对方。

3. 破坏战术

当比赛双方体格差异较大，强弱较为悬殊，强的一方可使用黑招、重招使对手先受伤，失去正常比赛能力，或用技术破坏对手技术，控制其动作发挥，使对方进攻无效并且消耗更多体力，丧失信心，导致比赛的失败，从而获得胜利。

4. 假动作战术

假动作战术几乎是所用运动员必须掌握的一种技战术，指运动员运用逼真的假动作或假象欺骗对手，引其上当，分散其注意力，使其露出破绽，利用对方出错的时机猛烈进行攻击而得分。

5. 先得分战术

比赛时利用对方立足未稳或未适应比赛的机会，积极主动先得分，占据领先优势，然后，立刻转入防守，以静制动，利用防守反击战术与对方对抗，既节省体力，又能给对手压力，更能保住得分。

6. 防守反击战术

防守反击战术是一种稳扎稳打的战术，通常适用于自己实力不及对手的情况下，利用自身防守好的特点，等待对手进攻出现破绽，在防守的基础上利用反击技术打击对方。在跆拳道比赛中，实力差并不完全决定比赛的结果，充分利用自己特长和对手的弱点采取合理的技战术才是取胜的关键。

7. 抢分战术

比赛中，在得分落后的情况下，利用各种手段有效地组织进攻力争得分。这种情况下，要主动出击，不能与对方静耗或纠缠，要打破对方的保分意图，以动制静。

8．体力战术

对于耐力好的运动员来说，要充分发挥体力比对方要好的优势，让对手和自己一直处于运动之中，与对方比拼体力，耗掉对方的体力而战胜对手。

9．规则战术

在跆拳道比赛中，有对攻击部位和攻击方法的限制，但也有规则限制模糊的地方，可以利用规则允许或基本允许使用的各种制胜办法攻击对手，也可以合理利用规则，给对方制造陷阱，迫使对方犯规而失分。比如引诱对方到场地边缘（警戒线或限制线），然后利用猛攻迫使其出界，使对方被警告或扣分。

10．击倒战术

利用自己的得意技术或对方失误的机会，重击对手头部，使对方被击倒不能继续比赛，从而获得比赛的胜利。

11．体格战术

在同一级别的比赛中，不同运动员有身材高矮和粗壮之分，可以利用身材高或矮、粗或壮的优势，发挥自己的特长，抑制对手而取胜。

12．乱打战术

在得分落后且比赛时间不多的情况下，采用乱打偶然得分。正所谓，"乱拳打倒老师傅"，但一定要注意充分利用技术和战术，不要犯规，注意防守，在乱打中偶然有机会击倒对手，利用这种偶然性得分或取胜。

13．步法战术

利用自己步法灵活和动作敏捷的优势，围绕对手游斗，引对手上当或扰乱对手的情绪和攻防意图，待对方反击时又迅速撤退或靠近对手，破坏对手进攻而战胜他。

14．优势战术

在比赛平分的情况下，利用规则上允许的技术，增加主动进攻次数或使用高难技术而取胜。规则规定，在比赛平分的情况下，裁判员根据比赛双方主动进攻的次数和使用高难技术的多少判定胜负，进攻次数或使用高难技术多的一方为胜方。

跆拳道竞赛规则要点阅读

1．比赛区

比赛区应为 8 米×8 米、水平、无障碍物、正方形的场地，环绕比赛区域应有至少 1～2 米宽的安全区域。因此，1 片比赛场地的面积至少为 12 米×12 米。比赛区应铺设经中国跆协监制或指定的专用比赛垫。必要时，比赛区可根据实际需要置于一定高度的平台上，为保证运动员的安全，比赛场地边界线外应有与地面夹角小于 30 度的斜坡。

2．比赛服装与道具

运动员必须穿着和佩戴由中国跆协指定或认可的道服和护具，包括护胸、盔、护裆、护臂、护腿、护齿、手套等。其中护裆、护臂、护腿应戴在道服内，除了头盔，头部不得佩戴其他物品。

3．比赛种类与方法

比赛分为个人赛和团体赛。比赛种类有：单败淘汰赛、复活赛、循环赛或其他赛制。

4．比赛时间

比赛时间是指每场比赛为 3 局，每局比赛 2 分钟，局间休息 1 分钟；青少年比赛时间可根据情况适当调整。可根据特殊需要对局数、比赛时间及休息时间进行调整，但每局比赛（包括加时赛）2 分钟的时间规定原则上不能改动。

5．比赛开始和结束

参赛运动员通过抽签的方式决定比赛出场对决顺序。每场比赛开始前，主裁判员给出"青"（Chung）、"红"（Hong）的口令，示意双方运动员左臂紧夹头盔进入比赛区；双方运动员相向站立，听到主裁判员发出"立正"（Cha－ryeot）和"敬礼"（Kyeong－rye）的口令时互相敬礼。敬礼时自然站立，腰部前屈不小于 30 度，头部前屈不小于 45 度。鞠躬完毕后，运动员戴上头盔；主裁判员发出"准备"（Joon－bi）和"开始"（Shi－jak）口令开始比赛；每局比赛由主裁判员发出"开始"（Shi－jak）口令即开始，主裁判员发出"停"（Keu－man）口令结束。即使主裁判员没有发出"停"（Keu－man）的口令，比赛仍将按照规定的时间结束；最后 1 局比赛结束后，运动员相向站在各自指定位置脱下头盔并用左臂夹紧。主裁判员发出"立正"（Cha－ryeot）、"敬礼"（Kyeong－rye）口令时相互敬礼，在主裁判员宣判比赛结果后退场。

6．允许使用的技术、允许攻击的部位

（1）允许使用的技术

拳的技术：紧握拳头并使用正拳进行正面攻击的技术；跆拳道传统技术中，"正拳"（Pa－run－ju－mok）就是使用紧握的拳头正面，迅速、有力地直线攻击对方躯干正面的技术。

脚的技术：使用踝关节以下脚的部位进行攻击的技术。使用踝关节以下脚的部位所进行的攻击技术是合法的技术，使用踝关节以上腿的部位，如小腿、膝关节等所进行的任何攻击是被禁止使用的行为。

（2）允许攻击的部位

躯干：允许使用拳和脚的技术攻击躯干部位被护胸包裹的部分，但禁止攻击后背脊柱。

头部：锁骨以上的部位，只允许使用脚的技术攻击。

7．得分

（1）得分部位

躯干：护胸上蓝色或红色部分覆盖的躯干部位。

头部：锁骨以上的头颈部位（包括颈部、双耳和后脑在内的整个头部）。

（2）分值

① 击中躯干计 1 分；

② 旋转踢技术击中躯干计 2 分；

③ 击中头部计 3 分，主裁判员读秒不追加分；

④ 一方运动员每被判 2 次"警告"或 1 次"扣分",另一方运动员得 1 分。

8．犯规判罚与犯规行为

比赛过程中所出现的犯规行为,由场上的主裁判员执行判罚。判罚分为"警告"(Kyong - go) 和"扣分"(Gam - jeom);2 次"警告"应给对方运动员加 1 分,最后 1 次奇数警告不计入总分;1 次"扣分"应给对方运动员加 1 分。

（1）以下行为将被判罚"警告"

双脚越出边界线;转身背向对方运动员逃避进攻;倒地;故意回避比赛,或处于消极状态;抓、搂抱或推对方运动员;攻击对方运动员腰以下部位;伪装受伤;用膝部顶撞或攻击对方运动员;用拳攻击对方运动员头部;教练员或运动员有任何不良言行;提膝阻碍或逃避对方运动员的攻击。

（2）以下行为将被判罚"扣分"

主裁判员发出"分开"(Kal - yeo) 口令后攻击对方运动员;攻击已倒地的对方运动员;抓住对方运动员进攻的脚将其摔倒,或用手推倒对方运动员;故意用拳攻击对方运动员头部;教练员或运动员打断比赛进程;教练员或运动员使用过激言语、出现严重违反体育道德的行为。

9．加时赛和优势判定

3 局比赛结束后比分相等,加赛 1 局,时间为 2 分钟,由"突然死亡"或"优势判定"确定胜负。所谓"突然死亡"是指:任何一方运动员先得分,则比赛结束,先得分者获胜或因犯规造成对方运动员得 1 分,则比赛结束,得分者获胜。所谓"优势判定"是指裁判员根据加时赛中运动员表现出的主动性,按少数服从多数原则进行判定,填写"优势判定卡",进行"优势判定"。

10．获胜方式

裁判员等技术官员依据本规则对比赛胜负进行判定。获胜方式包括以下 6 种:

（1）击倒胜（KO 胜）:当一方运动员被合法技术击倒,读秒至"8"时仍不能示意可以继续比赛,主裁判员继续读秒至"10"后,宣布比赛停止,另一方运动员获胜。

（2）主裁判员终止比赛胜（RSC 胜）:如果主裁判员或者赛事组委会医生确定运动员无法继续比赛,即使 1 分钟恢复期已过,或者该名运动员不服从主裁判员命令仍想继续比赛,主裁判员应宣布比赛停止,另一方运动员获胜。

（3）比分或优势胜:根据比分高低或比赛双方明显存在实力差距判定胜负。

（4）弃权胜:一方运动员在比赛中因受伤或其他原因弃权,另一方运动员获胜;一方运动员在休息时间到后不继续比赛或不服从命令开始比赛,另一方运动员获胜;教练员向比赛场地扔毛巾示意自己的运动员弃权,另一方运动员获胜。

（5）失去资格胜:一方运动员称重不合格或比赛前失去运动员身份,另一方运动员获胜。

（6）判罚犯规胜:当一方运动员得到"警告"和"扣分"累计 4 分时,另一方运动员获胜。

1. 跆拳道的基本步型有哪些？
2. 跆拳道的得分规则有哪些？

活动与探索

若条件允许，可举办小型的单项比赛。

第七章
民族传统体育

本章概述了毽球的发展历程、基本技术和基本战术。简述了竹竿舞、蹴球和跳绳、射箭、陀螺的基本概况。

第一节　毽　　球

本节介绍了毽球的发展历程。讲解了准备姿势、基本脚法、发球、垫球、顶球等毽球的基本技术。阐述了其基本战术，包括"一、二"配备和"三、三"配备的进攻战术，"弧形防"和"一拦二防"的防守战术。概述了毽球的竞赛规则。

一、毽球简介

毽球，俗称"踢毽子"，又叫"攒花""翔翎"等。踢毽子在我国是一项历史悠久、流传广泛的民族体育运动，它简单易学、老少皆宜，集娱乐性、健身性、观赏性和竞争性于一体，深受人们的喜爱。人们不仅把踢毽子作为一种游戏方式，更将它视为锻炼身体、修身养性之道。

毽子，古人亦称为"燕子"。有诗曰：踢碎香风抛玉燕。据历史文献和出土文物证明，踢毽子起源于我国汉代，盛行于六朝、隋、唐，发展提高于明、清。唐代释道宣《高僧传》记载："沙门慧光年立十二，在天街井栏上，反踢蹀，一连五百，众人喧竞，异而观之。佛陀因见怪曰：此小儿世戏有工（蹀就是毽子，反踢就是用脚外侧踢）。"宋朝高承在《事物记源》一书中详细记载："今时小儿以铅锡为钱，装以鸡羽，呼为毽子，三四成群走踢，有里外廉、拖抢、耸膝、突肚、佛顶珠、剪刀、拐子各色。"明代进士、散文学家刘侗在《帝京景物略》中写道："杨柳儿青放空钟，杨柳儿死踢毽子。"清人潘荣陛在《帝京岁时纪胜》中记述北京民间踢毽子："都门有专艺踢毽子者，手舞足蹈，不少停息，若首若面，若背若胸，团转相击，随其高下，动合机宜，不致坠落，亦博戏中之绝技矣。"清末有童谣唱之："一个毽儿，踢两半儿，打花鼓，绕花线儿，里踢外拐，八仙过海，九十九，一百。"

20 世纪 30 年代，全国闻名的踢毽子能手层出不穷，如北京的谭俊川、金幼申、溥子衡、林少庵，上海的周柱国、陈鸿泰，河北的杨介人，浙江的谢叔安，河南的路锦城等。1928 年，我国第一次踢毽子公开比赛在上海举办。1931 年，福建国民体育运动会设踢毽子比赛。1933 年，第一次全国性的踢毽比赛在南京市举行，河北杨介人获普通踢（盘踢）和花样踢第一名，所踢花样达百余种之多。清末，学校以传统体育项目作为教材，其中踢毽子深受学生喜爱。

1963 年，踢毽子被列入国家提倡开展的体育活动，并被编入了小学体育教材。1961 年，中央新闻电影制片厂拍摄了《飞毽》一片，介绍了踢毽运动的历史和踢法。《青年报》组织了上海市中学生"红花怀"踢毽比赛。1982 年，哈尔滨市初中女生王丽萍，用 1 小时 28 分多钟，以 5 684 个的优异成绩获得全市中、小学生踢毽子比赛的双脚踢（盘踢）第一名。1984 年，国家体委将毽球列为正式比赛项目，并举行了全国毽球邀请赛。1985 年，首届全国毽球锦标赛在苏州举行。1987 年 9 月，中国毽球协会的成立。进入 90 年代，毽类运动又先后跻身于全国少数民族运动会、全国农民运动会和全国中学生运动会等大型综合性运动会。毽球逐渐成为我国全民健身的重要内容。

同时，伴随着改革开放，毽类运动跨出国门走向世界。1999 年 11 月，国际毽球联合会在越南成立，中国为国际毽联主席国。中国民族体育运动的宝贵遗产——毽球，正以崭新的姿态活跃于世界体育舞台。

📢 重要提示

毽球对身体柔韧性素质要求较高。

二、毽球基本技术

毽球运动融入了足球的脚法、羽毛球的场地和排球的战术。

1. 准备姿势

准备姿势，是运动员在场上未接球时身体的等待状态。

① 左右开位站势（见图 7-1）。这种站势便于运动员从静止状态快速向左右移动，多用于比赛的防守过程。

② 前后开位站势（见图 7-2）。这种站势便于运动员从静止状态快速向前后移动，多用于比赛的接发球和防守当中。

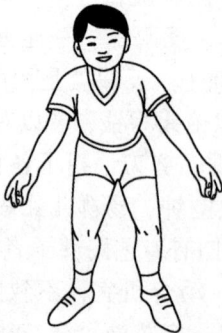

图 7-1　左右开位站势　　　　　图 7-2　前后开位站势

2．基本脚法

根据毽球触脚部位的不同可分为脚内侧踢球、脚外侧踢球、脚背踢球、倒钩踢球、前脚掌踢球、膝盖踢球等。

（1）脚内侧踢球（见图7-3）

踢毽腿屈膝外展，大腿向外转动，小腿上摆，踝关节发力，脚放平，用内足弓部位向上击毽。多用于传接球。

（2）脚外侧踢球（见图7-4）

稍侧身，向体外侧屈膝、屈踝，甩踢小腿，勾脚尖。踢毽瞬间，踢毽脚的足内侧应平行于地面，以脚外侧踢毽。身体重心应放在支撑脚上，且为获得较低的托球点，支撑脚需适当弯曲。

（3）脚背踢球（见图7-5）

一般用正脚背，绷脚尖和抖动脚腕发力踢毽，上体微向前倾。动作要求快速且准确。

| 图7-3 脚内侧踢球 | 图7-4 脚外侧踢球 | 图7-5 脚背踢球 |

3．发球

发球动作有脚内侧发球、正脚背发球和脚外侧发球三种。

脚内侧发球（见图7-6）：抬大腿带小腿，用脚内侧中上部向前上方送踢。

正脚背发球（见图7-7）：绷脚尖，用正脚背垂直向前上方用力挑踢。

| 图7-6 脚内侧发球 | 图7-7 正脚背发球 |

脚外侧发球：稍侧身站立，绷脚尖，用脚外侧发力扬踢。

4．垫球

根据垫球部位不同，有胸垫球、肩垫球、大腿垫球等。

以胸垫球为例（见图7-8），面对来球，两脚平行开立或前后站立，两膝稍弯曲，上体后仰，略含胸，目视来球。当胸部触毽时，两腿后蹬，胸部上挺迎毽，使毽子在胸部弹起落于体前，以再次踢毽。

5. 顶球

主要是指头顶球，按动作可分原地顶球、原地跳起顶球和助跑起跳顶球；按顶球部位又可分前额正面顶球和侧面顶球。

以助跑起跳前额正面顶球为例。直线或斜线助跑2～3步，双脚用力蹬地起跳，上体后仰，两臂张开，使身体腾空成反弓形，目视来球。在触毽刹那，快速收腹收胸，上体前屈，用力甩头，用前额正面将毽子顶出。

图7-8 胸垫球

三、毽球基本战术

1. 进攻战术

① "一、二" 配备。在三个上场队员中，有一个是主攻手，两个是二传手。主攻手一般不参与接发球，二传手交替接发球和做二传。

② "三、三" 配备。在三个上场队员中，三个都既是攻球手又是二传手。接球站位一般成倒三角形。

2. 防守战术

① "弧形防"。三名队员在中场成小弧形的站位防守。一般在对方的攻球威力不大时采用。

② "一拦二防"。在三个上场队员中，一名队员在网前拦网，另两名队员分别在其两侧分区防守，其一网上拦网封线路，其二网下中场防落点，两道防线，拦防结合。

 阅读材料

毽球项目竞赛规则要点

第一条　场地

第一款　场地面积：比赛场地采用羽毛场双打场地，长11.88米，宽6.1米。场地上空6米以内（由地面计算）和场地四周2米以内不得有障碍物。

第二款　界线：比赛场地应画出清晰的界线，线宽4厘米，线的宽度包括在场地面积之内。较长的两条边界叫边线，较短的叫端线。连接场地两边线的中点与端线平行的线叫中线。中线将场地分为均等的两个场区。在中线两侧各画一条与中线平行的线叫限制线（此线包括在限制区内）。中线至限制线的距离为2米。

第三款　发球区：距两端线中点两侧各1米处向场外各画一条长20厘米与端线垂直的短线叫发球区线（此线不包括在发球区内）。发球区线向后无限延长的区域叫发球区。

第二条　球网

第一款　球网的规格：球网长 7 米，宽 76 厘米，网孔 2 平方厘米。球网上沿缝有 4 厘米宽的双层白布，用绳穿起，将球网张挂在网柱上。球网必须挂在中线的垂直上空。球网为深绿色。网柱安在中线以外，距边线 50 厘米处。

第二款　球网的高度：球网的中部顶端距地面垂直高度为 1.60 米（男子）、1.50 米（女子）。网的两端距地面的垂直高度必须相等，两端的高度与中间的高度相差不得超过 2 厘米。

第三款　标志杆与标志带：在球网的两端，垂直于边线和中线交接处，各系有一条宽 4 厘米、长 76 厘米的白色带子，叫标志带。在球网上连接标志带外侧应系有两根有韧性的杆，叫标志杆。两杆内侧相距 6 米。标志杆长 1.20 米，直径 1 厘米，用玻璃纤维或类似的材料制成。标志杆应高出球网上沿 44 厘米，并用对比鲜明的颜色画上 10 厘米长的格纹。

第三条　毽球

毽球由毽毛、毽垫等构成。毽毛为四支白色或彩色鹅羽呈十字形插在毛管内，每支羽毛宽 3.20～3.50 厘米。毽垫直径 3.80～4 厘米，厚 1.30～1.50 厘米。毛管高 2.50 厘米。

毽球的高度为 13～15 厘米。毽球的重量为 13～15 克。

第四条　比赛规则

第一款　比赛队由 6 人组成，上场队员 3 人，其中队长 1 人（左臂应佩戴明显标志）。比赛前，各队应将参赛队员（包括替补队员）的姓名、号码登记在记分表上。未登记的队员不得参加比赛。

第二款　也可因时、因地、因人制宜，增加单人、双人毽球赛，规则与 3 人制大体相同，记分可采取直接得分法。

第三款　教练员和替补队员应坐在指定的位置上。

第五条　队员的场上位置

第一款　双方队员必须站在本方场区内。站在靠近球网的两名队员从左至右分别为 3 号位和 2 号位队员，靠近端线的队员为 1 号队员。场上队员的位置必须与登记的轮转顺序相符合。

第二款　发球的位置：发球的一方，2、3 号位的队员在发球队员的前方，彼此间相距不得少于两米。球发出后，双方队员可以在本方场区内任意交换位置。

第三款　每局比赛结束之前，队员的轮转顺序不得调换。

第六条　教练员和队长

第一款　比赛成死球时，教练员和队长有权要求暂停或换人。在暂停时间内，教练员可以进行场外指导，但不得进入场区。

第二款　比赛进行中，场上队长有权向裁判提出询问或要求解释，但必须服从裁判的最终判决。

第七条　服装

第一款　比赛队员应穿着整齐划一的运动服和毽球鞋或运动鞋。

第二款　场上队员上衣的前后须有明显的号码，号码颜色须一致，并与上衣颜色有明显的区别。号码应清晰可见，背后的号码至少高 20 厘米，胸前的号码至少高 10 厘米，笔画至少宽 2 厘米，同队队员不得使用重复号码。队员不得穿戴任何危及其他队员的服饰。

第八条　比赛赛制

第一款　比赛采用三局两胜制，第三局采取每球得分制。

第二款　比赛前选择场区或发球权。第一局结束后双方交换场地和发球权。

第三款　决胜局开始前，正裁判员召集双方队长重新选择场区或发球权。决胜局比赛中，任何一队先得8分时两队应交换场地。交换时，不得进行场外指导。交换场区后，双方队员的轮转位置不得变换。经记录员查对后，由原发球队员继续发球。如未及时交换场区，一旦裁判员或一方队长发现，应立即交换。比分不变。

第九条　暂停

第一款　比赛成死球时，教练员或队长可以向裁判员要求暂停。

第二款　暂停时，教练员可以在场地外进行指导，但场上队员不得出场，也不得与场外其他任何人讲话，场外人员不得进入场内。

第三款　每局比赛中，每队可以要求两次暂停，每次暂停时间不得超过30秒钟。若某队在一局中请求第三次暂停，应判该队失发球权或对方得1分。

第十条　换人

第一款　在比赛中成死球时，教练员或队长可以向裁判员要求换人。换人时，场外人员不得向队员进行指导，场内队员不得离开场地。

第二款　每个队员在每一局比赛中换人不得超过三人次。

第三款　替补队员在上场前，应在记录台附近做好准备，换人时间不得超过15秒钟，否则判该队一次暂停。如该队在该局已暂停过两次，则判该队失发球权或对方得1分。

第四款　教练员或队长要求换人时，应向裁判员报告下场和上场队员的号码。

第五款　比赛中因故被取消比赛资格的队员，不能继续参加该场比赛，可由替补队员替换。如该队在该局已换人三人次，或场外无人替换，则判为负局。

第十一条　局间间隙

一局比赛结束，下局比赛开始前，中间最多可有2分钟时间，供两队交换场地、换人和记录员登记号码，双方教练员在不影响上述工作的情况下，可以进行场外指导。

第十二条　发球

第一款　发球：发球队员须站在本方发球区内，用手持球，将球抛起，用脚踢向对方场区，使比赛进行。发球队员必须在发球区内发球，在球发出后才能进入场区。发球时2、3号队员不得有任何掩护动作，否则，判由对方发球。

第二款　发球失误。发生下列情况之一时，即判为发球失误：① 队员发球时，踏及端线或发球区线及其延长线；② 球未过网、触网或触及标志杆；③ 球从网下穿过；④ 球从标志及其延长高度以外过网；⑤ 球触及任何障碍物，或在进入对方场区前触及本队队员；⑥ 球落在界外；⑦ 发球延误时间超过5秒钟；⑧ 裁判员鸣哨后球坠落在地上。

第三款　当发球队失误时，应判失发球权，由对方发球。

第四款　重发球。发生下列情况之一时，须重发球：① 在比赛进行中，球挂在网上（最后一次击球挂网除外）；② 在比赛进行中，毽毛和毽垫在飞行时脱离；③ 在裁判员鸣哨之前发球；④ 在比赛进行中，其他人或物品进入场区。

第五款　发球次序错误：当球发出后，裁判员发现某队发球次序错误，则判该队失发球权，并恢复正确位置。如犯规队已得分，应取消因该次发球次序错误所得的分数。

第十三条　轮转顺序

第一款　某队取得发球权时，应先按顺时针方向轮转一个位置，然后由轮转到1号位队员发球。

第二款　新的一局开始前，可以变换本队队员的轮转顺序，并填好位置表交给记录员。

第十四条　比赛进行中的击球与附加动作

第一款　每队在将球踢入对方场区前，在本方场区最多只能有三人次共击球四次。

第二款　每个队员可以连续击球两次。

第三款　不得用手、臂触球。但防守队员在手臂下垂不离开躯干的前提下，拦网时手球不判违例。

第四款　球不得明显地停留在队员身体的任何部位。

[罚则]　违反第十四条第一至第四款均为违例，判由对方发球或得1分。

第十五条　网上球

在比赛进行中球触及两标志杆以内的球网为好球，球触标志杆为失误。

第十六条　触网

第一款　比赛进行中，队员身体任何部位触及两标志杆以内的球网，均为触网违例。

第二款　队员击球后，触及标志杆或标志杆以外的球网、网柱、网绳或其他物体，不为违例。

第十七条　进入对方场区和空间

第一款　过网击球为犯规。

第二款　比赛进行中，身体任何部位不得进入对方场区的空间。

第三款　队员若用头攻球时，必须在限制线以外，但落地时两脚可落在限制线以内。防守队员在限制区内，头部无意识触球过网不判违例。

第四款　在比赛进行中，除脚以外，身体任何部位不得触及中线。脚不得完全越过中线。

第十八条　死球与中断比赛

第一款　球触地及违例为死球。

第二款　中断比赛：其他人或物品进入比赛场区；更换损坏的器材；运动员发生意外事故等。发生以上情况，裁判员应鸣哨，中断比赛和恢复比赛。

第十九条　计胜方法

第一款　接发球队失误，应判对方得1分；发球队失误，则判由对方发球。

第二款　某队得15分并至少比对方队多得2分，则为胜一局。如比分是14:14，比赛应继续进行，直至某队领先2分，方为胜一局。

第二十条　判定和申诉

第一款　一场比赛中，正裁判员的判定是最终判决。

第二款　只有场上队长可以对裁判员的判罚当场提出询问或要求解释，正裁判员应及时予以解释。

第三款　申述比赛队对裁判员的判罚有争议，比赛时必须服从裁判员的裁判，比赛后可向仲裁委员会提出书面申诉。正裁判员也应向仲裁委员会提出书面报告。

第二节　竹 竿 舞

本节介绍了竹竿舞的概况、盛行民族、基本跳法等。

一、竹竿舞简介

两根大竹竿平摆在地上，竹竿外面，垂直方向，人们两人一对，面对面持小竹竿，按照节拍和鼓点，不断将手中的竹竿一分一合、一高一低，沿着大竹竿来回滑动碰击。持竿者姿势随鼓乐变化，可坐、可蹲、可站。当跳杆者胜出时，持竿者会高声地呼喝出"嘿！呵嘿！"气氛豪迈洒脱，热烈欢腾。

跳杆者要在竹竿分合的瞬间，敏捷地进退跳跃，同时潇洒自然地做各种优美的动作。若跳杆者生疏或胆怯，就会被竹竿夹住脚或打到头，持竿者便用竹竿将被夹到的人抬出。善跳的小伙儿，往往因机灵敏捷、应变自如而博得姑娘的青睐。动作优美、敏捷大方的姑娘，亦会得到众多青年的追求。

竹竿舞主要在佤族、苗族、黎族、畲族、京族人中流行。

佤族是能歌善舞的民族。佤族人认为："人虽然死去，但灵魂不死，它到另一个世界后同样离不开歌舞，所以人们要唱歌跳舞欢送他。"这种旷达的生死观，造就了佤族诸多的丧事舞蹈。竹竿舞，过去一般在寨中有威望、有影响的老人死后举行，现已成为一种娱乐性的舞蹈。舞者在两竿滑动相撞的空隙中跳动，舞蹈动作为模仿蚂蚁、斑鸠、豹子、画眉等动物形态起跳，活泼欢快。

苗族竹竿舞主要表现青年男女对自由恋爱的追求与理想，一般在重大节庆日与迎接贵客时演出。多在平坦的草地上进行，一般为8对男女青年，男子着短衣，腰系红绸缎；女子着苗族特有的手工大摆裙，由苗族大堂鼓伴奏打节拍。整支舞一般分山间偶遇、搭桥过河、相恋、抬新娘回家四个环节，饱含苗族青年男女真挚的情感，孕育着诸多原生态的审美元素，古朴自然。

黎族竹竿舞又称"跳柴"，原是庆祝丰收时祭神的一种古老仪式。男女老少穿上节日盛装，竹声叮咚，庆祝稻谷丰登，祝愿来年有更好的收成。"跳柴"每年从开春之日起，直至元宵，几乎夜夜篝火通明，欢跳不息。如今，竹竿舞已成为一种带有民族文化色彩的体育健身活动。过去只限"女打男跳"，现今也有"男女混合打跳"。

二、竹竿舞跳法

竹竿舞跳法众多，既可双脚跳，又可单脚跳，还可翻跟斗，也可踩着高跷做出高难度动作。按照节奏，有1/2拍跳法、2/3拍跳法、3/4拍跳法等。竹竿舞集体跳法要求整齐一致，可纵向排列，亦可2人、3人、4人等手牵手并排跳跃。

第三节　蹴　　球

本节介绍了蹴球的历史渊源和竞赛规则等。

一、蹴球渊源

一说，蹴球是蹴鞠的别称，又名"踢鞠""蹴圆""筑球""踢圆"等，指中国古代的足球运动。迄今已流传了两千多年，它起源于春秋战国时期的齐国故都临淄，《史记》和《战国策》的记载表明，在当时的齐国故都临淄，蹴鞠已发展成一种成熟的游乐方式，而且在民间广为盛行。汉代著作《蹴鞠二十五篇》，是世界上第一部体育专业书籍。蹴鞠运动至唐宋时期最为繁荣，呈现"球终日不坠""球不离足，足不离球，华庭观赏，万人瞻仰"的情景。

另一说，蹴球源于清代的踢石球，为蹴鞠的一种，在满族、蒙古族、回族等民族中较为流行。清末《北京民间风俗百图》第六十四图《踢石球》记载：二人以石球两个为赌，用些碎砖瓦块铺地，用一球先摆一处，二球离七八尺远，每人踢两次。踢中为赢，不中便输。

二、蹴球规则

蹴球比赛有单人赛、双人赛、团体赛等形式，竞赛项目分男子单蹴、男子双蹴、女子单蹴、女子双蹴、混合双蹴等。

场地是一块 10 m×10 m 的正方形平整土地，分两队进行，每队两名运动员。每队两只球，分蓝红两色。甲队编为 1 号和 3 号，乙队编为 2 号、4 号，比赛按 1、2、3、4 号的顺序轮流踢球。比赛时脚跟着地，脚掌触球。踢法是先用脚尖踩住球，然后用力向前踹，以击中对方为胜。击中对方球，得 1～2 分，把对方球击出场外得 4 分，先积 50 分者为胜方，三局两胜。

我国现代蹴球比赛所用的蹴球已经不再是石制，而是用硬塑料制成的。蹴球的比赛场地为 10 m×10 m 的正方形，中间有一个半径为 2.4 m 的中心圆；正中心是半径为 20 cm 的停球区，场地四角有半径为 50 cm 的扇形发球区，比赛时有两个参赛队的 2 名运动员上场。凡一方击中或击出对方球得分，比赛分上、下两局，30 分或 40 分为一局，先达 30 分或 40 分胜。

第四节　跳　　绳

本节介绍了跳绳的历史渊源和竞赛规则等。

一、跳绳渊源

跳绳运动在中国具有悠久的历史，唐朝称之为"透索"、宋称"跳索"、明称"白索"、清称"绳飞"，民国以后才称"跳绳"。

跳绳原属于庭院游戏类,后发展成民间竞技运动。《松风阁诗抄》曰:"白光如轮舞索童,一童舞索一童唱,一童跳入光轮中。"加伴唱的跳绳游戏,娱乐性很强。

二、跳绳价值

跳绳简单方便,容易参与,是一项耗时少、耗能大的有氧运动。它每小时约消耗 1 000 卡路里的热量,能有效训练个人的灵敏、速度、弹跳及耐力等身体素质,保持体态的健美和协调性,从而达到强身健体的目的。

跳绳运动的配备十分简单,只需基本的运动服饰和一条绳子。其所需的场地便宜,参与人数不限。跳绳使人心律维持在与慢跑大致相同的水平,却可以避免因跑步而产生的膝、踝关节疼痛等困扰。

三、跳绳方法

跳绳有单脚跳、单脚换跳、双脚并跳、双脚空中前后与左右分跳等多种方法。跳时,摆绳与踏跃动作要合拍,可一摇一跳,也可一摇两跳乃至一摇三跳。跳跃时可按不同情况编排各种动作花样,也可用节奏与旋律适宜的歌谣伴唱。除花样跳绳外,也可按一定距离,边摇绳边跑向终点,比赛速度。

第五节 射 箭

一、射箭概述

射箭是一项借助弓和弦的弹力将箭射出,以比赛射击准确性为胜负的体育运动。射箭的历史悠久,至少有 3 万年以上。不过,射箭成为一种运动的历史则只有 300 多年。在 16 世纪枪炮发明之前,弓箭一直被当成武器来使用。射箭正式成为一种运动得益于英王查理二世在 1676 年的提倡。之后,其他欧洲国家也纷纷开始发展射箭运动,使射箭在欧洲一直蓬勃发展,到了 1972 年的慕尼黑奥运会,射箭正式成为比赛的项目之一。在我国传统射箭开展比较广泛的地区有新疆、内蒙古等地,南方地区多数通常进行射弩游戏。

二、射箭体育教学目的

射箭运动是锻炼身体的一种有效手段,经常从事射箭运动,可以促使人体产生良好的变化。不仅能增强臂、腰、腿部的力量,而且可发达胸、背肌肉,提高注意力,增强体质。

射箭运动是一项体育竞技项目,可以考验人们的意志力,培养人的顽强、果断、勇于克服困难的意志品质。

三、弓箭小常识

箭的速度:箭离开弓弦的初速度相当于时速 200 千米的子弹列车。箭的飞行距离:射靶比赛使用的弓，其飞行距离大约为200～300米，而射远比赛使用的弓最远能射800～900米。箭的贯穿力：由于箭的初速度非常快，因此它可以很容易射穿铁制的平底锅，它不但是一种打猎的工具，也是一种致命的武器，因此切勿将箭头指向人畜。箭的命中率：近20年来由于射箭器材不断改良，箭的命中率越来越高，国际级的选手在30米处瞄准直径80厘米的靶，36支箭可以命中34支，世界纪录多次出现满分。

四、射箭运动基本常识及比赛规则

现代射箭比赛有两种：标的射箭和越野射箭。奥运会的比赛项目是标的射箭。室外标的射箭，就是选手把箭射向在一定距离外的"箭垛"，箭垛上面贴了靶纸，靶纸上有5个色圈，每圈中又有1条细线，把色圈分成两个环。1张靶纸上共有10个环。每个环的颜色各不相同，中间的金色是10分和9分（由内往外），红色是8分和7分，蓝色是6分和5分，黑色是4分和3分，最外圈的白色是2分和1分。室外标的射箭，男选手要射90、70、50和30公尺四种距离，女选手要射70、60、50和30公尺四种距离，每种距离射36箭，四种距离一共射144箭，射完144箭叫作"一轮"，又称单局。满分1 440分，射两轮叫作"双局"，满分是2 880分。

比赛时，由两名选手轮流射同一箭靶，每名选手一次射3箭，称为一回，然后换另一个选手射，互相计对方的得分。室内标的射箭：比赛的距离男女都一样，均为25米和18米两种，每种距离射30箭（10回），也分单、双局。至于射箭所使用的靶纸，也有大小的规定。室外标的射箭，90、70、60米三种距离使用122公分直径的靶纸，50和30公尺则使用80厘米直径的靶纸。室内25米项目使用60厘米靶纸，18米则要使用40厘米靶纸。另外还有一点要注意，每名选手每一回射箭的时间限定为两分半钟，在这个时间内一定要把三箭都射出去。

五、射箭技术

站位与姿势：
身体站位与目标呈90度，两脚自然分开均衡负担身体重量。肩膀与目标的中心画出一条想象的直线。

持弓：
弓要能在箭被释放后自由移动，正确的持弓方法是拇指和食指形成V字形。

持箭：
左手持弓，在左臂内上箭，将箭杆放在箭台上，并使箭羽与弓弦形成正确的角度，将箭向弓弦方向拉动，直到弓弦与箭凹紧紧"咬住"。

拉弓：弓弦是用右手的前三个手指拉开的，同时箭凹用前两个手指轻轻夹住，向后拉开弓弦，直到右手的索引手指"定位"，每次拉弓的定位点都要相同，定位点不确定就会射不准目标。

瞄准：可以使用直觉瞄准或使用弓上的瞄准器，在使用直觉瞄准时，射手双眼睁开，目视目标。使用瞄准器时将准星对准目标然后放箭。放箭：弓要拉满，深吸一口气，然后屏住呼吸，三个持箭的手指轻轻放开，让弓弦平滑释放。同样要保持一致性，每一次放箭都要如此。

第六节 陀 螺 运 动

一、陀螺民族项目的概述

陀螺游戏历史悠久，是彝族、壮族、佤族、瑶族等少数民族喜爱的传统体育运动，在云南、贵州、湖南等地开展得较为广泛。各地玩法不同，有用鞭子连续抽打陀螺使之在冰面、平滑地面上不停地旋转，或相互碰撞，看谁旋得密，看谁旋得久；有将陀螺旋放或抽到一定距离外的规定范围内，看谁放得准，看谁旋得久；也有先将一陀螺旋放后，其他人站在一定距离之外用旋转着的陀螺去打击之，看谁打得准，看谁旋得久；还有用鞭子抽着陀螺上斜坡，或抽陀螺越过各种障碍，看谁先到达终点的陀螺竞速比赛等。在称谓上各有不同，如称"抽陀螺""打陀螺""打地螺""抽地牛"等。中华人民共和国成立后，传统体育项目得到迅速发展，陀螺游戏由民间登上了中国体育的大舞台。经民族传统体育工作者的改造和推广，陀螺已在各民族聚居区广泛开展，成为民族地区学校体育和群众文化娱乐活动的重要内容。现在全国及各省市民运会打陀螺比赛的方法和形式主要是由云南拉祜族的对抗性打陀螺比赛改造而来的，其主要特点就是"旋"和"准"。1995 年在云南昆明举行的第五届全国少数民族运动会上，陀螺被列为正式比赛项目。

二、陀螺的常识

中国是陀螺的老家，早在新石器时代，就已经出现陀螺玩具。在民族运动会上，陀螺比赛在平整无障碍的地面上进行，从守方旋放陀螺开始，由攻方将自己的陀螺抛掷，击打守方陀螺，将守方陀螺击出比赛场区或比守方陀螺在比赛场内旋转的时间更长者得分。比赛设男子团体、女子团体、男子个人和女子个人四个项目。

比赛场区为长 20 米、宽 15 米的长方形，场地中设旋放区和攻击区，四周应有 2 米以上的无障碍区。比赛一般采用非金属平头陀螺，高度为 10 至 12 厘米，重 800 至 900 克。所用鞭绳不得用金属材料制作，长度为男子 6 米、女子 5 米。如有鞭杆，长度不得超过 0.6 米。

三、陀螺技术

陀螺技术可分为放陀技术和攻陀技术两种。

放陀技术属于防守技术，攻陀技术属于进攻技术，比赛规则规定攻方将守方陀螺当即打死而自己仍在界内转旋则得 4 分；击中死螺得 4 分；攻方击中守方后双方都在界内转旋，守方先死则得 3 分；击中守方后双方都在旋转且同时旋死则得 2 分；击中守方后比守方先旋死则得 1 分；未击中守方则不得分。

根据这个规则精神，陀螺运动的特点可概括为两个字，即旋和准，对于攻方来说，只有打得准，击中对方才可能得分，只有旋得快站得稳，才可能得高分；而对于守方来说，只有旋得准，放陀不出放陀区，成活陀并旋得快，不被对方击死才能使攻方少得分。

1. 缠陀

动作要领：以左手大拇指、食指和中指抓紧陀螺的柱体下部，无名指屈指贴附于陀螺锥体部位，陀螺底锥朝手掌将陀螺握稳；右手将鞭绳按顺时针方向从陀螺柱体上部开始逐渐向中部缠绕陀螺，至鞭绳缠完或留20～30 cm（可随个人习性而定）为止，缠绕用力要适当，缠得过紧了，绳子张力过大，易拉伤绳子，缠得不紧，旋放时力量传递受损，不易旋准旋快，影响放陀效果。

2. 握陀

动作要领：缠好陀后，左手大拇指与食指中指握住陀螺柱体，无名指、中指贴于锥体部，将陀握稳。

3. 持陀持鞭

动作要领：左手握好陀后，右手握住鞭杆把端，这时由于鞭与陀连成一体，双手、双肩活动方向及幅度亦一致，左臂向左侧前方自然伸出，右臂屈肘随之左摆，将陀和鞭持于身体左侧前方胸腹之间。

4. 预备姿势

动作要领：放陀前，右肩侧对旋放区，两脚左右开立，稍宽于肩，右脚与旋放区中心点的距离以鞭绳长度减去（1.25±0.05）m为宜。两膝微屈，上体前倾，重心落在两脚之间（或稍偏左脚），左手持陀于左侧前方，右手持鞭于腹前。眼睛注视旋放区中心。放陀前可以腰为轴转动上体。左手持陀做两至三次预摆的瞄准动作，两膝随上体转动屈伸调身体重心。也可不做预摆动作，左手持陀向左侧方引臂，右手持鞭随摆，重心随之移至左脚上，左膝稍屈，维持身体平衡，保证掷陀有较长的工作距离。

（1）掷陀

动作要领：掷陀是放陀技术的主要环节，动作是否正确、用力是否恰当直接影响到陀螺的转旋力量和落点的准确性。在引臂瞄准或预摆结束后，利用左腿蹬地向右转体的力量，带动左臂向前挥摆，左手不做任何屈腕和拔指动作，全身力量通过手臂和手指作用于陀螺，注意控制陀螺出手方向和路线，使陀螺头朝上、锥朝下向旋放区飞出。

（2）拉陀

动作要领：左手将陀螺掷出后，右手持鞭顺势前摆。陀螺在向前飞行过程中，由于受到鞭绳的拉动，产生顺时针方向的旋转，当陀螺飞到旋放区上方距地面20 cm左右，右腿用力蹬地向左转体，右手持鞭向左猛力回拉，使陀螺的旋转获得更大的动力，同时前飞的陀螺受回拉而平稳地落于旋放区内。拉陀后持鞭迅速退出比赛场区，准和旋同时也就成为比赛的追求。

四、比赛方法

比赛由裁判员鸣哨示意攻守双方队员在各自预备区内就位。攻守双方运动员须在预备区内将陀螺用鞭绳缠绕好，缠绕在陀螺上的鞭绳长度不得少于1米。裁判员鸣哨并用明确手势示意守方队员旋放陀螺为比赛开始。守方队员可在旋放区内任何位置旋放陀螺。待守方队员旋放陀螺并退回预备区后，裁判员即鸣哨并以手势发出攻击信号，攻方队员即可对守方陀螺进行攻击。当裁判员做出判定报分，并发出捡陀信号后，该次攻守即结束。

攻守双方队员方，比赛只计攻方得分。打停得4分，旋胜得3分，旋平得2分，旋负得1分。

1. 团体比赛

守方队员按下列号码顺序轮换放陀：第一轮为1、2、3；第二轮为2、3、1；第三轮为3、1、2。攻方队员按1、2、3顺序轮流进攻，各轮攻击顺序不变。守方放陀3次，攻方进攻3次为一轮；三轮为一节；每节比赛结束，双方互换攻守。两节为一局；两局为一场。第一局比赛结束后，按赛前抽签决定的攻守顺序两队互换，局间休息3分钟。

2. 单项比赛

单打按抽签顺序攻守。每场比赛每名队员攻守各6次（双方运动员进攻或防守一次，并交换位置）。双打比赛，守方每人放陀2次，攻方每人进攻2次为一轮；两轮为一节，两节为一场。在双打比赛中，守方队员按号码顺序轮换放陀，第一节为1、2；第二节为2、1。攻方队员按1、2顺序各连续进行两次攻击。然后双方攻守互换，直至每人完成攻守各4次。

3. 比赛胜负

团体比赛结束后，若两队得分相等，休息5分钟，抽签决定攻守顺序，加赛一局。若得分再相等，仍按此方法处理（中间无休息）。如加赛3局比分仍相等，则以加赛前的最后一局中的4分、3分、2分、1分的多少给予判定。如仍相等，则以倒数第二局的相应得分给予判定。如仍相等，则以抽签决出胜负。

4. 单项比赛

单打比赛：一场比赛后双方得分相等，抽签决定攻守顺序，每人再攻守各1次。若得分再相等，则继续加赛，如加赛5次，比分仍相等，则以本场比赛加赛前的最后一轮（第六轮）的分值给予判定。如仍相等，再以第五轮的分值多少给予判定，依次类推。如仍相等，则以抽签决定胜负。

5. 双打比赛

一场比赛后双方得分相等，抽签决定攻守顺序，加赛一轮。若得分再相等，仍按此方法处理。如加赛3轮比分仍相等，则以加赛前的最后一轮中的4分、3分、2分、1分的多少给予判定。如仍相等，则以倒数第二轮的相应得分给予判定。如仍相等，则以抽签决定胜负。

裁判手势：

放陀：右手掌心向上，向前平伸，面向放陀队员，再指向旋放区。

死陀：右手握掌，伸直上举。

攻击：右手侧平伸，掌心向下，由攻方队员处再指向旋放区。

秒违例：右手五指张开，掌心朝向违例队员，伸直上举。

无效进攻：两手在体前交叉摆动。

打停：右手伸直上举，伸出四指（屈拇指）。

旋胜：右手伸直上举，伸出拇指、食指、中指。

旋平：右手伸直上举，伸出食指和中指。

捡陀：两臂同时向前下方伸直，掌心向上。

旋负：右手伸直上举，伸出食指。

出界：两臂前伸，掌心向后，做屈肘摆动。

踩线：右手下垂伸直掌心向内，在体侧前后摆动。

换人：两手在体前做前臂环绕状。

顺序错误、暂停、中断比赛：左手五指并拢、掌心向下、屈肘与肩平，右手并拢五指、掌心向左并置于左手掌下。

互换攻守：掌心向内，两小臂在胸前交叉。

场（局）结束：掌心向内，两小臂在额前交叉。

旗示

出界：单手执旗上举。

停转：右手执旗上举，左手并拢五指，指向停转陀螺（属攻方陀螺时，掌心向下；属守方陀螺时，掌心向上）。

踩线：单手执旗摇动上举。

意外情况：右手执旗上举摇动后，将旗放至胸前，左手五指并拢、掌心向下，置于旗上。

决出胜负。

思考与练习

1. 毽球的基本技术有哪些？

2. 跳绳有几种方法？

3. 射箭如何站位？

活动与探索

若条件允许，可进行武术、竹竿舞、毽球、蹴球、跳绳表演赛，其规模、规则等可以视具体情况而定。

第八章
定向越野

第一节 定向越野概述

一、定向越野的起源与发展

定向越野既是一种户外休闲、娱乐运动，又是一种竞技运动。军队是定向越野运动的先驱，最初的定向越野比赛于1895年在瑞士斯德哥尔摩和挪威奥斯陆的军营举行，距今已有百年历史，1919年，第一次正式的定向越野比赛在斯堪的纳维亚举行，由于这个项目组织方法简便，器材装备简单，在北欧得到迅速的发展并很快普及到世界各地。1961年5月在丹麦首都哥本哈根成立了国际定向联合会（简称国际定联，IOF），成为正式的比赛项目之一。定向运动在世界各地正吸引着越来越多人参与并为之狂热。参加定向运动除需要指北针和地图外，不需要特殊的设备，是一种较为经济的运动项目。

定向越野运动在中国发展起步较晚，20世纪70年代末期，我国的体育报刊上陆续刊登了一些介绍国外定向运动情况的文章，国际定向运动特有的锻炼价值和实用性，逐渐地引起了国内的体育和军事部门的注意。中国定向运动协会成立于1995年，简称"中国定协"，英文名称为"Orienteering Association of China"，英文缩写"OAC"。中国定协是在民政部注册，由国家体育总局主管的国家级单项体育协会。该协会是具有独立法人资格的全国性群众体育组织，是由定向爱好者、定向专业人士、从事定向活动的单位或团体自愿结成的专业性、全国性、非营利性社会组织，是中华全国体育总会的团体会员，是代表中国加入国际定向运动联合会（IOF）的唯一合法组织。

二、定向越野的概念及分类

定向越野的概念就是：参加者借助地图和指北针，以徒步越野赛跑的形式，按顺序到达地图上所标示的各个点标（亦称检查点），以最短的时间完成规定赛程的运动项目。定向运动是一项集体力与智力、竞技与娱乐、探险与刺激于一体的运动，有其独特的魅力和价值。

定向运动按运动工具的不同可分为两种：

（1）徒步定向，例如传统定向越野跑（标准距离、长距离、短距离）、公园定向、接力定向、夜间定向。

（2）工具定向，例如滑雪定向、山地自行车定向、摩托车定向。在有些国家，人们还尝试了使用不同交通工具的定向运动比赛，例如乘坐摩托车、自行车、独木舟或骑马等。

定向运动的其他分类：

（1）按性别的不同可分为男子组和女子组。

（2）按年龄的不同可分为青年组、老年组和少年组。

（3）定向运动按技术水平的不同可分为初级组（体验组和家庭组）、高级组和精英组。

（4）按参加人数的不同可分为个人单项、个人双项和集体项。

三、定向越野的价值

（一）健身价值

作为一项运动，其对人体最突出、最直接的影响就是获得强身健体、增强体质的效果。定向越野对提高人的肌肉耐力有显著的效果。教育部对大学生体质健康的测试结果显示：大学生的体质连续20年呈下滑趋势，特别是学生的耐力素质越来越差。对东南大学经过定向越野课程培训的部分学生的调查发现，有不少原来自认为不能完成800米的女生在不知不觉中也能跑完直线距离为3 000米的定向越野路线。这是为什么呢？定向越野是一种有氧运动，在风景优美、空气清新的森林或复杂的校园中奔跑，给人带来一种新鲜感和神秘感，由于在运动的过程中需要读懂地图、判断方向、选择线路，在一定程度上转移了运动中承担的生理和心理负荷，使人在不知不觉中锻炼身体，提高机体运动能力。

（二）益智价值

定向越野不仅是一种身体的活动，也是一种智力的活动，它具有积极的益智价值。通过定向越野的学习、锻炼和比赛，可以使人们增长相关学科的基本知识和在实践中运用这些知识的能力，学会在运动中使用指北针的知识技能，发展空间思维能力和快速应变能力。

（三）德育价值

定向越野由于在环境、条件和比赛方法上的特殊性，在培养道德品质方面具有独到的作用。在锻炼和比赛中，能够更好地培养坚定的信念、拼搏的精神、坚强的意志以及互帮互助的团队合作精神。此外，还能培养人在新的、陌生的环境下的竞争意识和适应能力，培养人对新事物的追求、对事业的进取心、坚韧不拔的毅力、绝不放弃和永不言败的精神。

（四）娱乐价值

定向越野的竞赛性、游戏性、情趣性和神秘性，能给人带来愉悦身心的良好效果。在体验过程中，虽然会遇到诸多困难，但通过自己的努力与智慧，找到那设在无论如何也无法相信的地点标时，那种激动和喜悦的心情是极其美妙的。在校园开展定向运动能拓宽体育课程的内容和空间，促进学生身心发展，丰富校园体育文化生活。

第二节 定向越野的工具和装备

一、指北针

指北针是定向运动中运动员必备的工具之一。是一种利用地磁作用指示方向的多用途袖珍仪器，亦称指南针。其主体由一根可绕立轴转动的磁针和方位刻度盘构成。在水平测量情况下，磁针指向地磁场的南北极。方位刻度盘采用密位或角度两种分划制。定向运动使用的指北针一般分为两类：基板式（见图8-1）和拇指式（见图8-2）。

图8-1 基板式指北针

图8-2 拇指式指北针

二、定向地图

地图是定向越野最重要的器材，它的质量的好坏直接影响到运动员比赛的成绩和关系到比赛是否公正，因此，国际定联专门为国际的定向越野比赛制定了《国际定向运动图制图规范》（Drawing Specifications for International Orienteering Maps）。对国际定向越野图的最基本的要求是：

（1）幅面的大小：根据比赛区域的大小确定，赛区以外的情况不必表示。

（2）比例尺：通常为1∶1.5万或1∶2万，当需要时也可采用1∶1万或1∶2.5万。

（3）等高距：通常为5米，当需要时也可采用2米至10米，但在一幅图上不得使用两种等高距。

（4）精度：正常速度奔跑的运动员没有任何不准确的感觉；内容表示的重点、详细表示与定向和越野跑直接相关的地物、地貌。要利用颜色、符号等，详细区分通行的难易程度。例如2013年首都高校学生定向越野锦标赛地图（见图8-3）。

三、点标旗

点标旗简称点标，它主要用于检验运动员是否按规定跑完全程，也是运动员寻找和辨别检查点的主要依据。国际定联对点标的尺寸、颜色、设置方法等都做了较为详细的规定。点标旗是由三面标志旗连接成的三菱体。每面点标旗为30厘米×30厘米的正方形，由对角线一分为二，左上部为白色，右下部位为橙黄色，夜间定向检查点应有光源（见图8-4）。

图 8 - 3　2013 年首都高校学生定向越野地图

悬挂点标旗的方面有两种：有桩式和无桩式。悬挂高度一般从标志旗上端计算，距离地面 80 ~ 120 厘米。

四、打卡器

打卡器：包括针孔打卡器和电子打卡系统。

（一）针孔打卡器

针孔打卡器用弹性较佳的塑料材料制成，一端装有钢针，每个打卡器的钢针的组合图案都不相同（见图 8 - 5），运动员可在记录卡上打孔，也可直接将孔打在地图上的记录卡上。此种打卡器价格便宜、使用方便，适合于日常教学与训练以及一些小型比赛的使用。

图 8 - 4　点标旗

图 8 - 5　针孔打卡器

（二）电子打卡器

电子打卡系统：它由指卡、打卡器和终端打印系统组成。其特点是：

① 使用方便快捷；

② 检卡快速准确；

③ 能及时将结果打印出来；

④ 安全持久，不易损坏。

随着定向运动的不断发展，定向器材的研制和开发也十分迅速，目前在国内外的大型定向赛事中都采用先进的电子打卡计时系统。使用电子打卡计时系统不仅使运动员容易操作，也使组织者工作变得更加简单，同时也使比赛更公平公正。Sportident 和 Emint 以及国内的 Chinahealth 电子打卡计时系统都是当前知名的定向运动电子打卡计时系统，如图 8-6 所示。

图 8-6 电子打卡器组件

五、运动装备

（一）服装

对于初学者来说，参加定向运动对服装并没有特殊要求。如参加校园和公园定向活动时，穿着只要舒适，便于活动就可以了。但如果要参加野外定向活动，为了自身安全，最好选择专业定向运动服装，这将对参赛者顺利完成比赛起到积极的作用。

（二）运动鞋

选择一双轻便舒适的运动鞋对参赛者而言至关重要。当然，随着你的定向技能水平的不断提高，如果条件允许，可以选择一双性能优良的专业定向运动鞋。

（三）号码布

定向运动竞赛地图号码布一般不超过 24×20 厘米，号码数字的高不小于 12 厘米，字迹要清晰，字体要端止。正规的比赛还要求将号码布佩戴于前胸及后背两处。

第三节 定向越野的基础知识

一、定向地图

定向地图是建立在地形图基础之上的运动用图，它与一般地图相比，更加详尽地记录了地面的情况，是一种更为清晰易读，便于在野外行进中使用的专用地图。

（一）定向地图上的比例尺

比例尺的概念：图上某线段的长度与相应实地水平距离之比，叫地图比例尺。

地图比例尺＝图上长/相应实地水平距离

例如某幅图的图上长为1厘米，相应实地的水平距离为15 000厘米，则这幅地图是将实地缩小15 000倍测制的，1与15 000之比就是该图比例尺，叫1:15 000或1:1.5万地图。

（二）比例尺的量算

1. 用直尺量读

当利用刻有"直线比例尺"的指北针量读时，可根据刻在尺上的数值在图上直接读出相应实地的距离。当利用"厘米尺"量读时，要先从图上量取所求两点间的长度，然后乘以该图比例尺分母，即得出相应的水平距离（需将结果换算为米或公里）。

实地距离＝图上长×比例尺分母

如在1:1.5万越野图上量得某两点间的距离为3毫米（0.3厘米），则实地水平距离为：3毫米×15 000＝45 000毫米（45米）

当量算某两点间的弯曲（如公路）距离时，可将曲线切分成若干短直线，然后分段量算并相加。

2. 定向地图估算法

估算法又叫心算法，这种方法在定向比赛中最有实用价值。要掌握它，需要具备下述两方面的能力。

（1）能够精确地目估距离，包括图上的距离和现地的距离：在图上，能够辨别0.5毫米以上尺寸的差异；在现地，目估距离的误差不超过该距离总长度的1/10，如某两点间的准确距离为100米，目估出的距离应在90～110米。

（2）熟知几种图上常用的尺寸单位与相应实地水平距离的对应关系，例如，在1:1.5万图上，1毫米相当实地15米；2毫米相当实地30米，1厘米相当实地150米……（见表8-1）。

表8-1 几种基本尺寸相当于实地的水平距离

基本尺寸 / 比例尺	1:10 000	1:15 000	1:20 000
0.5 mm	5 m	7.5 m	10 m
1 mm	10 m	15 m	20 m

基本尺寸 比例尺	1:10 000	1:15 000	1:20 000
2 mm	20 m	30 m	40 m
5 mm	50 m	75 m	100 m
10 mm	100 m	150 m	200 m

3. 图上量算距离应注意的问题

从定向地图上量得的距离，不论是直线还是曲线距离，都是两点间的水平距离。如果实地的地形平坦，图上所量距离接近于实地水平距离；如果实地两点间的地形起伏，则两点间的实际距离大于图上量得的水平距离。因此，在计算行进里程时，必须根据地形的起伏情况进行具体分析，将图上量得的距离加上适当改正数。表 8 – 2 是根据在不同坡度的道路上经实验得出的改正数。在有些地区（如深切割的山地），实际改正数可能会大于表 8 – 2 中所列的数据。

表 8 – 2　水平距离改正数

坡度	加改正数/%	坡度	加改正数/%
0°~5°	3	20°~25°	40
5°~10°	10	25°~30°	50
10°~15°	20	30°~35°	65
15°~20°	30	35°~40°	80

如果对行进的里程只求概略的了解，可以根据下列经验数据进行改正（见表 8 – 3）。

表 8 – 3　经验数据改正数

地形类别	加改正数/%
平坦地（有微起伏）	10 ~ 15
丘陵地（比高 100 米以下）	15 ~ 20
一般山地（比高 100 ~ 200 米）	20 ~ 30

二、定向地图上的符号

识别定向地图的符号对于正确地使用定向地图是十分重要的。而识别符号不能靠机械地记忆，需要了解它们的制定原则，了解符号的图形、色彩和表意之间的逻辑联系，这样才能根据符号联想出每一种地面物体的外形、它的特点和它的专门功能。国际定联将定向地图进行统一的规范，完整而详细地表示地貌、水系、建筑物、道路、植被和境界，即所谓"地图的六大要素"（见图 8 – 7）。

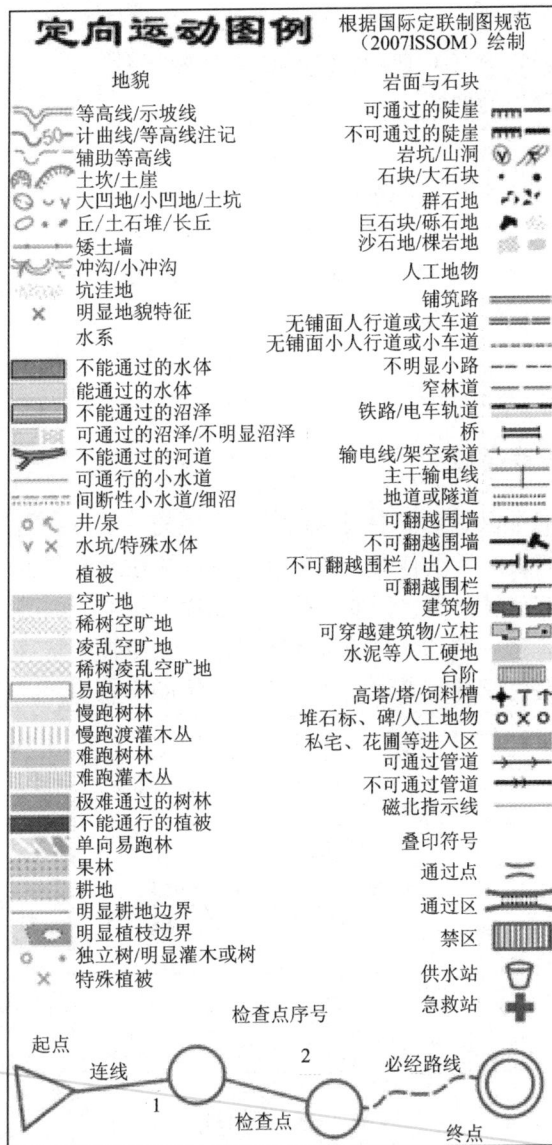

图8-7 定向运动图例

① 地貌，用棕色表示。这类符号还包括小丘、小洼地、土崖、冲沟、陡坡、土垱等表示地面详细形态的专门符号。

② 岩石与石块，用黑色表示。岩石与石块是地貌的特殊形式，它们既可以为读图与确定点位提供有用的参照物，又可以向运动员表明是危险还是可奔跑通行的情况。为使它们明显地区别于其他地貌符号，这一类符号使用了黑色。

③ 水系与淤泥地（沼泽地），用蓝色表示。这类符号包括露天的明水系和水生或沼泽生的植物。

④ 植被，用空白或黄色和绿色表示。植被情况的详细区分和全面表示非常重要。植被是按下列基本原则表示的：

白色（空白）指一般性起伏地上的树林的密度适中，地面上无阻碍行进的灌木或杂草丛，可以按正常速度奔跑的地区。

黄色指空旷的地域，分为空旷地、半空旷地及凌乱的空旷地。

绿色指树林中密度较大的地区。

按可跑性分为：

慢跑：使正常跑速降低 20% ~50%；

难跑：使正常跑速降低 50% ~80%；

通行困难：使正常跑速降低 80% ~100%。

上述可跑性的区分均取决于树林的生态，例如树种、密度及矮树、草丛、蕨类、荆棘、荨麻等的生长情况。

⑤ 人工地物，用黑色表示包括各种道路、房屋、栅栏、境界等地图符号。

三、定向地图上的等高线

在定向地图上，我们可以看到很多用棕色线条呈现的一圈套一圈的曲线图形，它就是等高线（见图 8 -8）。它们表示哪里有山，哪里有坑谷以及地形的陡缓。定向地图就是利用等高线来表示山的形态及起伏状态的，因此，读懂等高线很重要，因为它在很大程度上影响你的路线选择。等高线越紧密，坡越陡；等高线越稀疏，坡越缓；将这些截口线垂直投影到一个水平面上，形成一圈套一圈的等高线图，显示出该山的形态。

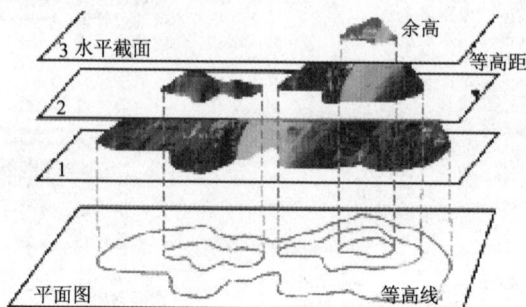

图 8 -8　等高线

如果切割山体的每个水平截面都具有各自的海拔高度，那么我们就不难看出，等高线实际上就是由高程相等的各点连接而成的曲线。

（一）等高线显示地貌的特点

（1）地图上的每条等高线都是实地等高线的水平投影；它既描绘出地貌的平面轮廓，也表示出地貌的起伏。

（2）在同一条等高线上，各点的高度相等；每条等高线都是闭合曲线。

（3）在同一地图上或同一等高距的条件下，等高线多，山就高；等高线少，山就低；凹地的等高线则表示深浅。

（4）在同一幅地图上或同一等高距条件下，等高线间隔密，实地坡度陡；等高线间隔稀，实地坡度缓。

（二）等高线的种类及识别

等高线按其作用不同，分为四种（见图8－9）。

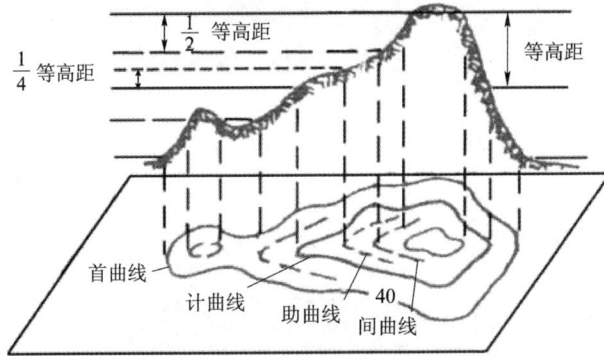

图8－9 等高线的种类

首曲线是用以显示地貌的基本形态；间曲线是用以显示曲线所不能显示的局部地貌；助曲线是用以显示间曲线还不能显示的局部地貌；计曲线是便于在图上计算高程，从高程面算起，每逢等高距五倍处的首曲线描绘成粗实线。

地貌识别：在地形图上，通过等高线和地貌符号，来识别地貌的各种形态（见图8－10）。

（1）山顶：是以等高线中最小环圈表示，有时用示坡线表示斜坡方向，绘在环圈外侧（见图8－10）。

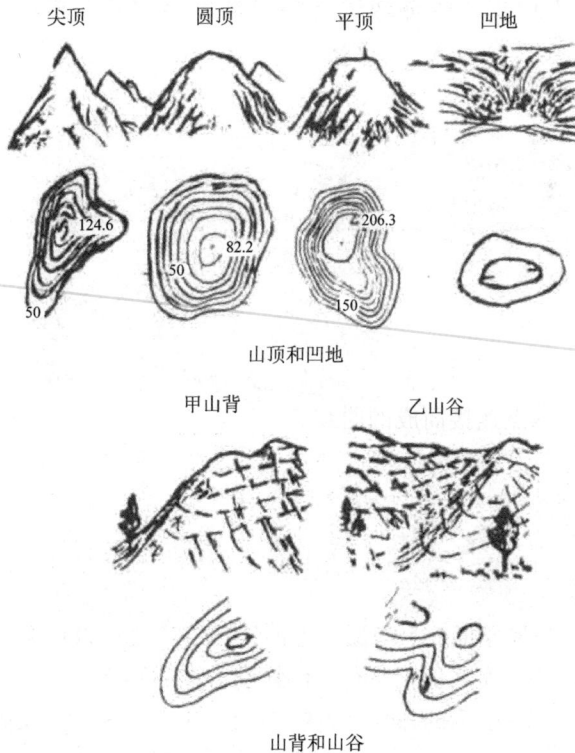

图8－10 地貌图例

（2）凹地：除环圈形等高线表示外，还必须在环圈内侧绘有示坡线，示坡线在等高线内侧（见图8-10）。

（3）山背：等高线向外凸出部分表示山背，各等高线凸出部分顶点的连线为分水线（见图8-10）。

（4）山谷：等高线向里凹入的部分表示山谷，各等高线凹入部分顶点的连接线为合水线（见图8-10）。

（5）鞍部：在图上用一对表示山脊和一对表示山谷的等高线显示（见图8-11）。

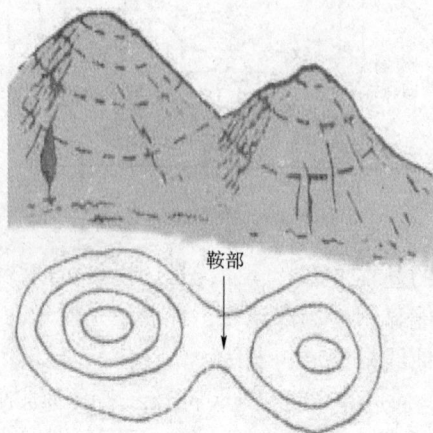

图8-11 鞍部

（6）山脊：由若干山顶、鞍部连接的凸棱部分，山脊的最高棱线称为山脊线（见图8-12）。

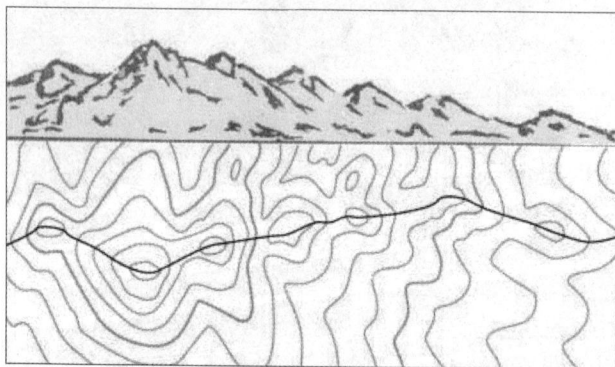

图8-12 山脊

四、磁北线

磁北线（MN线）是地图上表示地磁的方向线。它不仅可以用来标定地图的方向、测量目标的方位角，还可以用于概略地判明行进路线的方向和距离。

磁北线在图上用0.175毫米的黑色平行线表示。在1:1.5万的越野图上，要求两相邻磁北线间的距离约相当于实地500米；在1.1万的图上，要求两磁北线间的距离约相当于实地250米。磁北线在图上的长度，要求贯通整个赛区。

第四节 定向运动基本技能

一、标定地图

在定向运动中，必须首先标定地图，即保持地图方位与实地方位一致。标定地图方位（给地图正确定向）是最重要的定向技能。

（一）利用指北针标定

先使指北针的红色箭头朝向地图上方，并使箭头与定向地图上的指北线重合（或平行），然后转动地图，使磁针北端对正磁北方向，地图即已标定（图8-13）。

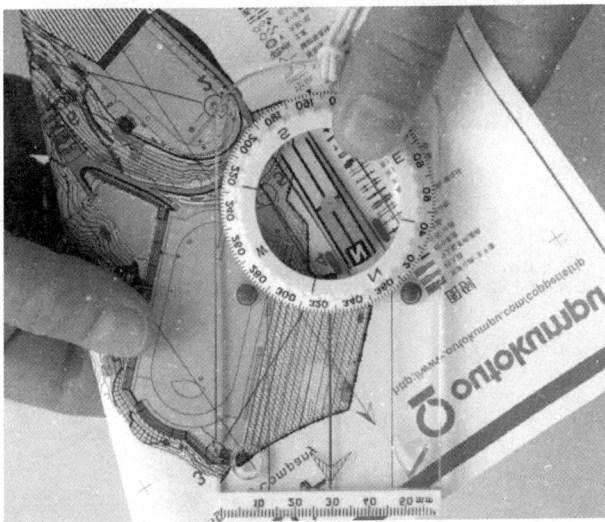

图8-13 利用指北针标定地图

（二）利用直长地物标定

利用直长地物（如道路、土垣、沟渠、高压线等）标定地图，首先应在图上找到这段直长地物，对照两侧地形，使图与现地各地形点的关系位置概略相符，然后转动地图，使图上的直长地物与现地的直长地物方向一致，地图即已标定（见图8-14）。

（三）利用明显地物地貌标定地图

从地图上找到本人位于明显地形点的位置（即自己所在的站立点）时，可以利用明显地形点标定地图。方法是：先选择一个图上与现地都有的远方明显地形点（目标），然后转动地图，使图上的站立点至目标的连线与现地的站立点至目标的连线相重合，此时地图即已标定。

二、确定自己在地图上的站立点

熟练地掌握在图上确定站立点的各种方法是学习使用地图的关键。对于这些方法，除了要记住它们各自的步骤、要领，尤其重要的是要学会根据不同情况，对它们进行选择使用和结合使用。

图 8 – 14 利用直长地物标定地图

（一）直接确定

当自己所处位置是在明显地形点上时，只要从图上找出该地形点，站立点即可确定（见图 8 – 15）。

图 8 – 15 直接确定自己在地图上的站立点

（二）利用位置关系确定

当站立点位于明显地形点附近时，可以采用位置关系法。利用位置关系法确定站立点主要是依据两个要素：一是站立点至明显点的方向；二是站立点至明显点的距离。在地形起伏明显的地方，还可以结合高差情况进行判定。

（三）利用"交会法"确定

当站立点附近没有明显地形点时，可采用后方交会法。步骤：① 标定地图；② 在远方找到两个以上实地和图上都有的明显地形点；③ 用直尺分别切于两个以上明显地形符号的主点上，并转动直尺另一端，瞄准实地地物，不得破坏地形图定向，瞄准后沿直尺向后划方向线，两个或两个以上方向线的交点为站立点在图上位置（见图8-16）。

图8-16　利用"交会法"确定自己在地图上的站立点

确立站立点时应注意：

（1）不论采取何种方法确定自己的站立点，都应首先仔细分析周围地形，以免判断错点位，选错目标；

（2）选择地形点做已知点时，图上位置要准确；

（3）标定地图后，地图方位不能变动，并随时检查。

三、定向运动中利用地图行进

路线选择即为从一点到另一点你所决定要走的路。选择一条好的路线其优势在于它是一条安全性能最高以及体能消耗最少的路线。选择一条最佳比赛路线时，选手总是需要根据每一段赛程的具体情况，综合判断是否能发挥、如何发挥自己的技战术及体能优势。因此可以这样说，选择路线是更高一层意义上的技能。

（一）选择行进路线

1. 选择路线应遵循的原则

（1）有路不越野。应尽量选择沿道路行进，这是因为在道路上容易确定站立点，使运动员更具信心，地面相对光滑、平坦，不仅有利于提高奔跑速度，还可以节省体力。

（2）"走高不走低"原则。定向比赛中如果不得不越野，当目标点在半山腰，周围又没有明显地貌地物时，应选择从山顶向下寻找的方法。这就是人们常说的"从上到下法"。

（3）提前绕行原则。阅读地图时要注意通观全局提前绕行，特别是检查点之间有大的障碍，不易穿越时。不能等抵近障碍再做折线绕行，而应该全面分析地貌地形，提前选择好最佳迂回运动路线（见图8-17）。

（二）保持正确行进方向

在选择了最佳路线后，在前进过程中，还要采取相应的方法，才能确保正确行进方向，安全准确到达目的地。

1. 拇指辅行法

在定向运动中常用拇指压住图上本人目前站立点的位置，把拿图手的拇指想象为自己（缩小到图中的自己），当向前运动时，拇指也在图上作相应移动。此种方法叫拇指法。拇指法主要是帮助运动员随时明确自己在图上的位置。

图 8-18 中所示的过程：

① 明确站立点、路线、到达地；

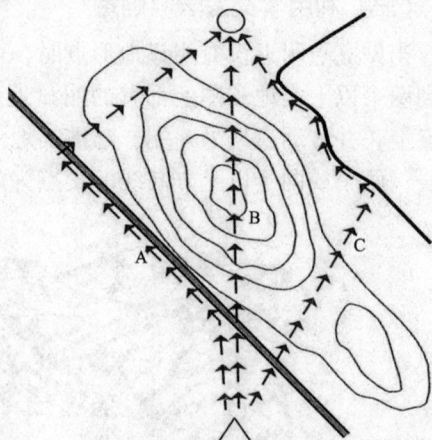

图 8-17 提前绕行原则

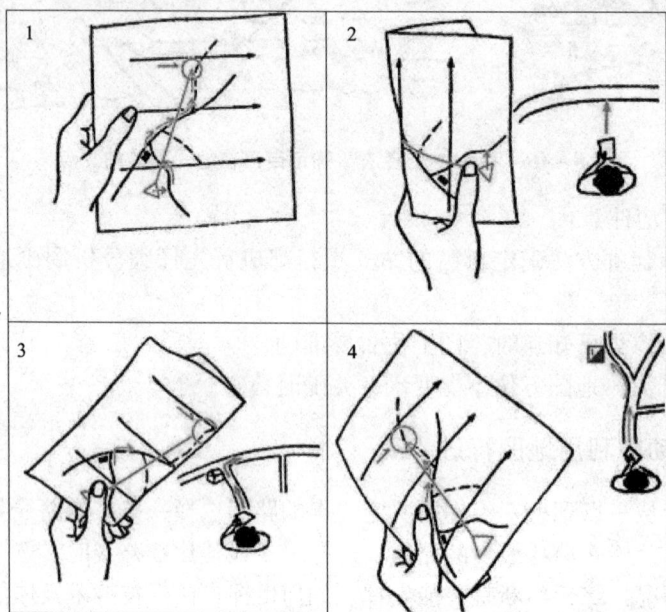

图 8-18 拇指辅行法

② 转动地图，使地图标定，并将拇指贴近站立点一侧（先上大路）；

③ 到大路后转动地图，移动拇指（沿大路跑，看到路旁小屋后向右转）；

④ 再转动地图，移动拇指（沿大路跑，经过右侧路口后在下一路口左拐，可直达检查点）。

2. "扶手"法

"扶手"是把实地中的线形地形，例如各种道路、输电线、地类界、溪流、面状底物的边界等地物地貌，比喻为上下楼梯时的扶手。作为行进的"引导"，利用"扶手"引领可较为容易和安全地到达目的地。

3. 记忆法

一般要按行进的顺序，分段地记住路线的方向、距离、经过的地形点、两侧的辅助

（参照）物。即"人在地跑，心在图上移"。这样可以减少途中跑时读图的时间，提高运动成绩。

四、迷失方向怎么办

当在现地找不到目标，同时又无法确定站立点时，就是迷失了方向。

（一）沿道路行进时

标定地图，对照地形，判明是从哪里开始发生的错误以及偏差有多大，然后根据情况另选迂回的道路前进。如果错得不多，可返回原路再行进。

（二）越野行进时

应尽早停止行进，标定地图后确定站立点，然后尽量取捷径插到原来的正确路线上去，不得已时再返回原路。

（三）在山林地中行进时

（1）如果确定不了站立点，又不能返回原路，就要在图上看一看，迷失地区附近是否有较大型或较突出的明显地形（最好是线状的），如果有，就要果断地放弃原行进方向向它靠拢，并利用它确定站立点。

（2）在山林中行进，最忌讳在尚未查明差错程度和正确的行进方向都不清楚的情况下，匆忙而轻易地取"捷径"斜插，这样很可能造成在原地兜圈子。

如果在山林地中迷失了方向，甚至连"总的正确方向"都无法确定，那么就需要使用指北针确定方向，或采取"登高"的方法确定方向。

第五节　参加定向越野比赛

当你掌握了基本的定向越野知识和技能后，是否幻想着贴近大自然？是否渴望接触大地？是否希望体验那速度带来的刺激？你如果已经准备好了，那就来体验定向比赛给你带来的乐趣吧。

一、报名方法

（一）比赛通知

如果你是某个协会或俱乐部的正式成员，那你将会收到一份正式的比赛通知。如果你不是，那就需要留心报刊、海报或其他传播渠道发布的定向越野比赛消息。在正式的比赛通知上，通常会公布下列内容：

（1）比赛的名称、项目、分组；

（2）时间（年、月、日）；

（3）比赛目的（是选拔赛、公开赛还是锦标赛）；

（4）地形特点；

（5）比赛分组、路线的概略长度、难度或总爬高量；

（6）报到时间、比赛开始时间；

（7）比赛编排方法（是抽签还是其他）；

（8）报名费与其他费用、收费方法；

（9）报名登记的起止时间，限额，联系人地址、姓名、电话；

（10）附报名登记表一份。

（二）选择组别

能否选择合适的比赛组别直接关系到参赛者是否有获胜的希望，因此必须通过对自己、对竞争者、对地形、对路线等多方面的综合分析，在比赛规定允许的范围内选择有利条件最多的组别。组织工作者在设计比赛分组时，常常依据定向与奔跑在比赛中的比重确定分组。

基本原则是：

初学组：无明确侧重，定向与奔跑的难度都不大；

高龄组：需要较高的识图用图、寻找点标的能力，但地形易于奔跑；

青壮年和高级组：在不同路段有不同的侧重，但定向与奔跑的难度都较大。

因此，在一次面向社会的一日比赛（公开赛）中，通常设立下述比赛组别（见表8-4）。

表8-4　面向社会的一日比赛通常设定的比赛组别

组别	距离（公里）	检查点的数量	难度
初学者或体验者	1.5~2.5	3~5	容易
女14~16岁，男14岁以下	3.5~4.5	4~7	容易或一般
女17~19岁和35岁以上，男15~16岁和50岁以上	3.5~4	5~7	比较难
女20岁以上，男17~19岁和40~50岁	6.5~8	7~10	一般或比较难
男21岁以上	8~12	9~12	最难

二、准备工作

报名后的准备工作：

在寄出报名表之后不久，你将收到进一步的详细资料，这时比赛准备即可开始。准备工作主要包括下述几点：

（1）学习有关比赛的规程、要求；

（2）根据自己的目标加强技能、体能训练；

（3）购买比赛用品，如指北针、指卡（许多赛事赛前才发放）和运动服装等；

（4）比赛前应充分休息，注意饮食的调养。

三、比赛起点

在比赛日，你应把一切物品携带好，按计算好的时间骑车或搭载其他车辆前往比赛集合地点。在集合地点报到之后，你将得到你的比赛编号（号码布）、检查卡片等物品。在去出发区之前，你需要做的事情主要有：

（1）撕（剪）下检查卡副卡，交给工作人员；

（2）如果比赛另有补充规定或通知，应尽快阅读、记熟，并予以正确的理解；

（3）将比赛中不用的物品（如行李等）放置于规定的地点；

（4）按规定方法佩戴号码布或其他标志；

（5）开始做热身、准备活动。

四、比赛起点

当距离你的出发时间还剩 10 ~ 15 分钟时，即可以在工作人员（或标志）的指引下前往出发区。到达出发区之后，一般应停止一切活动，静静地等待检录员的呼叫，以便能够按时出发。当你进入 2 分钟待发区时，将你的指卡打（核查）卡座，确认指卡是否已经清除，如发现未清除，请重新进行清除；当距离出发还剩下最后一分钟时，你就进入最前面的区域等待，最后十秒钟发令器会提示。当听到发令声后，你将指卡插入（启动）卡座并同时拿起比赛地图，比赛开始。

五、在比赛中

当你越过出发线的时候，比赛就正式开始了，你的成绩从这一时间开始计算。这时你就可以根据具体情况充分展示你的定向技能了。不能把定向越野比赛当作一般的赛跑，正像有人称它为"思考的运动""狡黠的赛跑"那样，在比赛的过程中将有许许多多的问题在等待着你。

在这里需要再强调一下关于快与慢的关系问题。瑞典人帕·斯安德伯（Per Sandberg）把两个检查点之间的一段路程分成绿、黄、红三个区，他认为在不同区段应采用不同的定向越野方法。

（1）绿区：概略定向。在这个区域，由于刚刚标定了行进的方向，精确地确定了站立点（借助于检查点），可以用最快的速度奔跑。如有可能，应多采用记忆法沿道路奔跑。

（2）黄区："标准的"定向。这一区域内的各种明显地形点将逐渐引导你接近检查点，因此宜多利用借点、导线等方法行进，并尽可能地保持标准跑速。

（3）红区：精确定向。即将到达检查点，应减慢速度，防止过早地兜圈子寻找点标，或者错过点标。此时应勤看地图勤对照，时时明确站立点在图上的位置。如有必要还应采用按磁方位角行进和步测的方法。

在比赛中，到达检查点进行打卡时，必须确认所打的卡座编号同你要的号码相符，并确认成功打卡后方能离开；如果漏掉打检查点，你的成绩将是无效的，但是在比赛过程中发现漏打检查点并进行重打再按规定顺序找完检查点，此成绩则为有效成绩。例如在比赛中你打完 1、2 点后直接打了 4 号检查点，少打了 3 号检查点，发现后你重新去打了 3 号，然后打 4号，因此你的打卡顺序为 1—2—4—3—4—5，成绩有效；如你的打卡顺序为 1—2—4—3—5，则你的成绩无效。

六、比赛终点

在离开最后一个检查点向终点前进的时候，这就意味着胜利在望，但还不能放松，因为比赛还未完成，还需要做以下几件事：

（1）在冲过终点线时必须打（终止）卡座，终止比赛时间，否则成绩将视为无效，另外还要交还比赛地图。

（2）将指卡插入与打印机相连的卡座，将会得到一张比赛的成绩单。必须重视这张成绩单，它不仅仅反映比赛时间，而且对赛事的路线分析和提高定向技能都会起到重要的作用。最后打主站卡座，它将指卡数据读入计算机进行成绩统计和排名，否则在总成绩单里不会出现名字和成绩。

（3）整理活动；适当的整理活动会对恢复起到积极作用。

思考与练习

1. 定向越野的价值是什么？
2. 迷失方向后应该怎么办？

附件：

国家学生体质健康标准（2016 年修订）

一、说明

1. 《国家学生体质健康标准》（以下简称《标准》）是国家学校教育工作的基础性指导文件和教育质量基本标准，是评价学生综合素质、评估学校工作和衡量各地教育发展的重要依据，是《国家体育锻炼标准》在学校的具体实施，适用于全日制普通小学、初中、普通高中、中等职业学校、普通高等学校的学生。

2. 本标准的修订坚持健康第一，落实《国家中长期教育改革和发展规划纲要（2010—2020 年)》《国务院办公厅转发教育部等部门关于进一步加强学校体育工作若干意见的通知》（国办发〔2012〕53 号）和《教育部关于印发〈学生体质健康监测评价办法〉等三个文件的通知》（教体艺〔2014〕3 号）有关要求，着重提高《标准》应用的信度、效度和区分度，着重强化其教育激励、反馈调整和引导锻炼的功能，着重提高其教育监测和绩效评价的支撑能力。

3. 本标准从身体形态、身体机能和身体素质等方面综合评定学生的体质健康水平，是促进学生体质健康发展、激励学生积极进行身体锻炼的教育手段，是国家学生发展核心素养体系和学业质量标准的重要组成部分，是学生体质健康的个体评价标准。

4. 本标准将适用对象划分为以下组别：小学、初中、高中按每个年级为一组，其中小学为 6 组、初中为 3 组、高中为 3 组。大学一、二年级为一组，三、四年级为一组。

5. 小学、初中、高中、大学各组别的测试指标均为必测指标。其中，身体形态类中的身高、体重，身体机能类中的肺活量，以及身体素质类中的 50 米跑、坐位体前屈为各年级学生共性指标。

6. 本标准的学年总分由标准分与附加分之和构成，满分为 120 分。标准分由各单项指标得分与权重乘积之和组成，满分为 100 分。附加分根据实测成绩确定，即对成绩超过 100 分的加分指标进行加分，满分为 20 分；小学的加分指标为 1 分钟跳绳，加分幅度为 20 分；初中、高中和大学的加分指标为男生引体向上和 1 000 米跑，女生 1 分钟仰卧起坐和 800 米跑，各指标加分幅度均为 10 分。

7. 根据学生学年总分评定等级：90.0 分及以上为优秀，80.0~89.9 分为良好，60.0~79.9 分为及格，59.9 分及以下为不及格。

8. 每个学生每学年评定一次，记入《〈国家学生体质健康标准〉登记卡》（附表 1~6）。特殊学制的学校，在填写登记卡时可以按规定和需求相应地增减栏目。学生毕业时的成绩和等级，按毕业当年学年总分的 50% 与其他学年总分平均得分的 50% 之和进行评定。

9. 学生测试成绩评定达到良好及以上者，方可参加评优与评奖；成绩达到优秀者，方可获体育奖学分。测试成绩评定不及格者，在本学年度准予补测一次，补测仍不及格，则学年成绩评定为不及格。普通高中、中等职业学校和普通高等学校学生毕业时，《标准》测试的成绩达不到 50 分者按结业或肄业处理。

10. 学生因病或残疾可向学校提交暂缓或免予执行《标准》的申请，经医疗单位证明，体育教学部门核准，可暂缓或免予执行《标准》，并填写《免予执行〈国家学生体质健康标准〉申请表》（附表7），存入学生档案。确实丧失运动能力、被免予执行《标准》的残疾学生，仍可参加评优与评奖，毕业时《标准》成绩需注明免测。

11. 各学校每学年开展覆盖本校各年级学生的《标准》测试工作，《标准》测试数据经当地教育行政部门按要求审核后，通过"中国学生体质健康网"上传至"国家学生体质健康标准数据管理系统"。测试和数据上传时间由教育行政部门确定。

12. 本标准由教育部负责解释。

二、单项指标与权重

测试对象	单项指标	权重/%
小学一年级至大学四年级	体重指数（BMI）	15
	肺活量	15
小学一、二年级	50米跑	20
	坐位体前屈	30
	1分钟跳绳	20
小学三、四年级	50米跑	20
	坐位体前屈	20
	1分钟跳绳	20
	1分钟仰卧起坐	10
小学五、六年级	50米跑	20
	坐位体前屈	10
	1分钟跳绳	10
	1分钟仰卧起坐	20
	50米×8往返跑	10
初中、高中、大学各年级	50米跑	20
	坐位体前屈	10
	立定跳远	10
	引体向上（男）/1分钟仰卧起坐（女）	10
	1 000米跑（男）/800米跑（女）	20

注：体重指数（BMI）=体重（千克）/身高^2（米^2）。

三、评分表

（一）单项指标评分表

表 1-1 男生体重指数（BMI）单项评分表（单位：千克/米²）

等级	单项得分	一年级	二年级	三年级	四年级	五年级	六年级	初一	初二	初三	高一	高二	高三	大学
正常	100	13.5~18.1	13.7~18.4	13.9~19.4	14.2~20.1	14.4~21.4	14.7~21.8	15.5~22.1	15.7~22.5	15.8~22.8	16.5~23.2	16.8~23.7	17.3~23.8	17.9~23.9
低体重	80	≤13.4	≤13.6	≤13.8	≤14.1	≤14.3	≤14.6	≤15.4	≤15.6	≤15.7	≤16.4	≤16.7	≤17.2	≤17.8
超重	80	18.2~20.3	18.5~20.4	19.5~22.1	20.2~22.6	21.5~24.1	21.9~24.5	22.2~24.9	22.6~25.2	22.9~26.0	23.3~26.3	23.8~26.5	23.9~27.3	24.0~27.9
肥胖	60	≥20.4	≥20.5	≥22.2	≥22.7	≥24.2	≥24.6	≥25.0	≥25.3	≥26.1	≥26.4	≥26.6	≥27.4	≥28.0

表 1-2 女生体重指数（BMI）单项评分表（单位：千克/米²）

等级	单项得分	一年级	二年级	三年级	四年级	五年级	六年级	初一	初二	初三	高一	高二	高三	大学
正常	100	13.3~17.3	13.5~17.8	13.6~18.6	13.7~19.4	13.8~20.5	14.2~20.8	14.8~21.7	15.3~22.2	16.0~22.6	16.5~22.7	16.9~23.2	17.1~23.3	17.2~23.9
低体重	80	≤13.2	≤13.4	≤13.5	≤13.6	≤13.7	≤14.1	≤14.7	≤15.2	≤15.9	≤16.4	≤16.8	≤17.0	≤17.1
超重	80	17.4~19.2	17.9~20.2	18.7~21.1	19.5~22.0	20.6~22.9	20.9~23.6	21.8~24.4	22.3~24.8	22.7~25.1	22.8~25.2	23.3~25.4	23.4~25.7	24.0~27.9
肥胖	60	≥19.3	≥20.3	≥21.2	≥22.1	≥23.0	≥23.7	≥24.5	≥24.9	≥25.2	≥25.3	≥25.5	≥25.8	≥28.0

表1-3 男生肺活量单项评分表（单位：毫升）

等级	单项得分	一年级	二年级	三年级	四年级	五年级	六年级	初一	初二	初三	高一	高二	高三	大一大二	大三大四
优秀	100	1 700	2 000	2 300	2 600	2 900	3 200	3 640	3 940	4 240	4 540	4 740	4 940	5 040	5 140
	95	1 600	1 900	2 200	2 500	2 800	3 100	3 520	3 820	4 120	4 420	4 620	4 820	4 920	5 020
	90	1 500	1 800	2 100	2 400	2 700	3 000	3 400	3 700	4 000	4 300	4 500	4 700	4 800	4 900
良好	85	1 400	1 650	1 900	2 150	2 450	2 750	3 150	3 450	3 750	4 050	4 250	4 450	4 550	4 650
	80	1 300	1 500	1 700	1 900	2 200	2 500	2 900	3 200	3 500	3 800	4 000	4 200	4 300	4 400
及格	78	1 240	1 430	1 620	1 820	2 110	2 400	2 780	3 080	3 380	3 680	3 880	4 080	4 180	4 280
	76	1 180	1 360	1 540	1 740	2 020	2 300	2 660	2 960	3 260	3 560	3 760	3 960	4 060	4160
	74	1 120	1 290	1 460	1 660	1 930	2 200	2 540	2 840	3 140	3 440	3 640	3 840	3 940	4 040
	72	1 060	1 220	1 380	1 580	1 840	2 100	2 420	2 720	3 020	3 320	3 520	3 720	3 820	3 920
	70	1 000	1 150	1 300	1 500	1 750	2 000	2 300	2 600	2 900	3 200	3 400	3 600	3 700	3 800
	68	940	1 080	1 220	1 420	1 660	1 900	2 180	2 480	2 780	3 080	3 280	3 480	3 580	3 680
	66	880	1 010	1 140	1 340	1 570	1 800	2 060	2 360	2 660	2 960	3 160	3 360	3 460	3 560
	64	820	940	1 060	1 260	1 480	1 700	1 940	2 240	2 540	2 840	3 040	3 240	3 340	3 440
	62	760	870	980	1 180	1 390	1 600	1 820	2 120	2 420	2 720	2 920	3 120	3 220	3 320
	60	700	800	900	1 100	1 300	1 500	1 700	2 000	2 300	2 600	2 800	3 000	3 100	3 200
不及格	50	660	750	840	1 030	1 220	1 410	1 600	1 890	2 180	2 470	2 660	2 850	2 940	3 030
	40	620	700	780	960	1 140	1 320	1 500	1 780	2 060	2 340	2 520	2 700	2 780	2 860
	30	580	650	720	890	1 060	1 230	1 400	1 670	1 940	2 210	2 380	2 550	2 620	2 690
	20	540	600	660	820	980	1 140	1 300	1 560	1 820	2 080	2 240	2 400	2 460	2 520
	10	500	550	600	750	900	1 050	1 200	1 450	1 700	1 950	2 100	2 250	2 300	2 350

表 1-4 女生肺活量单项评分表（单位：毫升）

等级	单项得分	一年级	二年级	三年级	四年级	五年级	六年级	初一	初二	初三	高一	高二	高三	大一大二	大三大四
优秀	100	1 400	1 600	1 800	2 000	2 250	2 500	2 750	2 900	3 050	3 150	3 250	3 350	3 400	3 450
	95	1 300	1 500	1 700	1 900	2 150	2 400	2 650	2 850	3 000	3 100	3 200	3 300	3 350	3 400
	90	1 200	1 400	1 600	1 800	2 050	2 300	2 550	2 800	2 950	3 050	3 150	3 250	3 300	3 350
良好	85	1 100	1 300	1 500	1 700	1 950	2 200	2 450	2 650	2 800	2 900	3 000	3 100	3 150	3 200
	80	1 000	1 200	1 400	1 600	1 850	2 100	2 350	2 500	2 650	2 750	2 850	2 950	3 000	3 050
及格	78	960	1 150	1 340	1 530	1 770	2 010	2 250	2 400	2 550	2 650	2 750	2 850	2 900	2 950
	76	920	1 100	1 280	1 460	1 690	1 920	2 150	2 300	2 450	2 550	2 650	2 750	2 800	2 850
	74	880	1 050	1 220	1 390	1 610	1 830	2 050	2 200	2 350	2 450	2 550	2 650	2 700	2 750
	72	840	1 000	1 160	1 320	1 530	1 740	1 950	2 100	2 250	2 350	2 450	2 550	2 600	2 650
	70	800	950	1 100	1 250	1 450	1 650	1 850	2 000	2 150	2 250	2 350	2 450	2 500	2 550
	68	760	900	1 040	1 180	1 370	1 560	1 750	1 900	2 050	2 150	2 250	2 350	2 400	2 450
	66	720	850	980	1 110	1 290	1 470	1 650	1 800	1 950	2 050	2 150	2 250	2 300	2 350
	64	680	800	920	1 040	1 210	1 380	1 550	1 700	1 850	1 950	2 050	2 150	2 200	2 250
	62	640	750	860	970	1 130	1 290	1 450	1 600	1 750	1 850	1 950	2 050	2 100	2 150
	60	600	700	800	900	1 050	1 200	1 350	1 500	1 650	1 750	1 850	1 950	2 000	2 050
不及格	50	580	680	780	880	1 020	1 170	1 310	1 460	1 610	1 710	1 810	1 910	1 960	2 010
	40	560	660	760	860	990	1 140	1 270	1 420	1 570	1 670	1 770	1 870	1 920	1 970
	30	540	640	740	840	960	1 110	1 230	1 380	1 530	1 630	1 730	1 830	1 880	1 930
	20	520	620	720	820	930	1 080	1 190	1 340	1 490	1 590	1 690	1 790	1 840	1 890
	10	500	600	700	800	900	1 050	1 150	1 300	1 450	1 550	1 650	1 750	1 800	1850

表 1-5 男生 50 米跑单项评分表（单位：秒）

等级	单项得分	一年级	二年级	三年级	四年级	五年级	六年级	初一	初二	初三	高一	高二	高三	大一 大二	大三 大四
优秀	100	10.2	9.6	9.1	8.7	8.4	8.2	7.8	7.5	7.3	7.1	7.0	6.8	6.7	6.6
	95	10.3	9.7	9.2	8.8	8.5	8.3	7.9	7.6	7.4	7.2	7.1	6.9	6.8	6.7
	90	10.4	9.8	9.3	8.9	8.6	8.4	8.0	7.7	7.5	7.3	7.2	7.0	6.9	6.8
良好	85	10.5	9.9	9.4	9.0	8.7	8.5	8.1	7.8	7.6	7.4	7.3	7.1	7.0	6.9
	80	10.6	10.0	9.5	9.1	8.8	8.6	8.2	7.9	7.7	7.5	7.4	7.2	7.1	7.0
	78	10.8	10.2	9.7	9.3	9.0	8.8	8.4	8.1	7.9	7.7	7.6	7.4	7.3	7.2
	76	11.0	10.4	9.9	9.5	9.2	9.0	8.6	8.3	8.1	7.9	7.8	7.6	7.5	7.4
	74	11.2	10.6	10.1	9.7	9.4	9.2	8.8	8.5	8.3	8.1	8.0	7.8	7.7	7.6
	72	11.4	10.8	10.3	9.9	9.6	9.4	9.0	8.7	8.5	8.3	8.2	8.0	7.9	7.8
及格	70	11.6	11.0	10.5	10.1	9.8	9.6	9.2	8.9	8.7	8.5	8.4	8.2	8.1	8.0
	68	11.8	11.2	10.7	10.3	10.0	9.8	9.4	9.1	8.9	8.7	8.6	8.4	8.3	8.2
	66	12.0	11.4	10.9	10.5	10.2	10.0	9.6	9.3	9.1	8.9	8.8	8.6	8.5	8.4
	64	12.2	11.6	11.1	10.7	10.4	10.2	9.8	9.5	9.3	9.1	9.0	8.8	8.7	8.6
	62	12.4	11.8	11.3	10.9	10.6	10.4	10.0	9.7	9.5	9.3	9.2	9.0	8.9	8.8
	60	12.6	12.0	11.5	11.1	10.8	10.6	10.2	9.9	9.7	9.5	9.4	9.2	9.1	9.0
不及格	50	12.8	12.2	11.7	11.3	11.0	10.8	10.4	10.1	9.9	9.7	9.6	9.4	9.3	9.2
	40	13.0	12.4	11.9	11.5	11.2	11.0	10.6	10.3	10.1	9.9	9.8	9.6	9.5	9.4
	30	13.2	12.6	12.1	11.7	11.4	11.2	10.8	10.5	10.3	10.1	10.0	9.8	9.7	9.6
	20	13.4	12.8	12.3	11.9	11.6	11.4	11.0	10.7	10.5	10.3	10.2	10.0	9.9	9.8
	10	13.6	13.0	12.5	12.1	11.8	11.6	11.2	10.9	10.7	10.5	10.4	10.2	10.1	10.0

表 1-6 女生 50 米跑单项评分表（单位：秒）

等级	单项得分	一年级	二年级	三年级	四年级	五年级	六年级	初一	初二	初三	高一	高二	高三	大一大二	大三大四
优秀	100	11.0	10.0	9.2	8.7	8.3	8.2	8.1	8.0	7.9	7.8	7.7	7.6	7.5	7.4
	95	11.1	10.1	9.3	8.8	8.4	8.3	8.2	8.1	8.0	7.9	7.8	7.7	7.6	7.5
	90	11.2	10.2	9.4	8.9	8.5	8.4	8.3	8.2	8.1	8.0	7.9	7.8	7.7	7.6
良好	85	11.5	10.5	9.7	9.2	8.8	8.7	8.6	8.5	8.4	8.3	8.2	8.1	8.0	7.9
	80	11.8	10.8	10.0	9.5	9.1	9.0	8.9	8.8	8.7	8.6	8.5	8.4	8.3	8.2
及格	78	12.0	11.0	10.2	9.7	9.3	9.2	9.1	9.0	8.9	8.8	8.7	8.6	8.5	8.4
	76	12.2	11.2	10.4	9.9	9.5	9.4	9.3	9.2	9.1	9.0	8.9	8.8	8.7	8.6
	74	12.4	11.4	10.6	10.1	9.7	9.6	9.5	9.4	9.3	9.2	9.1	9.0	8.9	8.8
	72	12.6	11.6	10.8	10.3	9.9	9.8	9.7	9.6	9.5	9.4	9.3	9.2	9.1	9.0
	70	12.8	11.8	11.0	10.5	10.1	10.0	9.9	9.8	9.7	9.6	9.5	9.4	9.3	9.2
	68	13.0	12.0	11.2	10.7	10.3	10.2	10.1	10.0	9.9	9.8	9.7	9.6	9.5	9.4
	66	13.2	12.2	11.4	10.9	10.5	10.4	10.3	10.2	10.1	10.0	9.9	9.8	9.7	9.6
	64	13.4	12.4	11.6	11.1	10.7	10.6	10.5	10.4	10.3	10.2	10.1	10.0	9.9	9.8
	62	13.6	12.6	11.8	11.3	10.9	10.8	10.7	10.6	10.5	10.4	10.3	10.2	10.1	10.0
	60	13.8	12.8	12.0	11.5	11.1	11.0	10.9	10.8	10.7	10.6	10.5	10.4	10.3	10.2
不及格	50	14.0	13.0	12.2	11.7	11.3	11.2	11.1	11.0	10.9	10.8	10.7	10.6	10.5	10.4
	40	14.2	13.2	12.4	11.9	11.5	11.4	11.3	11.2	11.1	11.0	10.9	10.8	10.7	10.6
	30	14.4	13.4	12.6	12.1	11.7	11.6	11.5	11.4	11.3	11.2	11.1	11.0	10.9	10.8
	20	14.6	13.6	12.8	12.3	11.9	11.8	11.7	11.6	11.5	11.4	11.3	11.2	11.1	11.0
	10	14.8	13.8	13.0	12.5	12.1	12.0	11.9	11.8	11.7	11.6	11.5	11.4	11.3	11.2

表 1-7 男生坐位体前屈单项评分表（单位：厘米）

等级	单项得分	一年级	二年级	三年级	四年级	五年级	六年级	初一	初二	初三	高一	高二	高三	大一大二	大三大四
优秀	100	16.1	16.2	16.3	16.4	16.5	16.6	17.6	19.6	21.6	23.6	24.3	24.6	24.9	25.1
	95	14.6	14.7	14.9	15.0	15.2	15.3	15.9	17.7	19.7	21.5	22.4	22.8	23.1	23.3
	90	13.0	13.2	13.4	13.6	13.8	14.0	14.2	15.8	17.8	19.4	20.5	21.0	21.3	21.5
良好	85	12.0	11.9	11.8	11.7	11.6	11.5	12.3	13.7	15.8	17.2	18.3	19.1	19.5	19.9
	80	11.0	10.6	10.2	9.8	9.4	9.0	10.4	11.6	13.8	15.0	16.1	17.2	17.7	18.2
	78	9.9	9.5	9.1	8.6	8.2	7.7	9.1	10.3	12.4	13.6	14.7	15.8	16.3	16.8
	76	8.8	8.4	8.0	7.4	7.0	6.4	7.8	9.0	11.0	12.2	13.3	14.4	14.9	15.4
	74	7.7	7.3	6.9	6.2	5.8	5.1	6.5	7.7	9.6	10.8	11.9	13.0	13.5	14.0
	72	6.6	6.2	5.8	5.0	4.6	3.8	5.2	6.4	8.2	9.4	10.5	11.6	12.1	12.6
	70	5.5	5.1	4.7	3.8	3.4	2.5	3.9	5.1	6.8	8.0	9.1	10.2	10.7	11.2
及格	68	4.4	4.0	3.6	2.6	2.2	1.2	2.6	3.8	5.4	6.6	7.7	8.8	9.3	9.8
	66	3.3	2.9	2.5	1.4	1.0	-0.1	1.3	2.5	4.0	5.2	6.3	7.4	7.9	8.4
	64	2.2	1.8	1.4	0.2	-0.2	-1.4	0.0	1.2	2.6	3.8	4.9	6.0	6.5	7.0
	62	1.1	0.7	0.3	-1.0	-1.4	-2.7	-1.3	-0.1	1.2	2.4	3.5	4.6	5.1	5.6
	60	0.0	-0.4	-0.8	-2.2	-2.6	-4.0	-2.6	-1.4	-0.2	1.0	2.1	3.2	3.7	4.2
	50	-0.8	-1.2	-1.6	-3.2	-3.6	-5.0	-3.8	-2.6	-1.4	0.0	1.1	2.2	2.7	3.2
	40	-1.6	-2.0	-2.4	-4.2	-4.6	-6.0	-5.0	-3.8	-2.6	-1.0	0.1	1.2	1.7	2.2
不及格	30	-2.4	-2.8	-3.2	-5.2	-5.6	-7.0	-6.2	-5.0	-3.8	-2.0	-0.9	0.2	0.7	1.2
	20	-3.2	-3.6	-4.0	-6.2	-6.6	-8.0	-7.4	-6.2	-5.0	-3.0	-1.9	-0.8	-0.3	0.2
	10	-4.0	-4.4	-4.8	-7.2	-7.6	-9.0	-8.6	-7.4	-6.2	-4.0	-2.9	-1.8	-1.3	-0.8

表1-8 女生坐位体前屈单项评分表（单位：厘米）

等级	单项得分	一年级	二年级	三年级	四年级	五年级	六年级	初一	初二	初三	高一	高二	高三	大一大二	大三大四
优秀	100	18.6	18.9	19.2	19.5	19.8	19.9	21.8	22.7	23.5	24.2	24.8	25.3	25.8	26.3
	95	17.3	17.6	17.9	18.1	18.5	18.7	20.1	21.0	21.8	22.5	23.1	23.6	24.0	24.4
	90	16.0	16.3	16.6	16.9	17.2	17.5	18.4	19.3	20.1	20.8	21.4	21.9	22.2	22.4
良好	85	14.7	14.8	14.9	15.0	15.1	15.2	16.7	17.6	18.4	19.1	19.7	20.2	20.6	21.0
	80	13.4	13.3	13.2	13.1	13.0	12.9	15.0	15.9	16.7	17.4	18.0	18.5	19.0	19.5
	78	12.3	12.2	12.1	12.0	11.9	11.8	13.7	14.6	15.4	16.1	16.7	17.2	17.7	18.2
	76	11.2	11.1	11.0	10.9	10.8	10.7	12.4	13.3	14.1	14.8	15.4	15.9	16.4	16.9
	74	10.1	10.0	9.9	9.8	9.7	9.6	11.1	12.0	12.8	13.5	14.1	14.6	15.1	15.6
及格	72	9.0	8.9	8.8	8.7	8.6	8.5	9.8	10.7	11.5	12.2	12.8	13.3	13.8	14.3
	70	7.9	7.8	7.7	7.6	7.5	7.4	8.5	9.4	10.2	10.9	11.5	12.0	12.5	13.0
	68	6.8	6.7	6.6	6.5	6.4	6.3	7.2	8.1	8.9	9.6	10.2	10.7	11.2	11.7
	66	5.7	5.6	5.5	5.4	5.3	5.2	5.9	6.8	7.6	8.3	8.9	9.4	9.9	10.4
	64	4.6	4.5	4.4	4.3	4.2	4.1	4.6	5.5	6.3	7.0	7.6	8.1	8.6	9.1
	62	3.5	3.4	3.3	3.2	3.1	3.0	3.3	4.2	5.0	5.7	6.3	6.8	7.3	7.8
	60	2.4	2.3	2.2	2.1	2.0	1.9	2.0	2.9	3.7	4.4	5.0	5.5	6.0	6.5
不及格	50	1.6	1.5	1.4	1.3	1.2	1.1	1.2	2.1	2.9	3.6	4.2	4.7	5.2	5.7
	40	0.8	0.7	0.6	0.5	0.4	0.3	0.4	1.3	2.1	2.8	3.4	3.9	4.4	4.9
	30	0.0	-0.1	-0.2	-0.3	-0.4	-0.5	-0.4	0.5	1.3	2.0	2.6	3.1	3.6	4.1
	20	-0.8	-0.9	-1.0	-1.1	-1.2	-1.3	-1.2	-0.3	0.5	1.2	1.8	2.3	2.8	3.3
	10	-1.6	-1.7	-1.8	-1.9	-2.0	-2.1	-2.0	-1.1	-0.3	0.4	1.0	1.5	2.0	2.5

表 1-9　男生一分钟跳绳单项评分表（单位：次）

等级	单项得分	一年级	二年级	三年级	四年级	五年级	六年级
优秀	100	109	117	126	137	148	157
	95	104	112	121	132	143	152
	90	99	107	116	127	138	147
良好	85	93	101	110	121	132	141
	80	87	95	104	115	126	135
及格	78	80	88	97	108	119	128
	76	73	81	90	101	112	121
	74	66	74	83	94	105	114
	72	59	67	76	87	98	107
	70	52	60	69	80	91	100
	68	45	53	62	73	84	93
	66	38	46	55	66	77	86
	64	31	39	48	59	70	79
	62	24	32	41	52	63	72
	60	17	25	34	45	56	65
不及格	50	14	22	31	42	53	62
	40	11	19	28	39	50	59
	30	8	16	25	36	47	56
	20	5	13	22	33	44	53
	10	2	10	19	30	41	50

表 1-10　女生一分钟跳绳单项评分表（单位：次）

等级	单项得分	一年级	二年级	三年级	四年级	五年级	六年级
优秀	100	117	127	139	149	158	166
	95	110	120	132	142	151	159
	90	103	113	125	135	144	152
良好	85	95	105	117	127	136	144
	80	87	97	109	119	128	136
及格	78	80	90	102	112	121	129
	76	73	83	95	105	114	122
	74	66	76	88	98	107	115
	72	59	69	81	91	100	108
	70	52	62	74	84	93	101
	68	45	55	67	77	86	94

等级	单项得分	一年级	二年级	三年级	四年级	五年级	六年级
及格	66	38	48	60	70	79	87
	64	31	41	53	63	72	80
	62	24	34	46	56	65	73
	60	17	27	39	49	58	66
不及格	50	14	24	36	46	55	63
	40	11	21	33	43	52	60
	30	8	18	30	40	49	57
	20	5	15	27	37	46	54
	10	2	12	24	34	43	51

表 1–11　男生立定跳远单项评分表（单位：厘米）

等级	单项得分	初一	初二	初三	高一	高二	高三	大一大二	大三大四
优秀	100	225	240	250	260	265	270	273	275
	95	218	233	245	255	260	265	268	270
	90	211	226	240	250	255	260	263	265
良好	85	203	218	233	243	248	253	256	258
	80	195	210	225	235	240	245	248	250
及格	78	191	206	221	231	236	241	244	246
	76	187	202	217	227	232	237	240	242
	74	183	198	213	223	228	233	236	238
	72	179	194	209	219	224	229	232	234
	70	175	190	205	215	220	225	228	230
	68	171	186	201	211	216	221	224	226
	66	167	182	197	207	212	217	220	222
	64	163	178	193	203	208	213	216	218
	62	159	174	189	199	204	209	212	214
	60	155	170	185	195	200	205	208	210
不及格	50	150	165	180	190	195	200	203	205
	40	145	160	175	185	190	195	198	200
	30	140	155	170	180	185	190	193	195
	20	135	150	165	175	180	185	188	190
	10	130	145	160	170	175	180	183	185

表 1-12 女生立定跳远单项评分表（单位：厘米）

等级	单项得分	初一	初二	初三	高一	高二	高三	大一大二	大三大四
优秀	100	196	200	202	204	205	206	207	208
	95	190	194	196	198	199	200	201	202
	90	184	188	190	192	193	194	195	196
良好	85	177	181	183	185	186	187	188	189
	80	170	174	176	178	179	180	181	182
及格	78	167	171	173	175	176	177	178	179
	76	164	168	170	172	173	174	175	176
	74	161	165	167	169	170	171	172	173
	72	158	162	164	166	167	168	169	170
	70	155	159	161	163	164	165	166	167
	68	152	156	158	160	161	162	163	164
	66	149	153	155	157	158	159	160	161
	64	146	150	152	154	155	156	157	158
	62	143	147	149	151	152	153	154	155
	60	140	144	146	148	149	150	151	152
不及格	50	135	139	141	143	144	145	146	147
	40	130	134	136	138	139	140	141	142
	30	125	129	131	133	134	135	136	137
	20	120	124	126	128	129	130	131	132
	10	115	119	121	123	124	125	126	127

表 1-13 男生一分钟仰卧起坐、引体向上单项评分表（单位：次）

等级	单项得分	三年级	四年级	五年级	六年级	初一	初二	初三	高一	高二	高三	大一大二	大三大四
优秀	100	48	49	50	51	13	14	15	16	17	18	19	20
	95	45	46	47	48	12	13	14	15	16	17	18	19
	90	42	43	44	45	11	12	13	14	15	16	17	18
良好	85	39	40	41	42	10	11	12	13	14	15	16	17
	80	36	37	38	39	9	10	11	12	13	14	15	16
及格	78	34	35	36	37								
	76	32	33	34	35	8	9	10	11	12	13	14	15

等级	单项得分	三年级	四年级	五年级	六年级	初一	初二	初三	高一	高二	高三	大一大二	大三大四
及格	74	30	31	32	33								
	72	28	29	30	31	7	8	9	10	11	12	13	14
	70	26	27	28	29								
	68	24	25	26	27	6	7	8	9	10	11	12	13
	66	22	23	24	25								
	64	20	21	22	23	5	6	7	8	9	10	11	12
	62	18	19	20	21								
	60	16	17	18	19	4	5	6	7	8	9	10	11
不及格	50	14	15	16	17	3	4	5	6	7	8	9	10
	40	12	13	14	15	2	3	4	5	6	7	8	9
	30	10	11	12	13	1	2	3	4	5	6	7	8
	20	8	9	10	11		1	2	3	4	5	6	7
	10	6	7	8	9			1	2	3	4	5	6

注：小学三年级~六年级：一分钟仰卧起坐；初中、高中、大学：引体向上。

表 1–14 女生一分钟仰卧起坐单项评分表（单位：次）

等级	单项得分	三年级	四年级	五年级	六年级	初一	初二	初三	高一	高二	高三	大一大二	大三大四
优秀	100	46	47	48	49	50	51	52	53	54	55	56	57
	95	44	45	46	47	48	49	50	51	52	53	54	55
	90	42	43	44	45	46	47	48	49	50	51	52	53
良好	85	39	40	41	42	43	44	45	46	47	48	49	50
	80	36	37	38	39	40	41	42	43	44	45	46	47
及格	78	34	35	36	37	38	39	40	41	42	43	44	45
	76	32	33	34	35	36	37	38	39	40	41	42	43
	74	30	31	32	33	34	35	36	37	38	39	40	41
	72	28	29	30	31	32	33	34	35	36	37	38	39
	70	26	27	28	29	30	31	32	33	34	35	36	37
	68	24	25	26	27	28	29	30	31	32	33	34	35
	66	22	23	24	25	26	27	28	29	30	31	32	33
	64	20	21	22	23	24	25	26	27	28	29	30	31
	62	18	19	20	21	22	23	24	25	26	27	28	29
	60	16	17	18	19	20	21	22	23	24	25	26	27

等级	单项得分	三年级	四年级	五年级	六年级	初一	初二	初三	高一	高二	高三	大一大二	大三大四
不及格	50	14	15	16	17	18	19	20	21	22	23	24	25
	40	12	13	14	15	16	17	18	19	20	21	22	23
	30	10	11	12	13	14	15	16	17	18	19	20	21
	20	8	9	10	11	12	13	14	15	16	17	18	19
	10	6	7	8	9	10	11	12	13	14	15	16	17

表 1-15　男生耐力跑单项评分表（单位：分·秒）

等级	单项得分	五年级	六年级	初一	初二	初三	高一	高二	高三	大一大二	大三大四
优秀	100	1′36″	1′30″	3′55″	3′50″	3′40″	3′30″	3′25″	3′20″	3′17″	3′15″
	95	1′39″	1′33″	4′05″	3′55″	3′45″	3′35″	3′30″	3′25″	3′22″	3′20″
	90	1′42″	1′36″	4′15″	4′00″	3′50″	3′40″	3′35″	3′30″	3′27″	3′25″
良好	85	1′45″	1′39″	4′22″	4′07″	3′57″	3′47″	3′42″	3′37″	3′34″	3′32″
	80	1′48″	1′42″	4′30″	4′15″	4′05″	3′55″	3′50″	3′45″	3′42″	3′40″
及格	78	1′51″	1′45″	4′35″	4′20″	4′10″	4′00″	3′55″	3′50″	3′47″	3′45″
	76	1′54″	1′48″	4′40″	4′25″	4′15″	4′05″	4′00″	3′55″	3′52″	3′50″
	74	1′57″	1′51″	4′45″	4′30″	4′20″	4′10″	4′05″	4′00″	3′57″	3′55″
	72	2′00″	1′54″	4′50″	4′35″	4′25″	4′15″	4′10″	4′05″	4′02″	4′00″
	70	2′03″	1′57″	4′55″	4′40″	4′30″	4′20″	4′15″	4′10″	4′07″	4′05″
	68	2′06″	2′00″	5′00″	4′45″	4′35″	4′25″	4′20″	4′15″	4′12″	4′10″
	66	2′09″	2′03″	5′05″	4′50″	4′40″	4′30″	4′25″	4′20″	4′17″	4′15″
	64	2′12″	2′06″	5′10″	4′55″	4′45″	4′35″	4′30″	4′25″	4′22″	4′20″
	62	2′15″	2′09″	5′15″	5′00″	4′50″	4′40″	4′35″	4′30″	4′27″	4′25″
	60	2′18″	2′12″	5′20″	5′05″	4′55″	4′45″	4′40″	4′35″	4′32″	4′30″
不及格	50	2′22″	2′16″	5′40″	5′25″	5′15″	5′05″	5′00″	4′55″	4′52″	4′50″
	40	2′26″	2′20″	6′00″	5′45″	5′35″	5′25″	5′20″	5′15″	5′12″	5′10″
	30	2′30″	2′24″	6′20″	6′05″	5′55″	5′45″	5′40″	5′35″	5′32″	5′30″
	20	2′34″	2′28″	6′40″	6′25″	6′15″	6′05″	6′00″	5′55″	5′52″	5′50″
	10	2′38″	2′32″	7′00″	6′45″	6′35″	6′25″	6′20″	6′15″	6′12″	6′10″

注：小学五年级～六年级：50 米×8 往返跑；初中、高中、大学：1 000 米跑。

表 1－16　女生耐力跑单项评分表（单位：分·秒）

等级	单项得分	五年级	六年级	初一	初二	初三	高一	高二	高三	大一大二	大三大四
优秀	100	1′41″	1′37″	3′35″	3′30″	3′25″	3′24″	3′22″	3′20″	3′18″	3′16″
	95	1′44″	1′40″	3′42″	3′37″	3′32″	3′30″	3′28″	3′26″	3′24″	3′22″
	90	1′47″	1′43″	3′49″	3′44″	3′39″	3′36″	3′34″	3′32″	3′30″	3′28″
良好	85	1′50″	1′46″	3′57″	3′52″	3′47″	3′43″	3′41″	3′39″	3′37″	3′35″
	80	1′53″	1′49″	4′05″	4′00″	3′55″	3′50″	3′48″	3′46″	3′44″	3′42″
及格	78	1′56″	1′52″	4′10″	4′05″	4′00″	3′55″	3′53″	3′51″	3′49″	3′47″
	76	1′59″	1′55″	4′15″	4′10″	4′05″	4′00″	3′58″	3′56″	3′54″	3′52″
	74	2′02″	1′58″	4′20″	4′15″	4′10″	4′05″	4′03″	4′01″	3′59″	3′57″
	72	2′05″	2′01″	4′25″	4′20″	4′15″	4′10″	4′08″	4′06″	4′04″	4′02″
	70	2′08″	2′04″	4′30″	4′25″	4′20″	4′15″	4′13″	4′11″	4′09″	4′07″
	68	2′11″	2′07″	4′35″	4′30″	4′25″	4′20″	4′18″	4′16″	4′14″	4′12″
	66	2′14″	2′10″	4′40″	4′35″	4′30″	4′25″	4′23″	4′21″	4′19″	4′17″
	64	2′17″	2′13″	4′45″	4′40″	4′35″	4′30″	4′28″	4′26″	4′24″	4′22″
	62	2′20″	2′16″	4′50″	4′45″	4′40″	4′35″	4′33″	4′31″	4′29″	4′27″
	60	2′23″	2′19″	4′55″	4′50″	4′45″	4′40″	4′38″	4′36″	4′34″	4′32″
不及格	50	2′27″	2′23″	5′05″	5′00″	4′55″	4′50″	4′48″	4′46″	4′44″	4′42″
	40	2′31″	2′27″	5′15″	5′10″	5′05″	5′00″	4′58″	4′56″	4′54″	4′52″
	30	2′35″	2′31″	5′25″	5′20″	5′15″	5′10″	5′08″	5′06″	5′04″	5′02″
	20	2′39″	2′35″	5′35″	5′30″	5′25″	5′20″	5′18″	5′16″	5′14″	5′12″
	10	2′43″	2′39″	5′45″	5′40″	5′35″	5′30″	5′28″	5′26″	5′24″	5′22″

注：小学五年级~六年级：50 米×8 往返跑；初中、高中、大学：800 米跑。

（二）加分指标评分表

表 2－1　男生一分钟跳绳评分表（单位：次）

加分	一年级	二年级	三年级	四年级	五年级	六年级
20	40	40	40	40	40	40
19	38	38	38	38	38	38
18	36	36	36	36	36	36
17	34	34	34	34	34	34
16	32	32	32	32	32	32
15	30	30	30	30	30	30

加分	一年级	二年级	三年级	四年级	五年级	六年级
14	28	28	28	28	28	28
13	26	26	26	26	26	26
12	24	24	24	24	24	24
11	22	22	22	22	22	22
10	20	20	20	20	20	20
9	18	18	18	18	18	18
8	16	16	16	16	16	16
7	14	14	14	14	14	14
6	12	12	12	12	12	12
5	10	10	10	10	10	10
4	8	8	8	8	8	8
3	6	6	6	6	6	6
2	4	4	4	4	4	4
1	2	2	2	2	2	2

注：一分钟跳绳为高优指标，学生成绩超过单项评分100分后，以超过的次数所对应的分数进行加分。

表2-2　女生一分钟跳绳评分表（单位：次）

加分	一年级	二年级	三年级	四年级	五年级	六年级
20	40	40	40	40	40	40
19	38	38	38	38	38	38
18	36	36	36	36	36	36
17	34	34	34	34	34	34
16	32	32	32	32	32	32
15	30	30	30	30	30	30
14	28	28	28	28	28	28
13	26	26	26	26	26	26
12	24	24	24	24	24	24
11	22	22	22	22	22	22
10	20	20	20	20	20	20
9	18	18	18	18	18	18
8	16	16	16	16	16	16
7	14	14	14	14	14	14
6	12	12	12	12	12	12

加分	一年级	二年级	三年级	四年级	五年级	六年级
5	10	10	10	10	10	10
4	8	8	8	8	8	8
3	6	6	6	6	6	6
2	4	4	4	4	4	4
1	2	2	2	2	2	2

注：一分钟跳绳为高优指标，学生成绩超过单项评分 100 分后，以超过的次数所对应的分数进行加分。

表 2-3　男生引体向上评分表（单位：次）

加分	初一	初二	初三	高一	高二	高三	大一大二	大三大四
10	10	10	10	10	10	10	10	10
9	9	9	9	9	9	9	9	9
8	8	8	8	8	8	8	8	8
7	7	7	7	7	7	7	7	7
6	6	6	6	6	6	6	6	6
5	5	5	5	5	5	5	5	5
4	4	4	4	4	4	4	4	4
3	3	3	3	3	3	3	3	3
2	2	2	2	2	2	2	2	2
1	1	1	1	1	1	1	1	1

表 2-4　女生一分钟仰卧起坐评分表（单位：次）

加分	初一	初二	初三	高一	高二	高三	大一大二	大三大四
10	13	13	13	13	13	13	13	13
9	12	12	12	12	12	12	12	12
8	11	11	11	11	11	11	11	11
7	10	10	10	10	10	10	10	10
6	9	9	9	9	9	9	9	9
5	8	8	8	8	8	8	8	8
4	7	7	7	7	7	7	7	7
3	6	6	6	6	6	6	6	6
2	4	4	4	4	4	4	4	4
1	2	2	2	2	2	2	2	2

注：引体向上、一分钟仰卧起坐均为高优指标，学生成绩超过单项评分 100 分后，以超过的次数所对应的分数进行加分。

表 2 – 5 男生 1000 米跑评分表（单位：分·秒）

加分	初一	初二	初三	高一	高二	高三	大一大二	大三大四
10	– 35″	– 35″	– 35″	– 35″	– 35″	– 35″	– 35″	– 35″
9	– 32″	– 32″	– 32″	– 32″	– 32″	– 32″	– 32″	– 32″
8	– 29″	– 29″	– 29″	– 29″	– 29″	– 29″	– 29″	– 29″
7	– 26″	– 26″	– 26″	– 26″	– 26″	– 26″	– 26″	– 26″
6	– 23″	– 23″	– 23″	– 23″	– 23″	– 23″	– 23″	– 23″
5	– 20″	– 20″	– 20″	– 20″	– 20″	– 20″	– 20″	– 20″
4	– 16″	– 16″	– 16″	– 16″	– 16″	– 16″	– 16″	– 16″
3	– 12″	– 12″	– 12″	– 12″	– 12″	– 12″	– 12″	– 12″
2	– 8″	– 8″	– 8″	– 8″	– 8″	– 8″	– 8″	– 8″
1	– 4″	– 4″	– 4″	– 4″	– 4″	– 4″	– 4″	– 4″

表 2 – 6 女生 800 米跑评分表（单位：分·秒）

加分	初一	初二	初三	高一	高二	高三	大一大二	大三大四
10	– 50″	– 50″	– 50″	– 50″	– 50″	– 50″	– 50″	– 50″
9	– 45″	– 45″	– 45″	– 45″	– 45″	– 45″	– 45″	– 45″
8	– 40″	– 40″	– 40″	– 40″	– 40″	– 40″	– 40″	– 40″
7	– 35″	– 35″	– 35″	– 35″	– 35″	– 35″	– 35″	– 35″
6	– 30″	– 30″	– 30″	– 30″	– 30″	– 30″	– 30″	– 30″
5	– 25″	– 25″	– 25″	– 25″	– 25″	– 25″	– 25″	– 25″
4	– 20″	– 20″	– 20″	– 20″	– 20″	– 20″	– 20″	– 20″
3	– 15″	– 15″	– 15″	– 15″	– 15″	– 15″	– 15″	– 15″
2	– 10″	– 10″	– 10″	– 10″	– 10″	– 10″	– 10″	– 10″
1	– 5″	– 5″	– 5″	– 5″	– 5″	– 5″	– 5″	– 5″

注：1 000 米跑、800 米跑均为低优指标，学生成绩低于单项评分 100 分后，以减少的秒数所对应的分数进行加分。

附表：

1. 《国家学生体质健康标准》登记卡（小学 1~2 年级样表）

2. 《国家学生体质健康标准》登记卡（小学 3~4 年级样表）

3. 《国家学生体质健康标准》登记卡（小学 5~6 年级样表）

4. 《国家学生体质健康标准》登记卡（初中样表）

5. 《国家学生体质健康标准》登记卡（高中样表）

6. 《国家学生体质健康标准》登记卡（大学样表）

7. 免予执行《国家学生体质健康标准》申请表（样表）

附表 1　《国家学生体质健康标准》登记卡（小学 1～2 年级样表）

学校_____

姓名		性别		学号	
班级		民族		出生日期	

单项指标	一年级			单项指标	二年级		
	成绩	得分	等级		成绩	得分	等级
体重指数（BMI）（单位：千克/米²）				体重指数（BMI）（单位：千克/米²）			
肺活量（单位：毫升）				肺活量（单位：毫升）			
50 米跑（单位：秒）				50 米跑（单位：秒）			
坐位体前屈（单位：厘米）				坐位体前屈（单位：厘米）			
1 分钟跳绳（单位：次）				1 分钟跳绳（单位：次）			
标准分				标准分			
加分指标	成绩		附加分	加分指标	成绩		附加分
1 分钟跳绳（单位：次）				1 分钟跳绳（单位：次）			
学年总分				学年总分			
等级评定				等级评定			
体育教师签字				体育教师签字			
班主任签字				班主任签字			
家长签字				家长签字			

学校签章：

年　　月　　日

附表2 《国家学生体质健康标准》登记卡（小学3～4年级样表）

学校＿＿＿＿＿＿＿＿＿＿＿＿＿＿

姓名		性别		学号	
班级		民族		出生日期	

单项指标	三年级			单项指标	四年级		
	成绩	得分	等级		成绩	得分	等级
体重指数（BMI）（单位：千克/米²）				体重指数（BMI）（单位：千克/米²）			
肺活量（单位：毫升）				肺活量（单位：毫升）			
50米跑（单位：秒）				50米跑（单位：秒）			
坐位体前屈（单位：厘米）				坐位体前屈（单位：厘米）			
1分钟跳绳（单位：次）				1分钟跳绳（单位：次）			
1分钟仰卧起坐（单位：次）				1分钟仰卧起坐（单位：次）			
标准分				标准分			

加分指标	成绩		附加分	加分指标	成绩		附加分
1分钟跳绳（单位：次）				1分钟跳绳（单位：次）			
学年总分				学年总分			
等级评定				等级评定			
体育教师签字				体育教师签字			
班主任签字				班主任签字			
家长签字				家长签字			

学校签章：

年 月 日

附表3 《国家学生体质健康标准》登记卡（小学 5～6 年级样表）

学校＿＿＿＿＿＿＿＿＿＿＿＿

姓名		性别		学号	
班级		民族		出生日期	

单项指标	五年级			六年级			毕业成绩	
	成绩	得分	等级	成绩	得分	等级	得分	等级
体重指数（BMI）（单位：千克/米²）								
肺活量（单位：毫升）								
50 米跑（单位：秒）								
坐位体前屈（单位：厘米）								
1 分钟跳绳（单位：次）								
1 分钟仰卧起坐（单位：次）								
50 米×8 往返跑（单位：分·秒）								
标准分								

加分指标	成绩	附加分	成绩	附加分	
1 分钟跳绳（单位：次）					
学年总分					
等级评定					
体育教师签字					
班主任签字					
家长签字					

学校签章：

年 月 日

附表4 《国家学生体质健康标准》登记卡（初中样表）

学校_____

姓名			性别			学号		
班级			民族			出生日期		

单项指标	初一			初二			初三			毕业成绩	
	成绩	得分	等级	成绩	得分	等级	成绩	得分	等级	得分	等级
体重指数（BMI）（千克/米²）											
肺活量（毫升）											
50 米跑（秒）											
坐位体前屈（厘米）											
立定跳远（厘米）											
引体向上（男）/1 分钟仰卧起坐（女）（次）											
1 000 米跑（男）/800 米跑（女）（分·秒）											
标准分											

加分指标	成绩	附加分		成绩	附加分		成绩	附加分	
引体向上（男）/1 分钟仰卧起坐（女）（次）									
1 000 米跑（男）/800 米跑（女）（分·秒）									
学年总分									
等级评定									
体育教师签字									
班主任签字									
家长签字									

学校签章：

年　月　日

附表 5 　《国家学生体质健康标准》登记卡（高中样表）

姓名		性别		学号	
班级		民族		出生日期	

学校＿＿＿＿＿＿

单项指标	高一			高二			高三			毕业成绩	
	成绩	得分	等级	成绩	得分	等级	成绩	得分	等级	得分	等级
体重指数（BMI）（千克/米²）											
肺活量（毫升）											
50 米跑（秒）											
坐位体前屈（厘米）											
立定跳远（厘米）											
引体向上（男）/ 1 分钟仰卧起坐（女）（次）											
1 000 米跑（男）/ 800 米跑（女）（分·秒）											

标准分 加分指标	成绩	附加分	成绩	附加分	成绩	附加分		
引体向上（男）/ 1 分钟仰卧起坐（女）（次）								
1 000 米跑（男）/ 800 米跑（女）（分·秒）								
学年总分								
等级评定								
体育教师签字								
班主任签字								
家长签字								

学校签章：

年　　月　　日

注：中等职业学校参照本样表执行。

附表 6　《国家学生体质健康标准》登记卡（大学样表）

姓名		性别		学号												
院（系）		民族		出生日期							学校					

单项指标	大一			大二			大三			大四			毕业成绩	
	成绩	得分	等级	成绩	得分	等级	成绩	得分	等级	成绩	得分	等级	得分	等级
体重指数（BMI）（千克/米²）														
肺活量（毫升）														
50 米跑（秒）														
坐位体前屈（厘米）														
立定跳远（厘米）														
引体向上（男）／ 1 分钟仰卧起坐（女）（次）														
1 000 米跑（男）／ 800 米跑（女）（分·秒）														

加分指标	成绩	附加分	成绩	附加分	成绩	附加分	成绩	附加分		
引体向上（男）／ 1 分钟仰卧起坐（女）（次）										
1 000 米跑（男）／ 800 米跑（女）（分·秒）										
学年总分										
等级评定										
体育教师签字										
辅导员签字										

注：高等职业学校、高等专科学校参照本样表执行。

学校签章：　　　　　　　　　　　　　年　　月　　日

附表 7　免予执行《国家学生体质健康标准》申请表（样表）

姓名		性别		学号	
班级/院（系）		民族		出生日期	
原因				申请人： 　　年　月　日	
体育教师签字			家长签字		
学校体育部门意见				学校签章： 　　年　月　日	

注：中等职业学校及普通高等学校的学生，"家长签字"由学生本人签字。